暨南文库·新闻传播学
JINAN Series in Journalism & Communication

编 委 会

暨南文库·新闻传播学 ❶

JINAN Series in Journalism & Communication

融媒时代的播音主持艺术研究
现状与趋势

林小榆　著

暨南大学出版社
JINAN UNIVERSITY PRESS

中国·广州

图书在版编目（CIP）数据

融媒时代的播音主持艺术研究：现状与趋势/林小榆著. —广州：暨南大
学出版社，2019.12
（暨南文库. 新闻传播学）
ISBN 978 - 7 - 5668 - 2805 - 7

Ⅰ.①融…　Ⅱ.①林…　Ⅲ.①播音—语言艺术—研究②主持人—语言艺
术—研究　Ⅳ.①G222.2

中国版本图书馆 CIP 数据核字（2019）第 273504 号

融媒时代的播音主持艺术研究：现状与趋势
RONGMEI SHIDAI DE BOYIN ZHUCHI YISHU YANJIU：XIANZHUANG
YU QUSHI
著　者：林小榆

出 版 人：徐义雄
项目统筹：黄圣英
责任编辑：冯　琳　詹建林
责任校对：黄　颖　苏　洁
责任印制：汤慧君　周一丹

出版发行：暨南大学出版社（510630）
电　　话：总编室（8620）85221601
　　　　　营销部（8620）85225284　85228291　85228292（邮购）
传　　真：（8620）85221583（办公室）　85223774（营销部）
网　　址：http：//www.jnupress.com
排　　版：广州尚文数码科技有限公司
印　　刷：广州市快美印务有限公司
开　　本：787mm×1092mm　1/16
印　　张：13.25
字　　数：227 千
版　　次：2019 年 12 月第 1 版
印　　次：2019 年 12 月第 1 次
定　　价：52.00 元

（暨大版图书如有印装质量问题，请与出版社总编室联系调换）

总　序

…………

如果从口语传播追溯起，新闻传播的历史至少与人类的历史一样久远。古人"尝恨天下无书以广新闻"，这大约是中国新闻传播活动走向制度化的一次比较早的觉醒。

消息、传闻、故事、新闻、报道，乃至愈来愈切近的信息、传播、大数据，它们或者与人们的生活特别相关、比较相关、不那么相关、一点也不相干，或者被视为一道道桥上的风景、一缕缕窗边的闲情抑或一粒粒天际的尘埃，转眼消失在风里。微观地看，除了极少数的场景外，新闻多一点还是少一点，未必会造成实质性的差别；本质地看，人类作为社会性的动物，莫不以社会交往，包括新闻传播的存在和丰富化为前提。

这也恰好是新闻传播生存样态的一种写照——人人心中有，大多笔下无。它的作用机制和内在规律究竟为何，它的边界究竟如何界定，每每人见人殊。要而言之，新闻传播学界其实永远不乏至为坚定、至为执着的务求寻根问底的一群人。

因此人们经常欣喜于新闻传播学啼声的清脆、交流的隽永，以及辩驳诘难的偶尔露峥嵘。重要的也许不是发现本身，而是有越来越多的研究者参与其中，或披荆斩棘，或整理修葺。走的人多了，便有了豁然开朗。倘若去粗取精，总会雁过留声；倘若去伪存真，总会人过留名。

走的人多了，我们就要成为真正的学术共同体，不囿于门户之见，又不息于学术的竞争。走的人多了，我们也要不避于小心地求证、深邃地思考，学而不思则罔。走的人多了，我们还要努力站在前人、今人的肩膀上，站得更高一些，看得更远一些。

这里的"我们"，所指的首先是暨南大学的新闻传播学人。自1946年起，创系先贤、中国第一位新闻学博士、毕业于德国慕尼黑大学的冯列山先生，以及上海《新闻报》总经理詹文浒先生等以启山林，至今弦歌不辍。求学问道的同好相互砥砺，相互激发，始有本文库的问世。

"我们"，也是沧海之一粟。小我终究要融入大我，我们的心血结晶不仅要接受全国同一学科学术共同体的检验，还要接受来自新闻、视听、广告、舆情、公共传播、跨文化传播等领域的更多读者的批评。重要的不完全是结果，更多的是过程。在这一过程中我们特别关注以下剖面：

第一，特定经验与全球视野的结合。文库的选题有时是从一斑窥起，主要目标仍然是研究中国全豹，当然，我们也偶或关注印度豹、非洲豹和美洲豹。在全球化时代，我们的研究总体会自觉不自觉地增添一些国际元素。

第二，理论思辨与贴近现实的结合。犹太谚语云"人类一思考，上帝就发笑"，或许指的是人力有时而穷，另外一种解释是万一我们脱离现实太远，也有可能会堕入五里雾中。理论联系实际，不仅是哲学的或革命的词句，也是科学的进路。

第三，新闻传播与科学技术的结合。作为一个极具公共性的学术领域，新闻传播的工具属于拿来主义的为多。而今，更是越来越频繁地跨界，直指5G、云计算、人工智能等自然科学的地盘。虽然并非试图攻城拔寨，但是新兴媒体始终是交叉学科的前沿地带之一。

归根结底，伟大的时代是投鞭击鼓的出卷人，我们是新闻传播学某一个年级某一个班级的以勤补拙的答卷人，广大的同行们、读者们是挑剔犀利的阅卷人。我们期望更多的人加入我们，我们期望为知识的积累和进步贡献绵薄的力量，我们期望不辜负于这一前所未有的气势磅礴的新时代！

编委会

2019 年 12 月

前　言

……

　　近20年来，随着新兴技术的发展及其在媒体的应用，数字电视、移动电视、手机媒体、IPTV、博客、播客等新型媒体形态层出不穷。目前，移动互联网4G、5G、VR、AI等技术已经渗透媒体及各个行业，报纸、期刊、广播、电视等传统媒体纷纷转型融合，拉开了融媒时代的序幕。播音主持在不断变革的媒介环境中，机遇与挑战并存，行业生态也出现了诸多变化。

　　本书主要着眼进入融媒时代的近20年来播音主持领域中值得我们关注、思考和研究的现象，通过合理分析，对播音主持行业未来发展的主要趋势进行展望。本书包括融媒时代播音主持的理论研究、教学探索、业务探讨、发展趋势四章，每一章都是播音主持工作的重要组成部分，同时每一章之间又存在着紧密的联系。其中，理论研究成果是播音主持专业在融媒时代得以长远发展的基础和底蕴；教学探索是适应媒体环境适时调整人才培养目标和教学方法的应对和创新；业务探讨主要聚焦主持人品牌和语言规范两个内容，这仍是融媒时代播音主持业务的两个核心；发展趋势则结合人工智能合成主播这一新生事物和传统的体育解说领域，以及对行业的观察和分析，对播音主持的行业趋势进行展望。

　　本书写得匆忙，有很多论题未能全面展开和深入讨论，还望学界和业界的前辈、同仁批评指正。感谢中国社会科学院媒体语言学专业博士研究生李新欣对第一章第一节"播音主持研究现状与态势"的贡献，感谢陕西师范大学硕士研究生宋嘉玉对第四章第一节中"人工智能合成主播的传播效果与趋势分析"部分的贡献。尤其感谢暨南大学新闻与传播学院刘涛教授和暨南大学出版社黄圣英女士、冯琳女士、詹建林编辑对本书的指导和支持！

林小榆

2019 年 8 月 15 日

目　录
contents

融媒时代的播音主持艺术研究：现状与趋势

第一章

融媒时代播音主持理论研究

　　自 1940 年 12 月 30 日中国共产党领导的第一座广播电台——延安新华广播电台发出人民广播的第一声呼号，中国播音事业已经走过了近 80 年的光辉历程。经过多年的发展，中国播音学已成为一门相对独立而又特殊的学科，专业序列涵盖高等院校专科、本科、第二学位、硕士、博士、博士后流动站的完整教学体制，在整个学科领域中逐渐确定其地位，其理论成果也广泛应用于广电网络、播音主持、语言艺术、口语表达等诸多领域。

　　2000 年以前，全国开办播音与主持艺术专业的院校不超过十所，2000 年以后至 2019 年，全国已有超过 600 所高等院校开办播音与主持艺术专业，其中本科办学层次的将近 300 所。播音与主持艺术专业迅猛发展，该领域的学术研究和行业发展亦呈现百花齐放、繁花簇锦的局面。

第一章第一节主要使用文献分析法，首先对 21 世纪以来近 20 年的文献进行梳理分析，采用 2000 年以来在核心期刊发表的关于播音主持学术研究的文献作为样本并进行统计及梳理，试图通过这一分析了解近 20 年来播音主持研究的特点和当前播音主持学术研究的现状，并对融媒时代播音主持的研究态势进行展望。

鉴于目前国内学者对播音主持的研究主要集中在业务应用领域，包括语言表达、形象塑造、采编策划、主持风格等，突破业务本身的研究很少，而突破媒介视域，将主持人置于更广阔的社会领域进行的研究更是少之又少，作为一种理论探索，本章第二节从社会学、主持传播学、政治传播学、语言学的跨学科视野，尝试建构播音主持社会互动理论框架，同时从城市传播学的视野，以广州本土为案例，对播音员主持人的文化形象塑造进行探讨。

第一节 播音主持研究现状与态势

一、21 世纪以来的播音主持学术研究态势（2000—2007 年）

对于播音学这个新兴学科的研究，自其在国内的萌芽、发展直至近年来不断完善的整个过程中，就有研究者从不同角度进行讨论和述评。张颂曾在《声屏世界》寄语有志于播音主持研究的年轻学者，要增强学术勇气，站在历史和现状的肩膀上丰实专业学理①；姚喜双在《语文建设》从播音主持创作的角度对 21 世纪以后的播音主持艺术发展提出展望②；陆锡初在《现代传播》对 20 年来中国主持人节目研究的学术思想作出透视③。但综观关于播音主持各类的文献，采用文献学方法对该领域的学术研究进行分析的报告还较少。作为一种尝试，笔者对 2000—2007 年发表的关于播音主持研究的学术论文进行分析，探究 21 世纪以来播音主持的学术研究态势。

本阶段所选取的文献来源于 CNKI（中国期刊全文数据库），搜索条件为：关键词"播音"＋"主持"；搜索年限为 2000—2007 年；范围为"核心期刊"。搜索记录显示一共 148 条，其中能搜索到全文的学术论文共计 85 篇。使用文献分析法对这 85 篇学术论文进行分类和分析讨论，研究论文的内容属类及专业背景，并且使用 Excel 等统计分析软件对所研究文献的一些特征进行数理统计分析，统计分析的结果如下。

---

① 张颂：《增强学术勇气丰实专业学理——寄语有志于播音主持研究的年轻学者》，《声屏世界》2002 年第 4 期。

② 姚喜双：《未来播音主持艺术的展望》，《语文建设》1999 年第 6 期。

③ 陆锡初：《中国主持人节目 20 年学术思想透视》，《现代传播》2001 年第 4 期。

（一）文献统计及分析

1. 文献数量按年份统计

按年份对文献数量进行统计可以看出，从 2000 年开始，截至 2007 年，关于播音主持学术文献的数量呈曲折上升状，其中 2004 年和 2007 年总发文量最高，达到 19 篇，论文发表平均增长率为 20.3%。（见图 1 - 1）这说明 21 世纪以来人们开始关注和重视播音主持的学术研究，播音主持的研究态势总体比较积极活跃。

（篇）

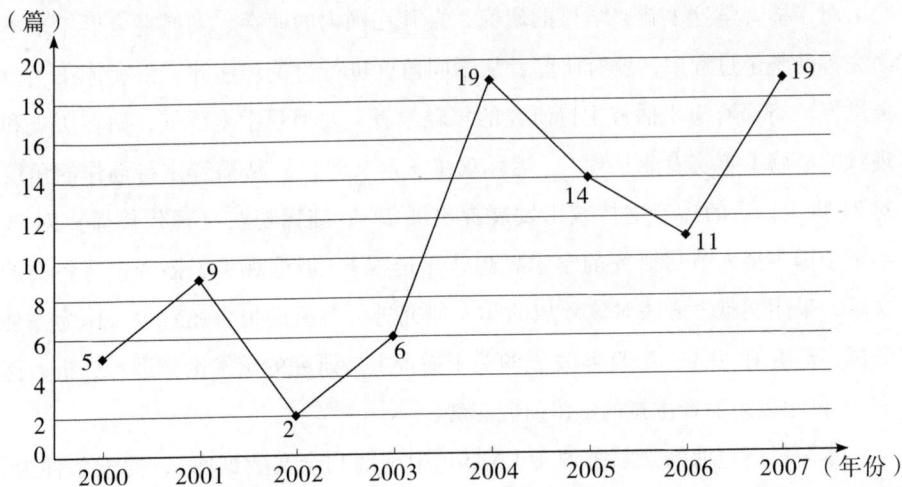

图 1 - 1　按年份统计文献数量

2. 对文献作者单位背景的分析

播音主持研究者通过教学、科研项目、发表学术论文等方式对学科的发展有所影响，而他们的背景也代表性地说明了本学科的一些特征。

观察文献作者的单位可以发现，在 2000 年至 2007 年期间，从事播音主持研究的学者多数来自高等院校、电视台、电台、广电行政管理机构等科研机构和企事业单位，其中高等院校的研究者一直占据 50% 以上。其中中国传媒大学（原北京广播学院）播音与主持艺术学院占主要地位。（见图 1 - 2）

文献作者比例

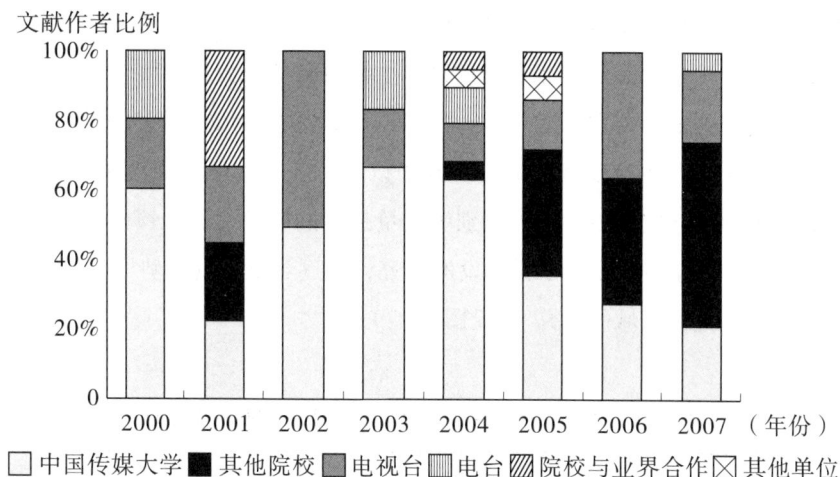

图 1 - 2　2000—2007 年作者单位分布

　　如果把 2000—2007 年这 8 年分为 2000—2003 年和 2004—2007 年两个阶段来对比，考查两个阶段各个单位的作者数占总文献作者数的比例关系，可以发现，相对前一阶段，后一阶段最明显的变化是，其他院校作者呈大比例增长。其他院校的文献作者在 2004 年仅占总数的 5.2%，到 2007 年占到了总数的 52.6%。各院校参与学术研究的积极性大幅度提升，这与 2000 年后全国开办播音主持专业的院校增多有关。

　　第二阶段的另一变化是开始出现院校与业界合作进行学术研究的形式。这种形式的好处是能够把理论和实践很好地结合在一起，理论的指导性和针对性增强。但是以这种合作形式出现的研究只有少数，在以后的研究中我们应该多鼓励这种学界与业界的合作形式，让理论指导实践，实践检验理论。

　　在对作者单位背景的分析中，我们还能看出，就业界的研究者来说，电视台的学术研究要比电台的踊跃。电视台在每年的文献统计中都占有一定的比例，但是电台相对不稳定，而且文献数量不多。这与 21 世纪以来电视产业的兴旺有关。虽然广播被称为"弱势媒体"，但是对于广播播音主持的研究来说，其实还有很多待挖掘和研究的空间。

　　3. 文献的分类分析

　　根据 2000 年至 2007 年的文献呈现的特点，发现此阶段的研究主要以中国播音学的理论体系为参照，集中在播音主持活动的不同阶段和特征方面的研究，根据以上特点，对播音主持研究文献进行分类，可以分为四个领域：播音主持

学科建设、语言传播发声、播音主持创作与表达、播音主持业务。从文献分类
和统计可以看出，21世纪以来我国的播音主持研究涉及面广，整个学科的理论
体系得到了很好的丰富和补充。（见表1-1）从各类文献逐年统计的结果来看，
研究者偏重于播音主持业务的研究，其中以主持业务实践的研究为主。相反，
语言传播发声的研究始终是四大类别中数量最少的一类，这个领域的研究显示
出滞后状态。关于播音主持学科建设的研究，呈逐年上升的趋势，并且在2007
年度远远超过其他领域的研究。（见图1-3）

表1-1　播音主持研究的文献分类及各类文献数量统计

一级分类	次级分类	数量（篇）
1. 播音主持学科建设（20篇）	1.1 播音史论	2
	1.2 理论建设	6
	1.3 专业发展及教育	12
2. 语言传播发声（6篇）	2.1 语音	1
	2.2 发声	5
3. 播音主持创作与表达（21篇）	3.1 语言表达	10
	3.2 创作理论	11
4. 播音主持业务（38篇）	4.1 主持业务	20
	4.2 人才管理及使用	4
	4.3 业务评价	6
	4.4 主持人大赛	8

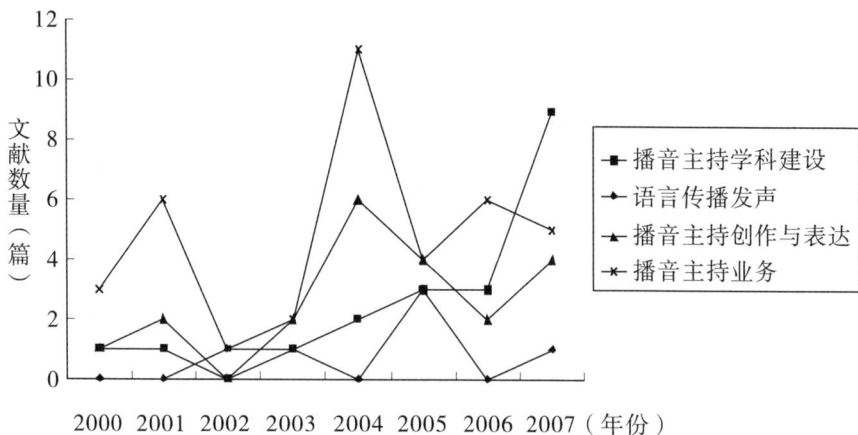

图 1-3 文献分类年度统计

（二）领域综述

1. 播音主持学科建设领域综述

21 世纪以前，播音主持的学术研究热点主要集中在关于"播音是否有学"、"播音"与"主持"的概念之争、"播音涵盖说"、"播音腔"、"说新闻"等问题的讨论。2000—2007 年，播音史论的研究没有大的进展，专业发展及教育是研究者们关注的热点。

（1）播音史论。

关于播音史论的研究，是播音主持艺术理论体系的重要组成部分。在 20 世纪 80 年代，张颂教授就在《研究播音理论是一项紧迫的任务》一文中说到，"我国的播音历史基本上属于空白领域，在历史分期、阶段特征、代表人物和代表作品等方面有待于从学科体系、整体风貌、分类论述等重大问题上作出分析"[1]。在此后的八年间，关于这方面的研究仍然是凤毛麟角，在核心期刊发表的相关文献只有两篇。尽管播音史论的研究比较冷清，但是仍有学者为此呼吁奔走。杨涛教授指出，播音主持音像资料的采集整理是中国播音学丰富、发展的重要条件之一，拯救这批播音主持的历史资料是整个播音主持界的历史责任。[2] 中国传媒大学教师裴蕾结合自己的播音主持实践和教学实践，感悟到中

---

[1] 张颂：《研究播音理论是一项紧迫的任务》，《现代传播》1982 年第 1 期。

[2] 杨涛：《播音主持音像资料的采集与整理》，《现代传播》2004 年第 3 期。

国播音学该与中国自身的社会历史文化传承紧密相连。①

（2）理论建设。

在关于播音主持的学科理论建设方面，对于"播音"与"主持"的概念讨论仍在继续。有学者认为，主持人和播音员既是广播电视宣传前沿的新闻工作者，又都是语言艺术工作者，他们各有各的业务范围，各有各的业务特点，各有所长、各有所短。进入21世纪后，如何拓宽各自的业务范围，提高自己适应新形势发展的能力是摆在所有主持人、播音员面前的一个重要课题。② 还有学者指出，播音学在理论的译介（汉译英）方面，显得十分滞后，目前尚无一本系统阐述播音理论的译著（汉译英）出版，这与播音学学科的发展是十分不相称的。他认为要把中国播音学的译介推向世界，首先要做的就是建立中国播音学中英术语对照体系。③

对于播音主持学科理论建设，曾致认为，在应用语言学的许多分支学科里，播音主持艺术有许多学理层面的研究还不够深化和精细；在位于电子传媒和网络文化始端的应用过程还缺少规律的指引；处在全球化语境下的播音主持创作还需要理论的创新和提升。④

在文献中我们还发现了一个在21世纪之后提出的新命题，就是播音主持与文化的关系。张政法撰文说，播音主持工作是当代文化的重要组成部分，具有强大的文化表现力、文化影响力和文化建构力。⑤ 还有文章对中国电视节目主持人的文化影响力提出思考，曾志华教授在文章中说，"电视节目主持人文化影响力的提出，具有三层含义，一是对主持人文化身份的指认，二是对主持人职业责任的重新明示，三是对文化回归的试图呼唤"⑥。

（3）专业发展及教育。

2000年以来，随着开办播音主持专业的院校急速增多，播音主持的学科定位和专业教育的发展成为研究者的关注点。

---

① 裴蕾：《生命之声——感悟中国播音学》，《现代传播》2003年第5期。
② 刘丛木：《播音与主持携手跨入21世纪》，《中国广播电视学刊》2000年第4期。
③ 张武江：《建立规范的中国播音学专业术语中英对照体系——从"播音"、"主持"的英译谈起》，《现代传播》2006年第4期。
④ 曾致：《对语言规范和播音主持学科的辨析》，《电视研究》2004年第12期。
⑤ 张政法：《播音主持的文化价值》，《现代传播》2005年第3期。
⑥ 曾志华：《中国电视节目主持人文化影响力命题的提出及思考》，《现代传播》2007年第1期。

在专业教育的宏观层面，付程教授在文章中提出为在岗专业人员提供继续教育服务，为社会提供有效的语言培训服务将是广播电视播音与主持艺术专业教育的一个新的增长点。①

2007 年，《现代传播》刊登了关于播音主持专业发展及教育的一组文章，主要对播音主持的学科定位、人才培养模式等问题进行探讨。在这组文章中，陕西师范大学教师成越洋以传播学在美国的发展历程为参照，对拓展中国播音主持专业学科进行了建设性的设想，提出将播音与主持艺术专业拓展为言语传播专业的主张。② 南京师范大学毕一鸣教授对播音与主持艺术专业的学科定位以及与之相关的教育结构、培养模式等问题进行了探索，提出将播音与主持艺术专业纳入新闻与传播学学科研究领域的必要性，以及专业教育结构改革的基本设想。③ 对于这种提法，中国传媒大学陈京生教授也有相似的观点，认为播音与主持艺术专业回归其新闻学定位更适合目前广播电视对播音主持人才的需求；对新闻和娱乐两类播音员和主持人应加以区分，采用更细致的学科定位，进行不同的课程设置。④ 暨南大学两位学者张潇潇、谭天主张控制播音与主持艺术专业规模，将播音与主持艺术专业拆分为播音专业、广播电视新闻专业下的新闻主持方向以及影视艺术专业下的娱乐主持方向，并适当降低学校教育在主持人培养中的权重。⑤

在专业教育的微观层面，有文章从主播人才的标准、电视新闻主播现状分析等方面探讨如何培养电视新闻主播人才。⑥ 也有文章就播音与主持艺术专业学生开展艺术实践活动的目的与意义、内容与形式、方法与途径以及组织与管理等四个方面展开思考和研究。⑦ 还有文章提出在播音主持的教学中应该以情带教，建立情感场以有效调动、挖掘出情感因子，使教学具有高效能，最终达

---

① 付程：《21 世纪对播音主持艺术专业教育的要求》，《现代传播》2001 年第 1 期。

② 成越洋：《对播音主持专业未来走向的思考——传播学在美国发展历程的启示》，《现代传播》2007 年第 6 期。

③ 毕一鸣：《关于播音主持专业学科定位的思考》，《现代传播》2007 年第 6 期。

④ 陈京生：《从职业能力需求看播音与主持艺术专业的学科定位》，《现代传播》2007 年第 6 期。

⑤ 张潇潇、谭天：《论我国节目主持人培养模式改革》，《现代传播》2007 年第 6 期。

⑥ 卢静、任悦、崔玺等：《关于培养电视新闻主播人才的思考》，《电视研究》2005 年第 2 期。

⑦ 文嫚：《播音与主持专业学生艺术实践研究》，《广西民族大学学报（哲学社会科学版）》2006 年第 12 期。

到优化教学。① 对于三本院校的播音与主持艺术专业教学，有文章介绍了阶段性实践教学中大型综合性竞赛类课程和学年性竞赛类课程的安排设计，以此有效发挥专业实践教学作用，增强学生实践能力。②

在专业素质教学方面，有文章以维汉双语的专业素养教学为例，介绍了两个转变：一是从传统的"播新闻"到"说新闻"为新闻改革的突破口，二是有声语言的表达从以文本的朗读为主逐渐转变为即兴口语的表达。③

在招生办学方面，有文章指出播音与主持艺术专业的表面繁荣难掩质量问题，问题背后存在多重原因：办学条件差、生源质量差、教学管理差。文章指出，应该三管齐下以求办学的规范：限定公办本科学院开办专业；招生考试实行统考、提高文化分、允许公办本科普通院校从普通专业的在校生中选拔有天赋的学生转入播音与主持艺术专业学习；制订合理的招生计划。④

对培养与用人的关系，有文章指出，目前高校培养的专业人才与用人单位的人才需求存在较大差距，究其原因，主要是当前的学生存在社会责任意识淡薄、文化基础薄弱、缺乏创新意识和实践能力等问题。因此，必须通过加强职业道德教育、坚实文化基础、重视通识教育、改革实践性教学等途径和方法，全面提高大学生的职业素养。⑤

2. 语言传播发声领域综述

在语言传播发声领域，其研究基本仍停留在原有理论的基础上，没有实现理论的突破和创新。这一领域主要对"情声气"的运用、声音的运用、语音的训练三个问题进行论述。

关于"情声气"的运用，於春在文章中提出，有声语言中情、声、气不用同一而用"分离"，也能使情感表现获得很好的曲笔效果。⑥ 还有文章介绍说，

---

① 曲海泓：《论艺术类专业教学情感场的构建——兼谈播音主持专业的以情带教》，《中国广播电视学刊》2007 年第 6 期。

② 李聪聪：《播音主持专业实践教学初探——颠覆大众生活的视觉文化》，《电影评介》2007 年第 14 期。

③ 刘惠彬：《维汉双语播音与主持艺术专业素质教学的思考》，《现代传播》2007 年第 5 期。

④ 杨骅骁：《播音专业的问题与对策》，《新闻爱好者》2006 年第 11 期。

⑤ 胡文静：《提高大学生职业素养的三条途径》，《江西教育科技》2007 年第 9 期。

⑥ 於春：《大象无形 大音希声——略谈情声气的"分离"》，《现代传播》2002 年第 4 期。

声乐的"三分声七分气"同样适用于播音主持。①

在声音的运用方面，赵俐提出"有声语言的声音是什么"的问题，她在文中说，"有声语言的声音既包含着生理的天赋及用声方法，同时还承载着表达者的思想和情感，有声语言的声音个性展现的制约因素主要有对文字语言的感悟力和声音形象的塑造力"②。韩菊从"意念"的角度阐述了声音的运用，认为在播音发声中要抓住意念与感觉这个核心，统领全局，统领声音的运作。③

关于语音的训练，朱俊河提出音节组合训练的播音发声训练方法，"在一个更大单位——音节组合的层面上完善播音发声的轻重音变化、声调变化、吐字处理、加强重音的处理等基础训练，使我们的语言做到既清晰规范又自然流畅"④。

3. 播音主持创作与表达领域综述

依托中国播音学理论的基础，播音主持创作与表达领域的研究在纵向和横向的研究都得到了较好发展。

（1）纵向深化。

纵向的研究是指在播音学关于创作与表达的理论基础上得以深化，如对语言的审美、语言功力、播音语感、理解与表达、播音情感等问题都有较深入的研究。

关于语言的审美，有文章指出"传播语言是一种雅俗共赏的实用语体。它应当是传播语言准确性、朴实性、真切性和审美艺术性的统一，应当体现出一种返璞归真的美，应当达到语言高品位与受众'易读性'的统一"⑤。

关于语言功力的文章有两篇。刘力军在文章中说，主持人是与语言打交道的一种职业，主持人语言功力如何是其能否立足的关键所在。主持人的语言功力包括：规范的普通话和良好的发声能力；语言表达能力；写作能力；即兴口语能力。⑥ 还有文章指出，在播音员主持人的专业素养中，精到扎实的有声语

---

① 牛永华：《播音与气息》，《当代电视》2005 年第 7 期。
② 赵俐：《有声语言的声音是什么——论播音创作声音个性展现的理论基础》，《现代传播》2003 年第 3 期。
③ 韩菊：《意念与感觉在声音整体性中的作用》，《语言文字应用》2005 年第 9 期。
④ 朱俊河：《试论播音发声的"音节组合"训练》，《语言文字应用》2005 年第 9 期。
⑤ 曹更安：《播音主持语言的雅、俗初探》，《电视研究》2001 年第 11 期。
⑥ 刘力军：《主持人与语言功力》，《语言文字应用》2005 年第 9 期。

言表达功力是关键中的关键。①

对播音语感的论述，有文章认为，广播电视需要富有内涵的播音员主持人，更需要能够以准确生动的言语把自己的思想内涵和对节目内容的理解外化出来的播音员主持人，要有准确而生动的言语表达能力，就需要创作主体首先具备敏锐的语感。②

关于创作的理解与表达，金重建认为，"就有稿播音来说，有无对文字的感觉和激情，几乎成了判定播音员语言表达水平和作品成败的试金石"③。

关于播音情感的问题，有文章认为作品的思想感情千差万别，在不同的播音作品中会有不同程度的表现、不同方式的表达，播者播音技巧的选择和播音效果的表达也受其影响。④

（2）横向拓展。

21 世纪以来，播音学开始尝试对相关支撑学科进行交叉研究，综合了语言学、传播学、美学等相关学科对原有理论进行拓展。

吴郁教授从语言学的视角对播音主持语言质量做了定性分析，该分析认为，播音主持语言是一个层级系统：规范层级是底线，职业层级是创作前提，艺术层级是精品追求。⑤ 有文章从心理语言学角度研究节目主持人口语生成机制。⑥关于播音主持艺术的语体特征研究，有文章认为"播音主持语体的研究不只是为了特定的语言样态进行归类、总结，它的价值应该立足于语言的规范化、适用性和美化上"⑦。

传播学有关于消费时代广播电视有声语言传播的研究的文章说，"消费时代，商品化形式给语言文化赋予的不同含义以及有声语言创作价值观在市场冲击下发生的变化使得节目的辨别和筛选工作变得前所未有地艰难"⑧。还有文章对播音语言有效传播的元素做出探析，认为要"实现有效传播，广播电视语言传播工作者应该具有时代意识和大局意识，做好党和政府的喉舌、人民的喉舌，

---

① 陈鸣霞、傅洪宾：《浅议播音主持中的语言误区》，《新闻实践》2004 年第 8 期。
② 裴蕾：《播音员主持人语感的特殊性》，《现代传播》2004 年第 3 期。
③ 金重建：《语言的感觉和激情》，《中国广播电视学刊》2004 年第 11 期。
④ 辛雪莉：《播音中情感把握与运用》，《中国广播电视学刊》2007 年第 4 期。
⑤ 吴郁：《播音主持语言质量的定性分析》，《中国广播电视学刊》2004 年第 5 期。
⑥ 娄开阳：《从心理语言学角度看节目主持人口语生成机制的特点》，《现代传播》2005 年第 5 期。
⑦ 李水仙：《播音主持艺术的语体特征》，《新闻界》2005 年第 5 期。
⑧ 裴蕾：《消费时代广播电视有声语言传播的是非困境》，《现代传播》2005 年第 3 期。

• • •　• • •

不断深化自己的语言功力"①。

借鉴美学进行的研究问题有播音创作意境美、语言的留白、有声语言的形式美等，有文章把文学创作中的"意境"引入播音主持创作，认为播音主持创作意境的美感主要体现在生动的形象、饱满的情感和灵活的技巧。② 还有文章提出，"热爱播音主持事业是达到意境美的前提条件；扎实的基本功和真挚的情感是通向意境美的桥梁；对作品进行二度创作是塑造意境美的重要手段"③。有文章对语言的"留白"作出探讨，提出"主持人语言中的'留白'是在主持节目的过程中为了达到某一预期目的而运用的一个重要的艺术手段"④。有文章对有声语言形式美进行分析，认为"广播电视传媒历来担负传播先进文化，弘扬真善美，传播语言美的任务。只有研究各种新的语言形态的美的形式要求，才能促进有声语言传播向更高层次发展"⑤。

4. 播音主持业务领域综述

播音主持业务研究领域文献数量最多，研究的角度比较多样化，研究方法多使用案例分析法。

这几年的研究关注点主要集中在主持业务上，人才的使用及管理、业务评价及对主持人大赛的思考是业务研究外的拓展。

（1）主持业务。

主持业务的研究多依托于节目本身的特点进行个案分析，如有文章对《天天饮食》的主持特色进行分析，认为主持人刘仪伟"没学过播音主持，也不是专业厨师，但他把《天天饮食》办得如此活泼生动，雅俗共赏，自然有他独特的功力"⑥。有文章对"对农广播节目"的创优进行分析，认为"朴实的广播语言，浓郁的乡土气息，发挥广播音响的长处，播音亲切，是办好对农节目、创出名牌的应有环境"⑦。2000 年以后，谈话节目蔚然成风，有文章以《当代工人》为例，探索谈话节目的模式，认为平民化开放的谈话需要具备"营造富有

---

① 娄可伟：《播音语言有效传播的元素探析》，《传媒观察》2007 年第 8 期。
② 曾志：《播音主持创作中的意境美》，《现代传播》2000 年第 3 期。
③ 牛永华：《浅谈播音主持的意境美》，《当代电视》2004 年第 11 期。
④ 曾虹：《浅谈节目主持人语言中的"留白"》，《现代传播》2003 年第 6 期。
⑤ 林鸿：《广播电视有声语言的形式美》，《现代传播》2007 年第 1 期。
⑥ 朱未：《〈天天饮食〉的主持特色》，《现代传播》2001 年第 3 期。
⑦ 孙维加：《对农广播节目创优浅谈》，《中国广播电视学刊》2001 年第 2 期。

张力的'谈话场'"及"话题问题化、问题故事化、故事戏剧化"的谈话方式。① 同时，各地方的民生新闻也如雨后春笋般涌现，吴郁教授以北京、南京、杭州三个城市的地域新闻栏目为例，对表达方式中的主持人元素进行解读，认为"主持人朝个性化、品牌化方向又跨越了一大步，角色化、个性化、拟人际传播、真性情点评，凸显生活阅历丰富、个人魅力突出的成熟型主持人挑战年轻貌美主持人态势可喜"②。还有文章以广州电视台《新闻日日睇》为例，对"点评式"新闻进行阐释，提出"'点评式'新闻是指播音主持以解读报刊消息或 DV 短讯的方式播出新闻，'点评式'新闻节目与传统的新闻播音节目有很大差别，其独特之处首先在于：播出信息，但不是朗读信息，而是解读信息；讨论新闻，却没有相应的讨论对象，而是独自点评新闻"③。

2000—2007 年，关于主持人主体的研究集中在"风格"和"个性"这两个关键词。有文章对地方台新闻主持人的风格定位进行探讨，认为"以往那种高高在上的'信息发布者'的形式、四平八稳的表达模式，传统坐播的播讲方式已被打破，取而代之的是更具有强烈个性色彩和魅力的新闻主持风格"④。有文章对主持人的"个性化"进行解读，提出"主持人个性的核心是社会性，特点是多重性、递进性，其价值往往体现在'典范'的意义上"⑤。有文章对主持人的"个性化表达"与"个人化言说"作出区分，提出"个性化表达，是指节目主持人在适合媒体传播语境的基础上，同时又能充分展示个人经验特长、性格爱好的言语表述"，但"个性化表达"不等于"个人化言说"。⑥ 有文章针对"港台腔"的问题谈了主持人的模范与创新，认为"简单的模仿只是开始发展时的权宜之计，广播电视节目有着鲜明的文化地域和民族特征，我们必须根据节目的特点和社会文化传统进行创新"⑦。

传者与受者的关系，应该是影响主持人传播效果的重要因素，但是关于受

---

① 吴郁、马力：《平民化开放的谈话模式——〈当代工人〉栏目对电视谈话节目的启示》，《现代传播》2003 年第 7 期。

② 吴郁：《地域新闻表达方式中主持人元素解读》，《中国广播电视学刊》2004 年第 12 期。

③ 李砾：《"点评式"新闻的阐释因素——以广州电视台〈新闻日日睇〉为例》，《新闻记者》2006 年第 11 期。

④ 姜琴：《浅议地方台新闻主持人的风格定位》，《中国广播电视学刊》2002 年第 5 期。

⑤ 徐树华：《关于主持人"个性化"的误读》，《现代传播》2005 年第 3 期。

⑥ 魏南江：《主持人：个性化表达≠个人化言说》，《新闻记者》2006 年第 8 期。

⑦ 张敬：《主持人的模范与创新——兼谈港台腔问题》，《中国广播电视学刊》2006 年第 3 期。

者的研究文献较少，只有两篇。有文章对电视节目主持人采访中的"倾听"作出探讨，提出要"'倾听'被采访人的心声，从'倾听'中寻求采访时机，捕捉独家视角"①。还有文章提出"主持通过语言交流、情绪沟通以及信任感的建立增加了与观众之间的亲和力"②。

（2）人才使用及管理。

节目主持人是传媒生产力中最活跃的因素，因此，研究者对于主持人的研究视角，也开始转向人力资源这样一个媒介管理的范畴来考察。张颂教授提出，解决岗位设置相对少而要求上岗的人相对多这一矛盾，只有采取竞争上岗的办法。③ 针对广播主持人低龄化的问题，有文章提出要因势利导、管理创新，并给予宽松的发展空间，为广播队伍培养后继人。④ 关于节目主持人的培养模式，有文章认为节目主持人是一种特殊的人力资源，因此要注重培养他们的思维品质与学术视野，以提高主持人的影响力。⑤

（3）业务评价。

关于播音主持作品的评价体系，是业务研究的一个新话题。

张颂教授对播音与主持作品奖的评奖标准作出思考，指出必须突出有声语言这个核心。⑥

张君昌撰文指出，"评价播音与主持作品的优劣，首先要看作品的内容，要求导向正确，内容健康，信息量大或能给人以深刻的思想启迪和审美享受。其次是考察播音或主持的业务水平"⑦。

（4）主持人大赛。

以大赛的形式选拔节目主持人一直备受社会各界人士的关注。学界和业界都质疑一个问题：大赛是否能选拔出优秀的主持人？曾志华教授从 1993 年第一届"如意杯"主持人大赛历数主持人风格的变迁，并对 21 世纪挑战下主持人的培养提出新思路，认为"以往'学院派'单一型主持人的格局正在受到高素质

---

① 台岚：《电视节目主持人采访中的"倾听"艺术》，《当代电视》2007 年第 7 期。

② 曲蕾蕊：《交流沟通信任——浅谈如何拉近主持人与观众间的距离》，《当代电视》2000 年第 6 期。

③ 张颂：《关于竞争上岗的思考——语言传播杂记之十八》，《现代传播》2000 年第 3 期。

④ 覃理爱：《对年轻主持人宜因势利导》，《中国广播电视学刊》2004 年第 12 期。

⑤ 叶昌前：《关于节目主持人培养模式的思考》，《电视研究》2004 年第 1 期。

⑥ 张颂：《关于评奖标准的思考——语言传播杂记之二十》，《现代传播》2000 年第 5 期。

⑦ 张君昌：《播音与主持的界定及其评优》，《中国广播电视学刊》2001 年第 2 期。

综合型主持人的冲击，跨专业节目主持顺应的是现代社会发展的必然趋势"①。

2003 年，"厦新杯"第四届全国电视节目主持人大赛进行了复赛的六场比赛，决出 30 名选手进入于 12 月举行的决赛。《现代传播》组织了一组文章，对大赛两个阶段的情况进行了认真仔细的分析总结。李洪岩（笔名：李红岩）在文章中指出，大赛评委的"'复合性'构成反映了人们对主持人'复合型'能力结构的要求"②。对于选手们的表现，有文章指出存在"表演主持"的现象③，还有文章指出比赛中"'伪交流'的集中表现就是'表演'访谈"④。对大赛的考核方式，有文章提出"比赛环节的设置应与主持人素质的整体要求相协调"⑤。对参赛选手的形体，有文章指出"一些选手缺乏必要的形体语言的知识，忽视通过形体动作来传递信息的重要作用"⑥。而对于主持人的形象，有文章提出"长相一般甚至稍有瑕疵的应根据具体情况而定，如果具有极强的语言传播能力且具有亲和力也不应被排斥在主持人行业之外，但不能整体都是如此"⑦。

（三）2000—2007 年的播音主持研究总结和思考

1. 播音有学，播音有术

通过对 2000—2007 年在核心期刊发表的 85 篇学术论文的统计分析研究，可以发现，关于播音主持的学术文献逐年增加，这说明学界和业界对播音主持研究的重视度和关注度越来越高。播音主持学术研究态势良好。在中国播音学创立之初，有人提出"播音无学"的看法，但是随着播音主持学科的发展，尤其进入 21 世纪以来，播音主持以良好积极的态势说明"播音有学、播音有术"。

2. 百花齐放，学术争鸣

从文献作者的分析来看，播音主持的研究者主要集中在高等院校。其中，作为中国播音学创始者的中国传媒大学播音与主持学院一直占据主要地位，是

---

① 曾志华：《新世纪的新挑战》，《现代传播》2001 年第 2 期。
② 李红岩：《关于主持人大赛评委构成的思考》，《现代传播》2004 年第 2 期。
③ 李凤辉、裴蕾：《新的力量新的希望——"厦新杯"第四届中央电视台节目主持人大赛总体印象》，《现代传播》2004 年第 2 期。
④ 柴璠：《电视主持人大赛访谈"伪交流"现象》，《现代传播》2004 年第 2 期。
⑤ 张政法：《关于主持人大赛"英语问答"的思考》，《现代传播》2004 年第 2 期。
⑥ 吴洁茹：《关于主持人大赛中的形体问题》，《现代传播》2004 年第 2 期。
⑦ 李水仙：《有感于主持人形象》，《现代传播》2004 年第 2 期。

学科发展的主要带动者。但从 2004 年开始，随着开办播音主持专业的院校增多，其他院校在学术方面也开始积极参与，并且提出各自的观点和见解。由此，我们可以预见，在未来的学术研究中，播音主持的研究将会出现百花齐放、百家争鸣的繁荣景象，这将大大有利于播音主持学科的发展和建设。

此外，从研究者聚集在院校的情况，我们也会产生这样的担忧，院校的研究是否会与业界脱轨？因此，我们除了建议一线从业人员积极参与理论研究之外，也建议院校研究者的研究应该紧密贴合实践的发展，甚至要比实践超前，实现理论的突破和创新，为实践提供指导。

3. 主持理论系统有待建立

从文献分类统计分析来看，研究者的研究重点发生了两个转移：一个是从"有稿"的"播音"向"无稿"的"主持"转移；另一个是从声音的"形式"向声音的"内容"转移。

21 世纪以来，主持业务是播音主持学术研究的热门领域，这与主持人节目在 21 世纪之后的兴起及蓬勃发展有关。虽然关于主持业务的文献数量最多，但主持人的理论研究并没有形成系统。参照中国播音学原有的理论系统，我们发现其关于"有稿播音"的理论已经相对成熟，但对于"无稿"的"主持"，其原有的理论已经不能满足主持理论研究的发展，如主持人与节目策划的关系、主持人的选拔与培养、主持人的管理与使用等问题都需要且都未能在原有的理论系统中"对号入座"，因此，主持理论系统的建立和播音学理论系统的扩展亟须解决。

4. 跳出播音看播音，不以播音论播音

中国播音学理论奠基人张颂教授在《中国播音学》一书中写道，"播音，涉及新闻学、广播电视传播学、语言学、心理学、社会学等，属于边缘学科，只有很好地认识上述各有关学科的规律以及这些学科对播音的作用，才能对播音进行立体的透视，系统、完整、全面地揭示播音学发生发展的规律"[①]。但从文献分析来看，2000—2007 年播音主持的研究与语言学交集的居多，与其他学科交叉较少。

播音主持工作具有多质性的特点：播音主持是一项特殊的言语活动，它具有语言传播的性质；播音主持又是一项新闻实践活动，具有新闻性；播音主持

---

① 张颂主编：《中国播音学》，北京：北京广播学院出版社，2003 年，第 2 页。

还是一项艺术创作活动，具有某种艺术属性。其中，新闻性是播音主持的根本属性。播音员、主持人是新闻工作者，也是语言艺术工作者。但是从多年来的学术研究来看，研究者对"语言"的强调有余，对"新闻"的重视不足。2000—2007 年，以语言学为支撑的播音主持研究出现了短暂的瓶颈状态，播音主持的研究也仿佛囿于"语言"之圈。

《现代传播》于 2007 年组织刊发了一组"学术沙龙"文章，名为"探索播音主持学科发展的新路径"，对播音主持这一传统学科面临的理论与现实问题进行探讨。这组文章将播音主持专业的学科定位和发展走向置于广播电视发展与变革的大环境中来观照和考查，并提出了积极、具体的改革主张：将播音主持纳入新闻与传播学的研究领域，播音主持专业应该回归其新闻学定位。这种主张具有深刻的现实意义，它反映了当时播音主持学科亟须改革的迫切形势，同时也实现了播音主持理论的突破和创新。只有跳出播音看播音，不以播音论播音，使新闻学、传播学与语言学等重要支撑学科更好地结合起来，才能共同推动播音学的发展。在这里，可以预见，语言学将不再是单一的学科支撑，新闻学、传播学、艺术学等学科的融合将为播音学发展提供多个新的增长点，播音主持未来的发展将走向一个多元化的格局。

二、新媒体时代的播音主持学术研究态势分析（2008—2018 年）

2008 年前后，数字电视、移动电视、手机媒体、IPTV、博客、播客等新型媒体形态层出不穷，报纸、期刊、广播、电视等传统媒体纷纷转型，拉开了新媒体时代的序幕。随后十年，随着技术的不断发展，移动互联网 4G、5G、VR、AI 等技术已经渗透媒体及各个行业，媒体转型也进入了融合阶段，新媒体时代升级为融媒时代。播音主持在此不断变革的媒介环境中，机遇与挑战并存，行业生态也出现了诸多变化。在对 21 世纪以来第一阶段（2000—2007 年）的学术研究态势进行梳理分析后，将对 2008—2018 这 11 年间的播音主持学术研究进行对比分析，尝试从不同维度分析新媒体时代播音主持领域的学术研究趋势。

（一）研究方法及文献选取

以"播音、主持"为主题词在 CNKI 中国期刊全文数据库进行文献搜索，搜索时间范围为2008—2018年，收录范围限定为CSSCI期刊目录，共搜集文献125篇，除去非学术性的会议纪要以及与话题无关的文献，有效文献样本共103篇。

以这103篇学术文章为样本，细致划分播音主持领域的学术论文的内容属类，以及作者的专业和所属机构背景，将近十年来的研究现状与前期研究状况作对比，试图总结出当下播音主持领域学术研究的特点、趋势以及所取得的新成果。

采用文献分析法，对所搜集的文献内容进行质化分析。同时也采用量化统计的方法对学术文章每年的增长情况，作者、机构来源，以及研究内容的各属类占比情况进行分析，力求较为全面地反映出播音主持领域在不同面向所取得的研究成果和不足，以及播音主持领域学术研究格局的新趋势。

这一阶段选取的是来自于CSSCI期刊目录范围内的论文，期刊来源决定了论文内容的质量及学术性。长久以来，播音主持领域的相关论文多以探讨实务问题为主，相比之下学术性研究占比一直较少。直到近几年来，一方面因传播技术和媒介环境的变革使得播音主持领域面临更为复杂的机遇与挑战，聚焦了更多学科背景和研究领域的研究者目光；另一方面，许多专业类期刊新晋入选CSSCI期刊目录，扩大了文献来源，使得播音主持领域的学术研究拥有更广阔的发表空间，本文得以具有一定数量的研究样本。

（二）文献统计分析

1. 文献数量分析

本文共搜集到2008—2018年CSSCI期刊目录里关于播音主持领域的有效文献103篇，发表数量每年呈曲折上升趋势，平均年增长率为44.1%。与21世纪初的发表情况相比，近十年来播音主持领域的学术文章在数量和增长率方面都有显著提升。（见图1-4）

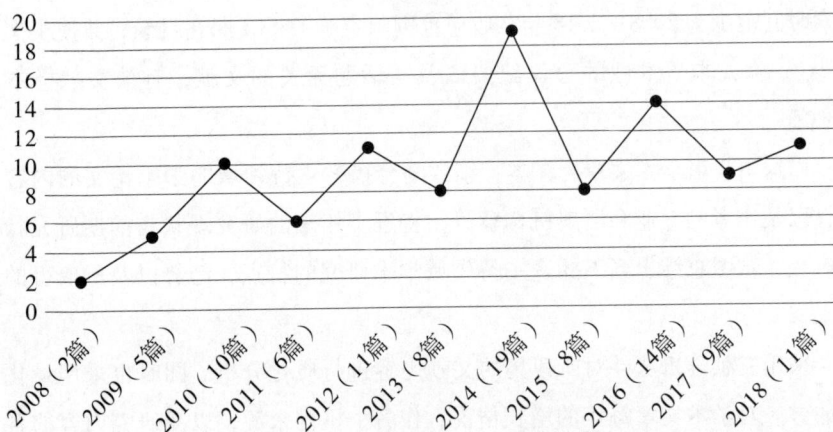

图 1-4　2008—2018 年播音主持学术文章发表情况

究其原因，一方面是新媒体技术的不断发展，以及越来越多的跨界平台的出现，使得传统的播音主持行业拥有更为广阔的表达空间，由播音主持活动衍生出许多新的媒介文化现象，不仅受到社会大众的广泛关注，同时也为社会生活带来巨大的影响。播音主持作为一门交叉学科，面对这些新现象、新问题，学术界也积极地从不同的学术视角给出回应和思考。另一方面，播音与主持艺术专业持续受到追捧，截至 2008 年，全国已有超过 300 所高等院校开办播音与主持艺术专业，其中本科办学层次的将近 200 所，且数量还在增长。除了传媒类专业院校之外，综合类、师范类、体育类，甚至部分理工类院校也在积极开设该专业，丰富了教学和科研的专业背景，对播音主持领域的跨专业、跨学科思考也逐渐丰富起来。此外，2014 年后，CSSCI 期刊目录中增加了许多高校学报和《中国电视》《传媒》等专业期刊，丰富了播音主持学术发表的期刊来源，也促使该领域学术文献的增长。

2. 对文献作者所属单位机构分析

经统计，近十年来共有 92 篇 CSSCI 学术文献的作者来自各高校科研机构，约占文献总数的 89%。有 11 篇文献的作者来自业界，约占文献总数的 11%。

在高校科研机构中，来自中国传媒大学、湖南大学以及浙江传媒学院的研究者共发表了 53 篇学术论文，分别占高校科研机构发文总数的 36%（33 篇）、12%（11 篇）、10%（9 篇）。以华东师范大学、中国人民大学、深圳大学为代表的 24 所高等院校及科研机构的研究者也发表了 39 篇文献，占高校科研机构发文总数的 42%。这表明，来自传媒专业类院校（中国传媒大学、浙江传媒学院）的研究者仍然是播音主持学术研究领域的主力军，而中国人民大学、湖南大学、华东师范大学、深圳大学等综合类大学迎头赶上，活跃于播音主持的学术阵营。

值得注意的是，如果以 2012 年为分界点，将研究范围分为 2008—2012 年、2013—2018 年两个阶段进行对比，我们能够发现传媒专业类院校与其他院校在文献发表占比上的变化。在第一阶段 2008—2012 年，以中国传媒大学、浙江传媒学院为代表的传媒专业类院校发表的文献占比为 56%（20 篇），其他院校为28%（10 篇）。而到了第二阶段 2013—2018 年，传媒专业类院校发表的文献占比为 30%（20 篇），其他院校发表文献占比则增加到了 63%（42 篇）。事实上，21 世纪以来其他类院校在播音主持领域发表的文献占比一直在不断提升，然而，与 21 世纪初期因开设播音与主持艺术专业院校增加而促使该领域学术论文数量增加不同，在近 10 年间，播音主持领域学术论文的增加则是因为跨学科研究的增加以及研究视野的拓展，许多院校新闻传播学、语言学、文学、艺术学的研究者纷纷结合自身专业理论，对播音主持领域提出新的研究范式和学术思考。研究者所属机构的丰富也反映出播音主持领域交叉学科研究的新趋势，一定程度上弥补了以往播音学研究"就播音论播音"、播音多质性体现不足的缺憾。

在本次搜集的文献样本中，来自业界机构的论文数量并不多，在议题上也没有体现出研究的连贯性，这与这一阶段专注于搜集偏学术性文章的取向不无关系。这些论文大多探讨业务实践和人才培养等问题，由于没有呈现出形成规模的研究趋势，在此不作赘述。

3. 对文献内容分类分析

播音主持活动本质上是依托媒介技术而进行的文化传播活动。传统的中国播音学理论体系主要关注语音发声、创作表达等技术艺术理论上的问题，与此同时，社会文化语境和媒介环境的变化也会使得播音主持活动在不同的阶段凸显出新的矛盾问题。因此，在近十年来的学术文献中发现，除了播音主持学科建设、语音发声与创作表达、播音主持业务等传统中国播音学理论框架内的研究之外，也开始出现对播音主持活动进行的媒介与文化传播面向的研究。

表 1-2　2008—2018 年播音主持文献分类及数量统计

一级分类	次级分类	数量（篇）
1. 播音主持学科建设（45 篇）	1.1 理论建设	12
	1.2 专业发展及人才培养	26
	1.3 播音主持史论	7
2. 语音发声与创作表达（23 篇）	2.1 语音发声	4
	2.2 创作与表达	19
3. 播音主持业务（18 篇）	3.1 主持业务	12
	3.2 主持人选拔、评奖标准	2
	3.3 手语、双语主持	4
4. 媒介与文化传播（17 篇）	4.1 主持传播	5
	4.2 网络视频主持	4
	4.3 融媒体主持	8

　　如表 1-2 所示，播音主持学科建设类的学术论文最多，占论文总数的 43.7%；语音发声与创作表达类论文次之，占比 22.3%；播音主持业务类和媒介与文化传播类论文基本持平，分别占比 17.5% 和 16.5%。

　　回顾 21 世纪初十年间的研究状况——研究者偏重于播音主持业务的研究，其中以主持业务实践的研究为主。相反，语言传播发声的研究始终是四大类别中数量最少的一类，研究相对滞后。关于播音主持学科建设的研究，呈逐年上升的趋势，并且在 2007 年度远远超过其他领域的研究。[1] 不难发现，研究者延续了上一阶段重视播音主持学科建设研究的趋势，并一直成为近年来播音主持学术研究最大的分支领域。其中，关于播音主持理论建设和学科专业设置的论文有明显增加，这说明研究者们对于完善播音主持学科的理论基础和课程体系十分关切，积极回应"播音有学，播音有术"的学科信念。

---

　　[1]　林小榆：《新世纪以来播音主持学术研究态势分析》，《湛江师范学院学报（哲学社会科学版）》2011 年第 10 期，第 64 页。

语音发声与创作表达的研究，在论文数量上与前十年相比基本持平，略有减少（4篇）。这个分支领域是传统播音学关切的核心内容，主要从技术和艺术两方面探讨有声语言的创作与表达，其拥有完整的理论框架和研究路径，所对应的研究议题比较固定，该领域的研究态势趋于平稳，在学术理论上并没有新的突破。

本文研究的文献来源较为注重学术性，业务类论文的比重并不多，但值得注意的是，面对播音主持活动在业务中面临的实际问题和挑战，这些论文大多跳出播音技巧和语言能力层面思考应对策略，着重探讨播音员主持人综合能力构建以及职业发展的问题。

与以往播音主持的学术研究格局不同，以媒介与文化传播角度的研究在近十年来实现了从无到有的突破。尽管从整体来看，这一分支领域的研究数量仍然较少，但从各类文献的年份统计结果中可以清晰地看到这类研究的增多趋势。（见图1-5）当今社会语境下的播音主持创作，是在大众传播环境下糅入人际传播而表现出的口语传播。广义上现代化、后现代化的社会语境，狭义上电子媒介的播出语境，是播音员主持人工作的逻辑起点。[①] 眼下播音主持领域因媒介技术和传播格局的变革而面临许多新的机遇和挑战，这也促使研究者们运用跨学科的视角构建播音主持学术研究新的范式。

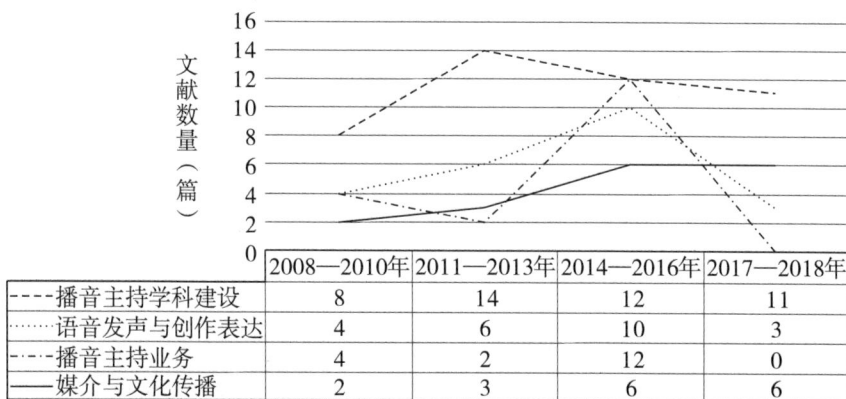

	2008—2010年	2011—2013年	2014—2016年	2017—2018年
----播音主持学科建设	8	14	12	11
……语音发声与创作表达	4	6	10	3
-·-播音主持业务	4	2	12	0
——媒介与文化传播	2	3	6	6

---- 播音主持学科建设 …… 语音发声与创作表达 -·- 播音主持业务 —— 媒介与文化传播

图1-5　各类文献按年份数量统计

---

① 战迪：《播音与主持艺术研究的理论范式》，《编辑之友》2014年第11期，第41页。

（三）研究领域综述

1. 播音主持学科建设研究综述

近十年来，播音主持学科体系不断完善，跨学科背景的研究者及研究机构不断增多，使得播音主持学科建设研究在理论建设、专业发展和人才培养以及播音主持史论方面均获得了一定成果。

（1）理论建设。

在播音主持学科建设的理论建设方面，研究者一方面探究了播音理论的发展源流：中国播音主持理论由最早的业务经验总结研究开始，播音主持学术集大成者张颂教授将齐越等老一辈播音艺术家的实践经验和讲话内容以严谨的学术态度记录整理下来，并于 20 世纪 80 年代出版了《播音基础》专著。张颂认为，播音理论真正上升到学术高度是从《播音基础》开始的。这本著作 20 世纪80 年代初内部铅印，1985 年正式出版，即现在的《播音创作基础》。这本著作是整个中国播音学的核心部分，与《播音发声学》并称为中国播音学的基石。[①]另一方面，在传统播音学研究范式的基础上，研究者们又积极拓展播音主持研究的新思路。随着 20 世纪 90 年代主持人的兴起，播音主持活动愈发成为一种文化传播现象，对播音主持研究的多元看法也随之丰富起来。有学者在系统研究了几十年播音主持艺术相关理论成果的基础上，根据理论前辈与同行的学术传统、背景、研究习惯和思想惯性，将学界研究归纳为四大范式，即技术艺术基础论、社会文化传播本体论、意识形态决定论、传播主体文本细读论。[②] 播音主持理论研究范式的提出印证了近年来播音主持学术研究的繁荣态势，既总结了传统播音学理论的研究路径，又对当下诸多具有跨学科视角的播音主持研究路径进行了界定。

与 21 世纪初期的研究相比，近十年来各派学者致力于用动态发展的眼光来构建播音主持学科的理论。比如，对于理论上对播音主持性质的探讨，学术界近年来又出现了新的声音。张颂教授认为播音主持活动具有多质性，而新闻性则是播音主持活动的主调性质。而有文章认为，社会文化变迁以及媒介技术的变革造就如今更为多元的时代文化背景和播音员主持人用语格局，并认为"新

[①]　郑伟：《张颂谈播音学术发展源流》，《现代传播》2013 年第 2 期，第 137 页。
[②]　战迪：《播音与主持艺术研究的理论范式》，《编辑之友》2014 年第 11 期，第 41 页。

闻性"的主调性质已不适用于当下所有的播音主持传播活动。深圳大学战迪以传媒艺术基本理念为切入口，从文化溯源和多元语用格局的角度深入探寻播音主持工作"多质性"中居于主导地位的本质属性，在生活、艺术、媒介三大维度的融合中，提炼出"艺术化的言语传播"主调，从而增益学界既有的惯性认知。① 性质往往决定人们看待事物的视角和实践方式，在新的历史阶段有年轻学者对播音主持性质提出新的看法，正是印证了张颂教授所言——播音主持是一个动态的、开放的系统。对播音主持理论的完善和发展依然成为当下播音主持研究新的趋势。

与此同时，近十年来学者们在国外播音理论研究方面也有了突破。有学者认为，美国 60 余年的播音研究历史，其中有很多值得我国研究借鉴的地方，而学术界却一直没有给予足够的关注。有文章以国内所能见到的美国播音研究的重要成果为主，结合美国政府和一些大学及图书馆官方网站所提供的资料，就美国播音研究的历史源流、研究内容、研究特点等进行了梳理和分析，描绘出美国播音研究的大致状况。② 也有文章从中美两国最早的关于播音著作《无线电播音》和《广播播音》的对比中，探寻中美两国播音理论源头，进而总结源头理论对播音主持学科建设的意义。

在理论建设方面，近十年来有越来越多的学者提出自己的思考，不仅弥补了上一阶段理论研究的空白，还开辟出了许多新的研究路径和研究方向。

（2）专业发展及人才培养。

21 世纪以来，广播电视事业的发展促进了播音主持理论进一步完善的同时，也促进了播音主持教育的繁荣发展。在播音主持艺考市场巨大、开设专业院校激增的情况下，播音主持专业的教育现状却是喜忧参半。有文章指出，尽管不同特色的院校开设播音主持专业丰富了播音主持教学的培养方向，但从整体上看依然存在着规模扩张与办学力量短缺、培养规模与市场需求反差、日常教学与理论研究不平衡等诸多矛盾。因此，不同类型的院校在播音主持的学科设置、课程体系建设和培养定位上应当有明确的认识。

在播音主持专业建设的宏观层面上，应用科学发展的眼光不断完善教育体系。2012 年有学者在文章中指出，新媒体出现以后，播音主持活动出现了全新

① 战迪：《传媒艺术视野中播音主持多质性主调的重建》，《现代传播》2017 年第 2 期，第 103 页。

② 徐树华：《美国广播电视播音研究索引》，《现代传播》2009 年第 6 期，第 69 页。

的"交互式"传播形态，传统的创作方式已无法适应新技术革命的需要，难以培养出符合未来时代发展趋势的传播人才。在当前大力推进民主政治建设，努力创造和谐社会的时代背景下，以及"三网融合"、新媒体蓄势待发的大趋势下，必须用更加全面的、着眼未来的观念来拓宽思路，寻求播音主持专业最佳的发展途径。① 实际上，播音主持专业所要应对的社会文化环境和媒介生态也确实悄然地发生着变化。2016 年《现代传播》上发表的一篇文章直指播音主持所依附的广播电视媒介环境发生的变化，包括新媒体平台对传统广播电视的冲击，使其媒体功能弱化；对传统播音员主持人的需求结构性减少；主持人专业背景泛化以及多元样态出现等，这些变化都对传统播音主持的学科定位和教学目标提出挑战。进而提出播音主持教育应该进行的适应与调整，包括：①培养目标，聚焦"善于传播"；②系统设置，重在"语言功力"；③教学方法，强调"真知真行"；④学习模式，注重主体的培养和主体性的涵育。②

在教学的微观层面上，有学者认为，在当下播音主持教学与就业市场供需矛盾的情况下，教育者应该明白媒体眼下需要的不是"标准化"的产品，而是拥有独立个性和观点的主持人。目前的播音主持专业教育侧重学生静态的语言表达训练，却忽略了动态的思维品质培养，因此，应在"实战"中加强创作能力的培养。③ 而这个过程中最重要的，就是培养学生语言的转换能力。在媒介技术如此发达的今天，语言转换能力不仅仅包括有声语言，也包括副语言。文本语言转化成有声语言、副语言，其创作标志就在于包含了传播主体自身的理解感受，能将自身的理解感受与文本主体的意图和对接受主体理解感受水平的认识融于一体，表露在有声语言和副语言的声与形中。④

此外，在播音主持专业招生设计和人才培养模式上，一些学者也提出了建设性的思考。有学者认为，目前播音主持专业招生设计存有"一元化"倾向，不利于选拔具有多元特质的学生。有文章指出，借用美国多元智能理论，以包

---

① 毕一鸣：《从传统走向现代——用科学发展观看播音主持学科建设》，《现代传播》2012 年第 1 期，第 112 页。

② 张政法：《新生态下播音主持教育的适应与调整》，《现代传播》2016 年第 12 期，第 147 页。

③ 李海宏、王福生：《"供需矛盾"下的播音主持专业教育》，《现代传播》2011 年第 5 期，第 152 页。

④ 金重建：《关于播音主持学科定位和人才培养的思考》，《现代传播》2013 年第 7 期，第 148 页。

括语言能力、逻辑能力在内的八类人中相对独立的智能为参照设计个性化招生题目，有利于选拔符合播音主持专业多元异质性特点的复合型人才。人才培养方面，2016 年《现代传播》有文章调研了不同历史时期播音主持专业毕业生的就业选择，得知 21 世纪以来伴随着网络媒体和新媒体的不断发展，播音主持专业学生的就业选择更加多元。如今，媒介融合的大趋势势必对播音主持专业培养模式产生巨大影响。因此在夯实学生专业基础能力的同时，更要突破学生在新媒体时代发展的阻碍。其中最重要的就是摆脱学生在课堂上形成的思维定式。互联网技术的发达，使得以互联网为依托的知识生产与传播逐渐突破时空限制，到达每一个网络接触者，当知识的传授不再完全依靠教师来完成，对于学生思维的训练和引导则变成更为重要的方面。[①]

近十年来关于专业发展和人才培养的论文大多结合当下的传播格局，突出变革与转型的特点，这也与播音主持理论研究的新趋势相吻合。

（3）播音主持史论。

与专业发展和理论建设研究的繁荣局面不同，近十年来关于播音主持史论的研究较为平缓，但也不乏新的成果。有文章系统地追溯播音主持理论的源流，划分出中国播音学学术发展的四个历史阶段，并对其中有代表性的文章和论著进行文本考据。还有两篇关于民国时期播音员选拔以及民营广播艺人生活特点的文章，提出民国时代播音事业对于社会文化生活的意义，以及对新中国播音事业发展的借鉴意义。此外，2010 年作为中国电视节目主持人发展 30 周年，有学者借此回顾了中国电视主持 30 年来的发展历程，《国际新闻界》和《现代传播》分别载文梳理电视节目主持事业和学术研究所取得的成果。由此可见，尽管史论研究在研究机构、研究者以及研究内容上仍然没有形成完整一贯性，但已经有越来越多的学者开始关注这个领域，为今后的研究奠定了良好的开端。

2. 语音发声与创作表达研究综述

（1）语音发声。

近十年来关于语音发声领域的学术文章较少，仅有 4 篇。在语音发声教学上，有文章认为，良好的语音发声能力既是先天条件赋予的，也是可以通过后天环境熏陶和科学的训练方式培养的。因此，教师在语音发声教学中承担着唤

---

① 鲁景超：《传媒变局对播音主持人才培养的影响和要求》，《现代传播》2016 年第 4 期，第 152 页。

醒和激发学生能力的重要职责。在教学路径上，播音发声教学需要合理运用教学方法与手段，帮助学生规范语音、美化声音，尽快掌握训练技能。有文章从具体形象在教学中的体现、感官认识在教学中的作用、循序渐进在教学中的把握三个方面进行阐述，探索播音发声教学循序渐进的教学方法和多元化的训练途径。[①]

在气息研究方面，有文章认为中国古老的"丹田用气"理论对如今声音艺术创作仍然具有借鉴价值。通过对"丹田用气"的历史梳理，总结如何客观运用科学的气息练习，使得创作中达到情、声、气的和谐统一。此外，从整体角度来看播音员主持人的嗓音影响力，有文章认为，要想塑造具有影响力的嗓音，首先离不开"心理预热"的过程。通过认同身份、明确立场态度及发声动机、树立影响力信念等一系列过程，达到塑造有辨识度和影响力的嗓音，是当下播音员主持人应具备的用声能力。

语音发声的理论相对完备，并且具有很强的实践性，因此在近年来的学术研究中数量并不多，也鲜有新的理论提出。

（2）创作表达。

播音创作是中国播音学的核心理论，近十年来相关学者就创作路径、播音感受、创作的美学空间等内容做了进一步的阐述。

在创作路径方面，有文章指出中国的播音创作经历了初创、探索、繁荣、曲折、成熟、创新的历程，每个阶段的播音创作都呈现出鲜明的时代特色，而播音创作的理念、功能、技法也在时代的洪流中不断融汇、延展、变革，呈现出与时俱进的新气象。[②] 具体体现在由"宣传到传播"的理念之变，播音工作由"武器到桥梁"的功能之变，技巧上由"文本到人本"的技法之变，以适应当下的新媒体环境和更加多元的社会文化语境。

在播音感受方面，有两篇文章就播音感受的静态构成、生成方式及价值内涵进行阐述，从理论上深化了对播音本质的理解，也为播音在创作环节提供了具体指导。文章首先指出，播音感受是由感受觉知、感受内容、感受指向、感受抑制四要素构成，播音感受是播音主体（播音员主持人）运用形象思维和抽象思维，经语言（文字的、声音的）认知，产生并进行情感体验的心理现象。

---

① 胡黎娜：《播音发声教学多元化途径探析》，《现代传播》2019 年第 3 期，第 125 页。
② 喻梅：《播音创作"变"与"不变"》，《现代传播》2012 年第 1 期，第 161 页。

它具有自己独特的生成方式，即线性循环式生成和直觉式生成。①

在创作的美学空间上，针对播音创作的过程，有文章提出播音创作的"圆融之美"，既指对表达技巧运用的圆融流畅不着痕迹，又指对播音作品的情感内涵的准确把握。更重要的是要在意境上做到"言有尽而意无穷"。播音创作的"圆融"美是形、理、意皆"圆"的统一，是快、高、亮的阳刚之美与慢、低、柔的阴柔之美在形式上的对立统一，是语意、语境与字面意思的统一，是有声之"气"与无声之"韵"的统一，是由于掌握了天人合一的宇宙生命规律而达到的高度自由状态，未见用力，却绵绵不绝，威力无穷。②

也有文章认为，在如今信息爆炸、新媒体普及、从业门槛降低的情况下，播音主持面临着"人际化""娱乐化""三俗化"的威胁。当下主流与多元价值并存，众声喧哗，消解意义，冷淡高雅，娱乐至上，大众文化成为消费时尚。这种文化语境赋予我们新的视野，让我们重新审视播音话语传播，审视播音话语审美空间的建构。③

总的来说，语音发声与创作表达的研究在纵向上对既有理论进一步丰富深化，同时也在横向上借鉴了语言学、传播学等相关学科的研究框架，为解决目前播音主持创作中遇到的实际问题提供了新的视角。

3. 播音主持业务研究综述

（1）主持业务。

与 21 世纪初期以个案分析为业务研究的方式不同，近十年学术类论文关于主持业务的研究大多是从宏观层面，结合当下传媒变革带来的机遇与挑战，讨论主持人应具备的个性、品质以及各种能力构成。有文章从心理学能力（智力）分层理论出发，对众说纷纭的电视节目主持人的各种专业能力做了系统的梳理，并归纳为一种"树形"的素质能力模型。④ 也有文章认为，在大众传播细分化、专业化的大趋势下，主持人未来的走向也应该是由"杂家"进一步成长为某一领域的"专家"，不仅具有深厚的主持基础，还要有适应各类型受众的学科知识。

---

① 陈竹、崔丽霞：《"播音感受"的生成方式及其价值内涵》，《湖南大学学报（社会科学版）》2014 年第 2 期，第 139 页。
② 李亚虹：《播音创作中的圆融之美》，《现代传播》2010 年第 5 期，第 145 页。
③ 梅慧：《播音语言审美空间探析》，《当代传播》2012 年第 1 期，第 105 页。
④ 刘毅涛：《电视节目主持人能力构成分析》，《现代传播》2014 年第 3 期，第 85 页。

在电视新闻等具体主持领域，有文章关注主持人在新闻直播中应具备的品质。通信技术发展到今天，让直播技术日渐成熟，成为当下广播电视新闻媒体传播新闻的主要形式。有文章认为，"注意"品质在直播过程中尤为重要。新闻播音员的注意状态不但反映、影响着其播音状态，也与播音员其他心理活动状态（如情绪状态、思维状态等）互为影响。[①] 也有文章对新闻节目主持人的个性问题进行讨论，认为新闻节目主持的个性应在真实性的新闻传播的基础上，适当的主持个性有助于提升新闻真实的传播效果。而适当的个性展示的尺度就在于个性的呈现与栏目的对应性、内容的对应性及主持人的自我对应性。[②]

眼下的传媒格局中，播音员主持人泛化是一个突出的问题。草根主持人、跨界主持人的出现一方面分流了传统广播电视媒体的大量受众；另一方面，良莠不齐的播音主持水平又带来了极大的形象危机。对于主持人来说，如何树立良好的专业形象和社会形象，建立公信力，是眼下亟须解决的实际问题。有文章认为，主持人首先应该去掉模式化的自我包装，激活内在真实，摒弃浅浮"表演"，唤醒职业敬畏。

（2）主持人选拔、评奖标准。

主持人选拔和评奖标准的研究一直是播音主持业务研究的重要组成部分。在研究中也一直体现着与时俱进的特点。在主持人选拔路径上，有文章认为，就目前现状来看，播音主持人才的选拔主要包括三条路径，即高校招生、业界招聘和大赛选拔，三部分之间联系紧密，但又各有侧重。[③] 在主持人管理机制上，应该建立科学实用的考核机制，统一有序的管理机制以及严谨细致的监审机制。

在评奖标准上，有文章借鉴了美国 CBS 电视台挑选新闻主播的要素，认为尽管国别地域、节目要求和文化背景各有不同，但政治素养依旧是各个国家评选优秀节目主持人的首要因素。从业务能力上来看，首先要具备广泛的知识常识以及专业知识，其次是具备良好的语言能力，最后还要有良好的沟通交际能力。文章据此列出了我国"金话筒"奖的评奖标准，并认为这个标准对应了播音员主持人应具备的基本素质，包括继承传统文化和吸收外来文化的使命；了

① 陈竹、方言：《直播状态下播音员的注意品质》，《现代传播》2014 年第 12 期，第 82 页。
② 石竹青：《浅析新闻节目主持人的个性呈现》，《现代传播》2015 年第 5 期，第 163 页。
③ 喻梅：《论播音主持人才选拔路径与机制建设》，《现代传播》2016 年第 8 期，第 160 页。

解社会发展的历史，关注现代生活和现实人生，不断学习思考，与时俱进的能力。①

（3）手语及双语主持。

值得注意的是，在近十年的文献样本中，出现了关于手语和双语主持的研究。尽管文章数量较少，但手语及双语主持领域已经开始得到学术界的关注。2014 年《语言文字应用》发表文章说，手语主持是专门针对听障群体提供的一种重要的播音主持艺术类型，是播音主持学科体系的一个新的分支，是对当前有声语言播音主持学科的重要补充，② 认为手语主持的研究应借鉴视觉符号学、视觉传播学以及认知语言学的内容来构建研究体系。目前我国对手语主持的研究还有很大一片空白，但是手语主持的受众面向却极其广泛，因此对手语主持的研究十分迫切。

目前，国内已经有很多高校开设双语主持方向的课程，而相应的课程体系和人才培养模式却始终没有统一的规范。有文章认为，英语主持人往往具有较好的外语表达能力和形象气质，但对相关的播音主持理论掌握得还不够扎实，应加强新闻传播学、国际关系学以及相关的专业领域知识的学习。也有文章从跨文化传播的角度出发，提出增加中国英语节目主持人的传播力。中国的对外文化交流和跨文化传播生态面临着严重的失衡。西方发达国家凭借其在经济、科技和文化贸易上的优势，长期占据着国际舆论的主导地位。这种不平衡的新闻流动往往会导致国际的误解，造成发展中国家的形象被误读。③ 因此双语节目主持人应注重研究主持人的传播能力构成，以达到对内准确介绍国际形势，对外传递好中国声音、讲述好中国故事的效果。

4. 媒介与传播面向的播音主持研究综述

播音主持领域在媒介与传播面向的研究在近十年已经独具规模并形成了相对稳定的研究范式。与 21 世纪初的研究相比，该领域的研究已经不仅是对传统播音学理论的横向拓展，而是将播音主持看作一种文化传播活动来加以考查。因此，传播过程中的诸要素以及传播所依托的媒介环境成为研究的核心内容。

　① 张君昌：《"大众号角"的时代锻造——解读"金话筒奖"评奖标准》，《现代传播》2010 年第 7 期，第 136 – 137 页。
　② 袁伟：《手语主持研究》，《语言文字应用》2014 年第 3 期，第 23 页。
　③ 蔡荣寿：《论双语播音与主持人才的培养》，《现代传播》2010 年第 8 期，第 159 页。

（1）主持传播。

主持传播学派认为，主持人在节目中驾驭和组织节目进程，使得主持人节目成为一种独有的大众传播方式。研究者认为，主持传播对于大众传播的意义，归根结底是由其独特的传播方式决定的，主持传播改变了大众传播符号化传播的格局，注入人际传播的特性，实现了"人际性的回归"。[①] 有文章提出主持人传播力的概念，认为主持传播作为大众传播的一种重要方式，对主持人的传播力研究与对广播电视媒体传播力的研究一样，可以提高节目的竞争力，广播电视的媒体影响力，以及构建良好的社会舆论环境。

也有文章认为，伴随着广播电视媒体市场化发展，不同运营体制下的节目，其主持人的媒介角色也呈现出多元化的特点。早在 2009 年的时候，《国际新闻界》载文指出，电视的性质发生了变化，主持人的性质也相应发生了变化。[②] 由收视率模式下主持人角色的大众化，到付费电视模式下主持人角色的分众化，就是节目主持人媒介角色多元化最好的见证。而如今，媒介生态环境更为复杂，主持人媒介角色的不断丰富也将发挥更大的传播作用，构建更为丰富的媒介文化。

在播音主持的功能上，有文章认为眼下的多维传播语境使得播音主持的功能得到进一步延伸和拓展。一方面，传统广播电视播音主持活动置身于新媒体发展带来的多维传播语境中，其基本功能在巩固中发展，特别是其深度加工、公众分享、置换智慧的拓展功能值得关注；另一方面，基于播音主持功能拓展的理念与方式，加强传播力、公信力、引导力成为其功能拓展的重要路径。[③] 新媒体的到来使得广播电视不再是播音主持活动唯一的传播载体，丰富的传播路径构建了更为多元的传播文化，播音主持作为文化传承的主要媒介形式，其角色和功能也必将更加丰富。

（2）网络视频主持。

网络视频主持是伴随着网络兴起而形成的一种新型的主持形式。在实证研究方面，有文章认为对于新媒体主持的研究应该以媒体融合技术平台为实验支

---

① 高贵武：《解析主持传播》，北京：北京广播学院出版社，2004 年，第 14 页。

② 徐树华：《论不同盈利模式下电视节目主持人的媒介角色》，《国际新闻界》2009 年第 7 期，第 61 页。

③ 李洪岩：《多维传播语境中播音主持的功能与拓展》，《现代传播》2013 年第 8 期，第 87 页。

持，开展视频类节目主持的创新探索，培养符合未来媒体发展需要的新型节目主持人才，[①] 即注重研究新媒体视频类节目主持的创新之处。通过搭建融媒体技术试验平台，了解在新媒体环境中视频类节目的制作过程。研究表明，新媒体视频类节目的制作拥有一体化、同步处理信息等特点，也会给节目主持的样态带来变化。

从网络视频节目主持的发展历程看，有文章认为应研究不同阶段网络视频主持的创作特点。视频节目主持目前仍处在不断完善和发展的历程中，呈现出主持样态更新快，主持质量不稳定、不均衡的状态。既然无法在已有的节目形态中寻找稳定的主持架构，就应该用动态发展的眼光观察每一阶段视频主持形态形成的内因和外因，以在更广的时间和空间范围内探索其规律。未来传统媒体主持和网络主持会不断交叉、趋于融合，而网络主持自身又会不断细化、提高专业化程度。网络主持人将会以独特的魅力人格体的形式存在于各种各样具有媒体属性的产业当中。[②]

对于网红时代的主持艺术个性，有文章认为在谈及"网红"的主持个性时，首先要对"网红"所对应的媒介文化背景给予充分的理解。从历史角度来看，"网红"一词最早出现时并不是针对主持人群体，"网红"行列中开始出现主持人群体，是由"网络主播"而开始的。这就使得"网红主持人"与传统意义上的播音员主持人在概念上出现很大不同。因此，概念的厘清是谈及主持艺术个性的前提。而研究的最终目的，则是探寻传统播音员主持人如何在新的主持格局下发挥更大的影响力。传统媒体主持人利用自身所在平台长期发展积聚的影响力和权威性，加之借力于新媒体技术和平台的推广及传播，定能有所突破。在这样的时代背景下，如何用好新媒体这一高速发展的传播工具，是"网红时代"主持人在未来发展中要不断思考的问题。[③]

（3）融媒体主持。

播音主持在媒介融合的行业趋势下面临前所未有的机遇与挑战，近年来引起学界和业界的广泛关注。2017 年第一届中国主持传播论坛在北京举办，论坛

①　於春：《新媒体环境下视频类节目主持的发展创新》，《现代传播》2011 年第 6 期，第 127 页。

②　李桃：《网络主持发展研究——以网络视频主持为例》，《语言文字应用》2014 年第 3 期，第 30 页。

③　成倍、王昭：《"网红"时代主持艺术个性化挑战与对策》，《湖南社会科学》2017 年第 3 期，第 189 页。

主题便是"网络·主播——融媒体时代的主持传播"。可见，对融媒体的研究是推动未来播音主持学术和行业发展的新趋势。

融媒时代对主持人的能力构成提出许多新的观点。有文章认为，在媒介融合的背景下，原有的播音主持理论已经难以应对目前播音主持行业面临的挑战。研究融媒时代主持人如何提升传播力，首先要了解融媒体环境下节目主持人多元的传播路径和传播模式。新媒介环境下，人际传播、组织传播和大众传播经常交织在一起，节目主持人传播力不再局限于节目中的主持人传播，而应该建立大传播的理念，将节目主持人所有的传播行为都纳入到节目主持人传播力的考量当中去。[①] 也有学者从媒介融合背景下播音主持行业发生的变化上探求播音员主持人应具备的对应能力，包括主持人的现场直播力、国际交流力、品牌塑造力、可持续发展力和受众吸引力。

分众化、专业化是融媒体主持的趋势，在研究上也体现出主持形态研究细分化的特点。有文章研究了融媒时代综艺节目主持传播的文化空间。当下，综艺节目拥有广泛的受众群体，是寓教于乐、传承文化的最好的传播方式之一。从文化内涵的角度，研究综艺节目的内容，并寻求主持传播在这种节目形态中如何发挥效用，搭建独具民族特色的文化传播空间。融媒时代影响力巨大的综艺节目主持人在为受众带来愉悦的同时，如何履行传播先进文化的职责，如何正视本民族优秀传统文化与西方文化的差异，这关涉节目主持人文化自觉的问题。[②] 还有文章指出，融媒时代主持人的成长路径是多元的，关键在于探索跨学科领域的人才培养模式。

（四）总结与思考

1. 理论体系日趋完善、学术研究日趋规范

自 1974 年北京广播学院开设播音专业，到 1985 年关于中国播音学核心理论的著作《播音基础》出版，再到 21 世纪初期学术研究百花齐放、百家争鸣的繁荣景象，播音主持专业经历了从无到有、从艰难探索到硕果累累的发展道路。如今，学者们已不再停留在论述"播音有学，播音有术"的学科合理性上，研

---

① 苏凡博：《媒介融合背景下节目主持人传播力生成机制》，《当代传播》2016 年第 3 期，第 111 页。

② 刘秀梅、许明：《融媒体时代综艺节目主持传播文化空间的自觉构建》，《湖南师范大学学报（社会科学版）》2017 年第 5 期，第 50 页。

究也不再局限在业务案例的分析上，而是步入到对传统播音学理论研究的纵向深入和对交叉学科研究范式的横向探索阶段。在播音主持近十年的研究成果中不难发现，学者们发现播音主持研究问题的视角更加敏锐，也更加善于用学理性的思维和范式去回应发现的问题。相应的，从论文研究成果来看，理论基础更加深厚，研究过程也更为系统和规范。

2. 与时俱进，积极应对变革与挑战

近十年来，传媒格局发生巨大改变，在三网融合的趋势下，传播路径与传播方式都发生了极大的改变，给传统的播音主持行业也带来巨大的冲击。在这种情况下，研究者们没有拘泥于固有的理论框架，而是积极地结合自身的专业背景，从语言学、传播学、心理学、哲学、美学等多个学科角度寻求新的突破。"变革"与"重构"成为近十年播音主持研究的关键词，在学科建设、人才培养模式、创作感受以及新媒介环境中播音主持面临的机遇与挑战等一系列问题上给出积极的回应，这也充分印证了播音主持作为一门交叉学科，具有极强的实践性特点。

3. 细分领域有待进一步深耕完善

与21世纪初播音主持理论框架有待完善的研究局面不同，近十年来播音主持的研究在理论视角上更为丰富，在手语主持、双语主持、网络视频主持和融媒体主持等新兴领域实现了研究突破。然而，与研究面向不断丰富相对应的，是各细分领域系统深化研究的欠缺。就手语研究而言，目前的研究者还比较少，研究的问题还处于概述层面。网络视频主持和融媒体主持方面，研究成果虽颇为丰富，但研究者们几乎各成一派，在问题的挖掘和研究路径上没有体现出很好的学理一贯性。不过相信在当下播音主持繁荣的研究势头下，未来各细分领域的研究会日趋完善。

总体来说，播音主持学科既是一门年轻的交叉学科，也是动态发展性和实践性极强的学科，这使得播音主持的学术研究在构建稳定的支撑性理论和研究路径上具备一定的难度，但这也恰恰是播音主持学术研究的魅力所在。回顾历史，不难发现播音主持研究在各个阶段都取得了新的成果，也同样面临新的问题。因此，对播音主持的研究也应是动态发展、与时俱进的。

第二节　播音主持理论创新与建构

一、社会学视角下主持传播社会互动理论的建构

（一）社会互动理论基本阐释

"社会互动"一词最早出现在德国社会学家齐美尔 1908 年所著的《社会学》一书中。齐美尔认为，社会是通过人们的互动而产生的，社会互动塑造着整个社会的面貌。[①] 研究社会互动是从微观层次上理解社会结构、建立理论体系的基础。很多社会学家和社会心理学家都对互动进行了深入的研究。齐美尔被认为是欧洲第一位互动理论家，他认为社会学的研究对象应是与互动内容相对应的互动形式。在美国，形成了以乔治·米德为主要代表人物的符号互动论。后来，布鲁默、库恩等人发展了米德的思想，分别建立了芝加哥学派和艾奥瓦学派。米德的思想也是角色理论和参照群体理论的重要渊源。这三种理论紧密地交织在一起，对社会互动过程和互动结构做了详细的说明。社会学和社会心理学其他方面与流派的理论也大都涉及社会互动。有学者将互动理论与功能理论、冲突理论、交换理论、结构理论一起列为五种主要的社会学理论建构取向。

郑杭生教授提出，社会互动是指社会上个人与个人、个人与群体、群体与群体之间通过信息的传播而发生的相互依赖性的社会交往活动。社会互动是个体层次与社会结构层次及文化层次的中介，是由个人走向群体乃至更大的社会组织制度的转折点。其中，社会互动必须以信息传播为基础。胡荣教授指出，从互动的架构角度进行分析，首先，社会互动是人际信息沟通的过程，人与人之间的互动是运用符号进行的，是符号互动；其次，在互动过程中总要伴随着

---

① 郑杭生：《社会学概论新修》第 3 版，北京：中国人民大学出版社，2003 年，第 123 页。

互动双方动作的相互作用；最后，互动的过程也往往会导致某种资源的转换。以上理论为本课题的研究提供了有力的理论支持。

目前，社会互动的研究成果覆盖了社会学及统计学、体育学、新闻与传播学、教育学、经济学、心理学、语言学等多个学科，社会互动理论在各个学科得到了广泛的发展和应用。尤其在媒介和民族认同领域得到了较好的应用，并已取得丰硕成果，其中，中央民族大学《人·媒介·社会》的研究最具代表性。该研究以社会互动的视角，对媒体与政治文化生态、媒介环境与人类信息传播、媒体发展与社会生活变迁、跨文化语境下的民族文化传播进行考察，论证了"人—媒介—社会"三个系统之间的关系。这一研究成果，也为播音主持社会互动理论的建构提供了可借鉴的研究范式。

（二）主持传播与社会互动的理论联系

主持传播是播音主持领域的一个新兴学科，高贵武、毕一鸣、陈虹几位教授在该领域的理论建设方面提出了代表性的观点。高贵武教授是首位以跨学科视野从传播学、社会学、心理学、说服学、管理学对主持传播学进行理论构建的学者，他提出，主持传播是以主持人作为传播主体而实施的传播，或由主持人从事的传播活动的总称。主持传播是一种面向社会大众传递信息的传播手段，其首要的功能是信息功能，在传播活动中还具有引起受传者情感共鸣的作用。对于以有声语言为主进行主持传播的主持人而言，有声语言更是主持人进行传播的第一重要性符号。[①] 毕一鸣教授从传播学和语言学的视角对播音员主持人的内涵进行论证，他认为，广播电视节目主持人是媒介塑造的公众人物，其所具有的社会影响力有时不仅会关乎媒介的生存，也会影响、引导舆论走向。主持人处在广播电视传播最重要的环节上，不仅对自己的语言要负责，对自己的传播行为也要负有重要的责任。陈虹教授则将主持人节目生产传播放在一个大的社会文化系统中，细致地考查了节目主持人传播主体、传播客体、传播环境、传播通道、传播效果等要素组成的内部系统。陈虹认为，节目主持人传播既是一个学术名词，又是一个实践活动领域；既涵盖广播电视媒体，又联结着更广泛的社会生活空间。以上学者都有一个共同的观点，那就是主持传播将大众传播与人际传播这两种传播方式巧妙地结合在一起，产生了巨大的传播效果。

---

① 高贵武：《主持传播学概论》，北京：中国传媒大学出版社，2007年，第1–4页。

对于主持传播主体的影响力，多位学者提出了颇有见地的观点。其中，曾志华教授指出，电视节目主持人文化影响力，是指部分知名的电视节目主持人，在电视节目生产和传播的过程中所产生的一种具有文化内涵的信息传导在受众当中的效果反应，它是主持人作用于受众精神层面并释放文化影响的一种能力。张政法教授提出，广播电视有声语言传播主体的影响力是指有声语言传播主体依托媒介的整体力量，作用于接受主体认知、情感、行为的现实，及其达致这一现实的能力。有声语言传播主体具有政治、社会、文化、专业多维度的影响力。贾毅教授则认为，电视节目主持人影响力具有互动性与主动性的特点。在大众媒介与受众的关系中，互动性既是大众媒介传播效果的要求，也是其体现。

通过对主持传播的理论分析，我们发现其与社会互动理论的内涵高度一致。

第一，社会互动，是个人与个人、个人与群体、群体与群体之间通过信息的传播而发生的相互依赖性的社会交往活动。播音主持活动符合社会活动主体的范围，它是播音员主持人个体与受众个体、播音员主持人个体与受众群体、播音员主持人所代表的话语群体与受众群体这三层主体之间的社会交往活动，这一活动所相互依赖的条件是信息的传播。

第二，社会互动必须以信息传播为基础，作为信息传播的最前沿，播音员主持人拥有丰富的话语资源，在传播信息方面发挥重要作用。

第三，社会互动是人际信息沟通的过程，人与人之间的互动是运用符号进行的，是符号互动。播音主持活动所运用的符号系统，以有声符号为主，形象符号和非语言符号为辅，共同构成具有文化传播价值的信息符号。

第四，在互动过程中，播音主持活动伴随着互动双方的传播和反馈，产生相互作用。

第五，社会互动理论中，互动的过程也往往会导致某种资源的转换。在播音主持的信息传播过程中，也是政治、文化、经济各方面资源转换的过程，是社会活动的重要部分。

因此，以社会互动的视角，建构主持传播社会互动理论，具有一定的合理性和可行性。

（三）主持传播社会互动理论的基本框架

社会互动已经有了相对成熟的理论框架、研究方法，基于主持传播和社会互动两者之间的理论逻辑，主持传播社会互动理论的研究内容以社会互动的构成要素为基本框架，包括主持传播的社会互动环境、互动主体、互动载体、互动渠道与方式、互动效果、互动规范六个维度。

1. 主持传播的社会互动环境研究

任何一种社会行为总是发生在一定的社会环境中，社会互动和社会环境之间是相互依存的。在社会学视野下，主持传播活动这一社会行为与其所处的环境密切相关，包括宏观、中观、微观三个层次的环境。宏观环境是指国内外政治、文化、经济多方面的形势和政策，中观环境指播音主持传播的媒体环境，微观环境落在信息传播传受双方的具体语境中。

2. 主持传播的社会互动主体研究

社会互动是人们之间的相互交往活动，人是社会互动的主体及社会互动的行动者。在社会活动背景下，主持传播的互动主体具有多重性，从个人与个人层面看，是节目的主持人个体与受众个体；从个人与群体层面看，是节目主持人个体与传播目标的受众群体；从群体与群体看，是播音员主持人所代表的话语群体与传播目标受众群体。研究各层面互动主体的社会角色、地位、关系，是构成互动的关键。同时，这三层主体之间的关系，直接影响着社会互动的效果。

3. 主持传播的社会互动载体研究

信息的传播是社会互动的基础。传播者只有借助一定的传播符号才能传达信息，而受传者也必须依靠一定的传播符号才能够获得和理解传播者的意图。因而，信息传播中的符号是社会互动中不可缺少的载体。主持传播主体作为信息传播的行动者，以有声符号为主要互动载体，以非语言符号（包括类语言和体态语言）为辅助互动载体，研究这一套符号系统在社会互动中的运行机制是研究的核心。

4. 主持传播的社会互动渠道与方式研究

在新技术发展、媒体融合的新媒体背景下，主持传播需打破原有单一的互动格局，为主持传播活动创造更丰富的互动渠道。

5. 主持传播的社会互动效果研究

社会互动通常具有一个相对明晰的目标，而这个目标也正是人类有意识的交往活动的"驱动力"。主持传播的社会互动目标，就是使用系统的互动符号以及主持传播主体的影响力，通过多渠道的互动方式，获得理想的社会互动效果。因此，需要建立科学的体系，对社会互动效果进行评价。

6. 主持传播的社会互动规范研究

社会互动的规范不但是行动者"行为"的依据，也是保证社会互动沿着有利于社会发展的方向正常进行的条件。主持传播要遵循的互动规范应该是全方位的，包括理论规范、职业规范、道德规范、社会规范等。

社会互动的环境、主体、载体是构建主持传播社会互动的基本理论框架和基础。主持传播活动在其中具有重要的信息传播功能，传播主体所处的互动环境、互动主体的身份角色、互动载体的运用、互动规范的制约直接影响着社会互动的目标是否能够达成。从新媒体技术层面丰富互动渠道，以科学的评价体系考量主持传播的社会互动效果，是实现主持传播社会互动的重点和难点。而主持传播的社会互动规范，需要与实践相结合，并得出适用性强的普遍规律，这是实现互动效果的保障。

（四）建构主持传播社会互动理论的意义

主持传播社会互动理论的建构，是语言学、社会学、传播学等学科跨学科的理论成果，对于丰富播音主持理论的学科内涵，拓展主持传播及播音主持的学科外延，是一个重要的创新。目前国内学者对主持人的研究主要集中在业务应用领域，包括语言表达、形象塑造、采编策划、主持风格等，突破业务本身的研究很少，而突破媒介视域，将主持人置于更广阔的社会领域进行的研究更是少之又少。主持传播社会互动理论的建构，将为提高主持传播的社会互动质量提供理论指引。

二、城市形象视角下播音员主持人文化形象塑造

（一）城市形象视角下播音员主持人文化形象的基本阐释

"城市形象"这一概念首次被明确提出是在美国著名的城市规划专家凯文·林奇（Kevin Lynch）创作的《城市形象》（*The Image of the City*）（1960）一书中，但凯文·林奇的研究多集中于城市形象设计，因此其对城市形象的内涵认知仅限于"城市景观"，其范畴局限于城市规划、建设之内。继凯文·林奇之后，城市形象的研究进一步丰富，城市文化、政府行为、市民素质、环境等因素被纳入城市形象的评价体系，使得"城市形象"变成一个复合型的概

念。关于城市形象的概念有很多，综合来说，城市形象是人们对城市发展的客观形势的主观反映，是人们对一个城市的物质景观、基础设施、经济发展形势、社会面貌、政治表达及历史文化作出的总体分析和评价。近年来，随着我国城市化进程脚步的加快，国内学者对城市形象的研究与探讨也越来越深入，学者江曼琦在《对城市经营若干问题的认识》中提出，从文化价值的角度考查，城市形象是城市独有的文化、城市精神、城市性质、城市的区位和城市底蕴的综合反映，是城市重要的无形资产，体现着城市的价值。因此，城市形象传播则是将城市整体的精神与风貌等特质予以提炼、升华、塑造，并通过有效的媒介和渠道向外部传达独特的城市文化形象。

在城市软实力的诸多要素和指标中，城市文化形象的媒介传播效果具有非常重要的地位。

公众心目中的城市形象很大程度上来自传媒，而传媒自身的强大功能则极大地影响着城市形象。播音员主持人是大众传播中最高效的传播主体，作为信息传播的最前沿，播音员主持人拥有丰富的话语资源，能在复杂的城市系统中进行印象标志，向外部刻画城市个性、弘扬城市精神、传播城市文化、陶冶市民情操，使人们对该城市产生深刻的认同感，增强对城市的情感联系，促进城市经济、社会、文化的协调发展，提升城市在整个区域乃至国内外的知名度和竞争力。

（二）播音员主持人城市文化形象塑造的本土分析——以广州为例

广州是国家历史文化名城，从秦朝开始，广州一直是郡治、州治、府治的行政中心，至今一直是华南地区的政治、军事、经济、文化和科教中心，是岭南文化的发源地和兴盛地。这个城市通用的方言是粤语，具有悠久的历史，在海内外影响力也颇大。

2010 年 2 月，住房和城乡建设部发布的《全国城镇体系规划（2010—2020年）》明确提出了广州作为五大国家中心城市之一的规划和定位。根据中华人民共和国国家发展和改革委员会的定义，国家中心城市是指居于国家战略要津、肩负国家使命、引领区域发展、参与国际竞争、代表国家形象的现代化大都市。针对广州的城市文化形象建设，诸多学者提出了战略性思考和建议。广州市社会科学院姚宜在《简析广州城市形象及定位》一文指出，城市形象是一个城市重要的无形资产，是城市综合竞争力的重要体现。广州应在城市性质与城市特色的基础上，兼顾城市的历史发展，并借鉴其他城市的成功经验，科学定位，提升城市形象。①

广州大学张士勋、黄家泉、孙云等学者在《广州城市文化形象建设的定位与对策》中提出，城市文化形象建设的实质，是依据一定的价值取向，培育城市的气质，确立城市的品位。广州城市文化形象的建设应体现现代岭南文化精神，其发展方向可定位为：开放、创新、务实、高雅的现代化中心城市。② 暨南大学莫智勇副教授在《基于城市文化符号的城市形象传播建构探析——以广府文化之广州形象为例》一文说道，粤语是广州城市特色文化符号，广州人的语言，独具一格，别有韵味，在智能化媒介与新传播时代，挖掘城市形象传播支点，城市特色文化符号化开发，实现多元文化有机融合与有效传播，创新城市传播机制与品牌策略，将是城市创新传播的发展方向。③

中国方言学家詹伯慧教授在《略论汉语方言与地域文化》中指出，语言是文化的载体，方言则是地域文化的载体。④ 在 2018 年 4 月 29—30 日举办的"新时代、新经济、新文化、新融合——粤港澳大湾区软实力建设研讨会"上，詹伯慧教授结合自身长期从事粤港澳地区方言研究的经历，阐述了粤港澳地区地方文化的魅力所在，并提出以方言为纽带，推动三地文化的融合，为大湾区建设凝聚文化力量。陈恩泉教授在《试论粤语在中国语言生活中的地位》中指出，粤语历史悠久，具有自己的方言文化，在粤港澳地区经济地位十分重要。粤语区尤其是穗港深地区，在我国改革开放时期处于较为特别的地理位置和十分重要的经济地位，这一地区的中心语言粤语在国内外越来越频繁的政治、经济、文化等活动中起着重要作用。⑤

在构建广州城市文化形象的因素中，粤语语言文化的研究充分说明了粤语是传播广州城市文化形象的载体。关于主持人角色与影响力的一系列论著，也为粤语主持人承担起广州城市文化形象传播主体提供了有力支撑。

---

① 姚宜：《简析广州城市形象及定位》，《天津城市建设学院学报》，2009 年第 15 卷第 2 期。

② 张士勋、黄家泉、孙云：《广州城市文化形象建设的定位与对策》，《广州大学学报（综合版）》1999 年第 1 期。

③ 莫智勇：《基于城市文化符号的城市形象传播建构探析——以广府文化之广州形象为例》，《城市观察》2018 年第 2 期。

④ 詹伯慧：《略论汉语方言与地域文化》，《学术研究》2015 年第 1 期。

⑤ 陈恩泉：《试论粤语在中国语言生活中的地位》，《暨南学报（哲学社会科学版）》1990 年第 1 期。

粤语节目 1929 年在广州开播，自 20 世纪 50 年代起在中国国际广播电台和广东各级媒体广泛使用。据不完全统计，目前位于广州的广东广播电视台和广州广播电视台共有 232 名粤语播音员主持人。其中，不乏具有一定知名度和社会影响力的明星主持人。如广州广播电视台的著名主持人尹婕，具有出色的双语（粤语、英语）能力及突出的业务能力，曾经获得广州市城市形象大使冠军，并成为广州 2010 亚运会申办陈述人。在国际传播舞台上，她成为广州城市形象的推广大使，成功向国际展示了广州的文化形象，而其也成了广州城市文化的一张名片。因此，播音员主持人良好的文化形象是一个城市的无形资产，能够带来巨大的荣誉。随着中国国际地位的提升，各个城市要把自身建设成为具有世界影响力的文化中心城市，需要在播音员主持人城市形象传播方面加强对策研究，探讨播音员主持人城市形象传播应采取的策略，这是具有迫切现实意义的论题。

（三）塑造播音员主持人城市文化形象的路径

苏凡博在《新媒介环境下节目主持人传播力概念考辨》一文提出，节目主持人传播力是指节目主持人在各种传播资源的支撑下，在以节目主持传播为核心的多元化的传播实践中，达成预定的传播效果的能力。[1]

曾志华教授在《中国电视节目主持人文化影响力研究》中指出，电视节目主持人文化影响力，是指部分知名的电视节目主持人，在电视节目生产和传播的过程中所产生的一种具有文化内涵的信息传导在受众当中的效果反应，它是主持人作用于受众精神层面并释放文化影响的一种能力。[2]

张政法教授在《主体的影响力：广播电视有声语言传播主体研究》中提出，广播电视有声语言传播主体的影响力是指有声语言传播主体依托媒介的整体力量，作用于接受主体认知、情感、行为的现实，及其达到这一现实的能力，这种影响力覆盖政治、社会、文化、专业多个维度。[3]

在塑造播音员主持人的文化形象过程中，播音员主持人应该不断增强自身

---

[1]　苏凡博：《新媒介环境下节目主持人传播力概念考辨》，《广州大学学报（社会科学版）》2016 年第 15 卷第 8 期。

[2]　曾志华：《中国电视节目主持人文化影响力研究》，北京：北京大学出版社，2009 年，第 32 页。

[3]　张政法：《主体的影响力：广播电视有声语言传播主体研究》，北京：中国传媒大学出版社，2014 年，第 15－16 页。

的传播力、引导力、公信力、影响力，提升播音员主持人城市文化形象的内涵，拓展播音员主持人城市文化形象的外延，成长为城市文化形象代言人。

（四）塑造播音员主持人城市文化形象的意义

城市形象传播对城市发展的意义重大，多年来城市形象的传播在理念和实践上形成相对稳定的思路与框架，在不同理论视角下开展的城市形象传播研究也极大地丰富了城市形象的内涵和外延。现有的城市形象传播的业务研究，聚焦在城市形象传播与传媒、大型活动、赛事、文化多方面，却忽略了作为城市形象代言人的个体及群体传播研究。播音员主持人作为城市文化形象的一个重要载体，是文化形象构建的重要能动者，其文化形象直接影响城市形象的建设。在新的历史时期，尤其是在网络新媒体语境下，城市文化形象传播面临新的机遇和挑战，新的传播路径与对策研究是必要的。

第二章

融媒时代播音主持教学探索

21 世纪以来，播音与主持艺术专业的教学环境发生了剧烈变化。

一方面，各大院校争相增开播音与主持艺术专业，造成新办专业的大规模扩张，学生数量远超市场需求，由于绝大多数新办专业师资不足、实验教学设备落后，使得教学质量和人才培养形势严峻。在这种局面之下，人才培养的定位和特色尤为重要。只有做到"人无我有、人有我优、人优我特"，才能在激烈的办学竞争中占有一席之地。

另一方面，21 世纪以后是科学技术、网络技术飞速发展的时期，技术的革新带来了传媒产业格局的变革，对于播音与主持艺术专业的教学来说，在面临挑战的同时，也迎来了发展的机遇，我们必须审时度势，与时俱进，在播音与主持教学方面做出大胆探索。在融媒时代，播音与主持艺术专业要培养什么人？怎样培养人？为谁培养人？是教学的根本性问题。而教学方法，就是解决"怎样培养人"的重要一环。没有正确的教学方法，任何培养目标都无法实现。

本章主要使用案例分析法，主要以中国传媒大学和暨南大学两所院校的播音主持教学为例，对融媒时代的播音主持人才的定位和特色、学科定位和内涵拓展、教学方法的传承与创新、实践教学平台的延伸进行探讨。

第一节　播音主持教学定位与特色

一、面向世界，培养多语播音主持人才

暨南大学素有"华侨最高学府"之称，是我国第一所招收外国留学生的大学，也是目前全国境外生最多的大学，学校积极贯彻"面向海外，面向港澳台"的办学方针，面向世界五大洲 120 个国家和我国香港、澳门、台湾 3 个地区招生。为了更好地完善广播电视学科的专业设置、满足广播电视行业及社会对播音与主持艺术专业人才的需求，2007 年，暨南大学新闻与传播学院提出增设播音与主持艺术专业的申请。经国家教育部批准，该专业正式设立并于 2009 年正式招生。此举既充分发挥了暨南大学新闻与传播学院的新闻教育资源优势，也填补了港澳台地区及海外尚无播音与主持艺术专业的空白。针对暨南大学的办学方针和办学条件，笔者提出培养"三语"播音主持人才的目标。

（一）"三语"播音主持教学的可行性

1. 生源多元化

依托这个招生平台，目前，暨南大学新闻与传播学院的外招生比例达75%之多。新开办的播音与主持艺术专业也将更好地发挥暨南大学的侨校优势，面向全国各省份、港澳台地区及海外国家招生。由于生源的多元化，暨南大学高度重视"三语"教学，校内有组织考核和评定全英授课教师资格的程序，这为普通话播音、粤语播音和英语播音教学提供了极为便利的条件。

2. 语言背景多样化

根据生源的不同地区，我们对其语言背景进行分类，具体情况如下：

表2-1 不同生源地语言背景分类

生源地	第一语言	第二语言	第三语言
大陆（内地）各省（除广东外）	普通话	方言	英语
广东	粤语	普通话	英语
香港、澳门	粤语	英语	普通话
台湾	普通话	英语	粤语
海外	英语	粤语	普通话

由表2-1可见，由于生源的多元化，使得学生的语言背景也多样化，不同地区的学生都基本拥有"普、粤、英"的"三语"能力。但生源地不同，其语言背景的主次也不尽相同，其中大陆（除广东外）及台湾地区以普通话为主、英语为辅；广东地区则以粤语为主、普通话为辅；港澳地区以粤语为主、英语和普通话为辅；海外学生以英语为主、粤语和普通话为辅。学生语言背景的多样化，是设想和实现"三语"教学的重要原因。

3. 就业地区多域化

生源的多元化决定了就业地区的多域化。暨南大学拥有中国大陆（内地）、港澳台及海外的广泛生源，外招生的就业面主要通向海外及港澳台地区，就业地区与大陆（内地）的语言环境不同，例如，港澳地区仍以粤语为主要的播音主持语言，海外需要以英语为主的播音主持语言。因此，就业地区多域化的语言环境要求学生们掌握多语的播音主持能力。但随着中国的发展，普通话将在世界上被大范围推广和应用，不论海内外，我们都需要能熟练运用普通话进行播音主持的专业人才，这种人才尤其被海外所需要，他们将是面向海外进行传播的重要力量。

此外，多语的播音主持能力也将为学生们开拓广阔的就业市场。目前，海外及港澳台地区的新闻院校尚无播音与主持艺术专业，也没有专门培养播音员、主持人的机构或部门，但广播电视业对播音与主持艺术专业人才有很大的需求。据了解，香港地区的主持人主要是由电视台以"艺人培训班"的形式进行训练和选拔；台湾地区则由电视台或新闻传播类院校开设的"配音班"为广电业输送人才。但是单纯的"艺人班"或"配音班"并不能满足业界对播音与主持艺术专业人才的需求。因此，我们培养拥有"三语"能力的播音与主持艺术专业人才正好可以填补空白、抢占先机。

（二）"三语"播音主持人才培养模式的探索

暨南大学开设的播音与主持艺术专业面向海外、面向港澳台，为海内外广播、影视媒体及相关部门培养具有"普、粤、英"三语传播能力的播音员、新闻主播、节目主持人和出镜记者。在人才培养的探索中，尝试以打造"1＋2"的语言传播能力、特色"选修课模块"、设置双学位等途径实现"三语"播音主持人才的培养模式。

1. "1＋2"——因材施教，突出优势，"三语"并行

针对播音与主持艺术专业多元化的生源，实行"三语"播音主持教学。学生在进行必要的基础专业课训练后，将根据他们自己的特点和需求，选择普通话、粤语或者英语播音主持作为主攻方向，将来可从事"三语"播音主持、新闻评论、体育解说、综艺娱乐主持、影视艺术配音、广播电视节目策划与制作的工作，力求成为一专多能的广播电视播音主持人才。

针对学生的具体语言背景，实行"1＋2"的培养方式，希望能达到因材施教，突出优势，"三语"并行的教学效果。"1"指的是以学生的第一语言为主的教学，"2"指的是以其第二语言及第三语言为辅的教学。例如，学生中有相当大的一部分是讲粤语的，如外招生中的港澳学生和内招生中的广东籍学生。对于这部分学生可以进行以粤语为主的播音主持培养，在突出粤语播音主持教学的同时，也会同时进行普通话和英语播音主持的教学。"1＋2"的培养方法是希望最终能培养出具备多语传播能力的播音主持人才。

2. 特色"选修模块"——自由动作中的规定动作

在解决粤语和英语播音教学的问题上，利用独具特色的"选修课模块"，为学生设置了粤语和英语的相关课程。

"选修课模块"是在学生完成了第一年的"大平台"公选课和第二年的专业必修课的学习后所要进行的选修课学习。与一般选修课不同的是，它把相关的三到四门课程规定在了一个模块里，学生必须对模块进行选择，而不是进行单科的选择。这样的好处是使得课程的组合更具科学性，避免了学生选课的盲目性而造成知识结构的单一性和不合理性。

按照教学规定，学生需要选修三个或三个以上"模块"才能完成学业所要求的学分。为了更好地实现播音与主持艺术专业"三语"教学的设想，学院设置"普、粤、英"三语播音主持的相关模块，在模块的选择上，学院把学生的

第二、第三语言的两个模块规定为"必选模块"。学生必须学习"1 + 2"中的"2"的两个辅助语种播音的相关课程，这样可以保持"三语"教学的关联性和贯通性。

3. 双学位——吸纳跨专业的多语传播人才

暨南大学播音与主持艺术专业正式招生之前，已经具备了一定的教学经验。新闻与传播学院常年开设"粤语播音"和"播音与主持艺术"等课程，十分受学生欢迎，并取得了良好的教学效果。

在选修播音主持课程的学生中，有不少是来自其他学院跨专业的学生，例如国际学院、文学院、艺术学院等。通过教学实践发现，这些跨专业的学生在经过播音主持专业的基础训练后，能较好地结合自身专业的学科知识并运用到播音主持创作中来，这大大弥补了播音与主持艺术专业学生学科知识结构单一的缺陷。同时，这些跨专业的学生也大多数具备"普、粤、英"三语的语言背景，符合学院培养人才的基本条件。因此，该学院设想面向其他学院设置播音与主持艺术专业双学位，通过一定的考核，吸纳培养一批具备跨专业背景的多语传播人才。

"三语"播音教学可以说是由暨南大学独特的办学条件所决定的，这将成为暨南大学播音与主持艺术专业的办学特色之一。在人才培养的道路上，我们决不能走他人的"复制之路"，而应结合自身学科特色和优势，办出"人无我有、人有我优、人优我特"的播音与主持艺术专业。暨南大学正是朝着"人优我特"的方向摸索前进。

二、接轨国际，拓展播音主持学科内涵

中国的播音与主持艺术教育植根于中国播音学理论建设。随着专业的不断发展壮大、社会对口语传播人才的需求不断扩大，原有的语言艺术类人才培养已经不能满足市场的需求。尤其是融媒时代带来的媒体变革，对传播场景中的口语提出了更高更多的要求，从理论支撑和人才培养方面，都出现了一定的滞后局面。在与其他学科进行对话时，原有的学科体系和内涵显得单一、单薄。因此，对播音主持艺术的学科属性和定位进行重新审视，探讨如何在播音主持艺术学的基础上进一步拓展学科内涵和外延，是突破原有学科局限性和不确定性、解决专业建设在迅猛发展中可能会遇到的瓶颈的现实需求。

（一）从播音主持到口语传播：学科归属和定位的重新审视

从 1963 年播音专业开始第一届专业教育起，中国播音学科建设已经走过了
50 多年。多年来，播音与主持艺术专业在教育部本科专业目录中属于艺术类专
业，授予艺术学学士学位。对艺术属性的单一侧重，是学科建设和学术发展的
一种局限性。同时，播音与主持艺术专业的硕博士专业目录历经了语言学及应
用语言学、广播电视艺术学、影视戏剧艺术学的变化，其学科归属一直在摇摆，
反映出学科的不确定性。

口语传播学的学术传统源远流长，教育、教学体系发展完善，研究视野宏
大与专精并蓄。播音员、节目主持人的口语形态是人类社会中语言应用的典范，
播音主持活动所呈现的传播状态完全被涵盖在口语传播的研究之中。播音员、
节目主持人的语言传播现象，与口语传播的理论之间存在一般和特殊的关系。
因而，从口语传播的视角对播音与主持艺术专业的学科建设进行重新审视，有
利于在播音主持艺术学的基础上进一步拓展学科内涵和外延、提升学术水平、
开发新的学术领域。

2018 年 5 月，暨南大学在原本设置在广播电视学系的播音主持艺术专业独
立建成口语传播系，下设播音与主持艺术专业。这引起了诸多学者和师生的热
议。其实，在暨南大学之前，已经有部分学校进行了类似的变革，如中国传媒
大学南广学院的播音主持艺术学院，前身就是 2004 年创建的语言传播系；2008
年，广西艺术学院影视与传媒学院创建语言传播系；2014 年，中国传媒大学播
音主持艺术学院将内部建制更改为三系一部，其中就包括新建的口语传播系。
这是依据社会发展对语言传播的要求、学科发展的规律趋势、人才培养的特殊
性质及学院的学科优势做出的科学规划。播音与主持艺术专业在学科发展过程
中存在着一些亟待解决的问题：理论建设相对薄弱，出版的教材中以经验总结
和技巧训练居多。学术视野不够开阔，教学重点多集中在对发音、用声、吐字、
朗读等有声语言的应用技巧上。虽然专业序列教学体制完备，但人才培养层次
区分不明显，大专与本科、双学位、研究生在专业教学上区别不大，没有形成
自己的体系，毕业生显得基础相对薄弱，在未来职场竞争中优势不明显，后劲
不足。

从播音主持升级为口语传播，是依托语言学、传播学的学科实力，在播音
主持艺术专业建设的基础上提出的。将播音主持纳入口语传播范畴，是将播音

主持艺术专业纳入更宽广的学术视域，是尊重学科发展规律、对学科进行重新审视、符合学科发展趋势的选择。

以暨南大学为例，建立口语传播系，是借助该院强大的学科基础和师资力量，在口语传播学视域下对人才培养体系进行的改革创新。目前，学院已有新闻学、传播学、社会学、广告学、广播电视学、网络与新媒体、播音主持艺术学等多个学科的构建，搭建口语传播体系，是整合学院"大传播"的学科资源，借助各个学科的专业优势和优质师资，合力建设的口语传播的学科体系和人才培养体系。这将是新闻传播学现有学科架构的重要补充和丰富，同时也是原有学科优势的集中体现，对于完善学院的专业结构、学科架构都有一定的作用。

（二）满足社会和媒体对高端口语传播人才的市场需求

建立口语传播学科体系，是依据社会发展对语言传播的要求、满足市场对高端口语传播人才需求、解决人才培养与就业矛盾的重要举措。

随着社会经济文化的发展，我国现今正逐步从"重文轻语"的局面走向口语传播的春天。人们对拥有出众口语表达能力、较高语言传播素养的人才分外青睐。如今对口语传播人才的需求，除了需要满足传统媒体播音主持、记者外，新媒体的网络直播是一个很大的机遇。与此同时，对社会各业包括公务人员、公关人员等涉及当众语言表达人群的口语表达能力也提出了更高的要求。

据不完全统计，目前我国办有播音与主持艺术专业的院校达到 600 所，毕业生数量庞大，却无法满足社会和媒体对高层次语言传播人才的需要。现有的播音与主持艺术专业人才多集中在从事新闻播报、节目主持等性质的栏目中。有自己独特个性，能够创造性地应用语言的人不多。这与目前全国广泛办学的形势不相符合，也说明了现有人才培养模式效率低下、特色不突出。大量的办学必然带来大量的毕业生就业问题，本专业学生未来的就业前景令人担忧。因此，无论从学科自身的发展还是对社会的影响方面来看，播音主持艺术教育人才培养模式的改革迫在眉睫。

根据暨南大学播音与主持艺术专业毕业生历年来的就业情况，学生已经在口语传播的岗位上走向了多样化的路径，并且受到了用人单位的好评。建设口语传播学科体系，是广播电视语言传播学科和播音与主持艺术专业拓展的重要方向。口语传播人才培养体系应立足于新闻传播的基本属性，使口语表达方法与现代传播规律相结合，以强化学生口语表达能力、提高语言传播者文化素养为目标。教学中心内容则立足于播音主持领域，并拓展至学校、政府、企事业单位等口语应用领域，引导学生以面向广播、电视以及网络媒体的新闻主播、出镜记者为主要就业方向，兼顾拓展公关、营销、文宣等方面的多渠道就业，使掌握播音与主持基本理论与基本业务能力的口语传播人才更加全方位地为社会服务。

（三）与国际相关学科接轨对话的紧迫性

播音与主持艺术专业是顺应国情发展、有中国特色的专业。纵观全世界，目前只有中国开办播音与主持艺术专业。在进行国际学术研讨时，往往没有播音与主持艺术专业的位置和平台，这使得进行国际交流时受到了极大的限制。包括本科毕业生申请国际其他院校的研究生时，都没有对应的专业可以接轨。而在欧美，从 20 世纪 20 年代就开始了口语传播学科的建设，并且 80% 的新闻类院校都开办有口语传播系或口语传播类的课程。台湾世新大学在 20 世纪 80 年代引进口语传播学科，是亚洲第一家开办口语传播系的大学，至今已载誉亚洲，成为国际知名专业。因此，在播音与主持艺术专业基础上，拓展为口语传播，具有与国际相关学科接轨、融合的紧迫性、必要性。

从播音主持转型升级为口语传播，对引领学科发展、完善学科结构、与国际接轨对话、加强专业建设、培养口语传播高端人才、满足社会市场人才需求有着重要意义和必要性。

第二节　播音主持教学改革与探索

一、融媒时代播音主持教学法的传承与创新

（一）播音主持教学法的精华与传承

从 1940 年 12 月 30 日延安新华广播电台发出的第一声呼号"XNCR"起，

中国的播音事业已经走过了近 80 个年头。

回顾往昔，20 世纪 40 年代，"口播部"的播音员只有个位数，播音教学活动还是"一带一"跟读式的简单指导，既没有教材，也没有系统的教学体系，播音员仅凭个人的经验进行传授。50 年代，人民广播建立以后，播音教学理论的研究也开始起步，学习苏联经验、总结个人经验，为播音教育事业提供了很多思路。60 年代，由于广播一线对播音人才的迫切需求，带动了播音教学活动的发展，从原有的短训班、培训班，到正式成立中文播音专业，对播音教学理论提出了系统化的要求。播音教学理论在原有的经验基础上，借鉴了曲艺、戏剧、表演等姊妹艺术的经验和理论，边实践边研究，得到了一定的发展。70 年代，我国恢复高考，播音专业正式招收本科生。在全国播音基础教材的研讨会上，集合群体的智慧，播音学科的基本理论体系的雏形基本梳理成型。80 年代，播音专业开始招收硕士生，在教学和理论建设上面临非常大的压力。与此同时，"主持人"的出现，对教学也提出了新的课题。90 年代，《中国播音学》的面世，意味着播音学科建设走向成熟，播音教学活动走向系统化、规范化、正规化的道路。进入 21 世纪，媒体环境发生剧烈变化，人才培养规格不断提升，播音教学面临着多重的挑战和机遇。播音教学活动形式多样，教学法在继承传统的基础上得到全面的创新和运用。

经过近 80 年的发展，如今，播音主持艺术学已经成为独立而又特殊的学科，播音与主持艺术专业发展成为涵盖高等院校专科、本科、第二学位、硕士、博士、博士后流动站的完整专业序列教学体制，全国开办播音与主持艺术专业的院校达到六百所，播音与主持艺术专业毕业生的就业方向覆盖了媒体、企业、行政单位的各个行业，人才队伍空前壮大，我国播音与主持艺术事业处于蓬勃发展的时期。这些都得益于专业的建设、学科的发展、人才的培养。在这个链条中，播音与主持艺术专业的教学是至关重要的一环。教学是教育目的规范下的、教师的教与学生的学共同组成的教育活动，是实现教育目的的基本途径，而教学方法是教学过程整体结构的重要组成部分，是实现教学目标的直接手段。因此，要研究播音主持艺术学的教学活动，首先要研究其教学法。

80 年来，随着社会媒体环境的变化发展、教学实践经验的不断丰富，播音主持教学法已经形成鲜明的特色，教学体系基本完善。播音主持教学法有很多值得传承、总结的精华，如播音主持教学法的独特性、规律性及播音主持教学法的原则、运用等。回顾播音主持教学活动的历史轨迹，梳理播音主持教学法的规律与特点，既有深刻的历史意义，又对未来专业的发展、人才的培养、教学改革和创新有必要的现实意义。

（二）播音主持教学法的现状与不足

当前，我国播音与主持艺术专业在教学质量上的差异，除了表现在教师的专业知识水平上，主要还表现在教师对教学方法的运用上。教师在不断提高专业知识水平的同时，也应该学习一定的教学理论，掌握教学规律，讲究教学艺术，善于灵活熟练地运用多种教学方法，充分利用现代化教学手段，指导学生正确地学习，才能取得良好的教学效果。教学实践也证明，教师如果不能科学地选择和使用教学法，会导致师生精力消耗大、学生负担重、教学效果差，给人才培养工作造成不该有的损失。所以，研究播音与主持艺术专业如何正确理解、选择和运用教学方法，对于提高专业的教学质量具有重要意义。

截至 2018 年，全国共有近 600 所院校开办播音与主持艺术专业。随着政治、经济、文化的深入发展和互动，人们的社会交往活动越加频繁，对口语教育的需求也愈加强烈，于是，社会上开展的播音主持教育也随之蓬勃发展，进入播音主持学习行列的队伍越来越壮大。但现实情况是，由于专业扩张过快，教学人才的培养未能满足目前的岗位需求，为了弥补人才的匮乏，师资队伍来源出现了多样的格局，教学水平参差不齐。落实在教学方法中，便出现了教学理念保守、教学目标模糊、教学内容陈旧、教学手段单一等多种问题。具体表现如下：

1. 教学理念保守

教学理念是教学方法的"灵魂"，如果没有正确理念的引导，教学方法也将无所适从。在传统媒体时代，播音与主持艺术专业的教学理念相对单一，但是在融媒时代，社会赋予了播音与主持艺术专业更多样化的角色，承载了更多的社会责任和义务。播音与主持艺术专业不仅是培养传统播音员主持人的阵地，还是推动有声语言传播发展、塑造表达典范、彰显优秀文化的新平台。反观播音与主持艺术专业的情况，大多数教师的教学理念仍停留在传统媒体时代，导致学生的表达无法与新时代受众审美贴合，也无法突显广东地区的岭南文化和特色。

2. 教学目标模糊

教学目标，即人才培养目标，直接关系到教学内容和教学方法的选择。在融媒时代，到底要为社会"培养什么人"，这需要我们理清认识。在实际情况中，由于大规模的扩招，学生质量参差不齐，教学目标不明确，造成的结果就是人才的社会适用性较低，这是极大损耗教育资源的表现。

3. 教学内容陈旧

目前全国高校通用的几乎全是中国传媒大学播音主持艺术学院主编的教材，教材内容从 1990 年至今，只更新过一版，教材内容与传媒行业的发展相比，滞后情况明显。同时，由于大多数专业教师为高等院校应届毕业生，缺乏媒体实践经验，因此容易造成教学内容不够鲜活，理论与实践的结合度不足的问题。

4. 教学手段单一

教学手段体现在教学的方式方法、教学设备的使用上。从教学方式上看，课堂结构比较单一，不少教师的上课程序是按部就班：老师讲授、学生练习、指出问题、布置作业。学生是按照老师的思路被动学习，缺乏主动性，因此教学效果不佳。从技术手段看，在融媒时代，播音与主持艺术专业已经不是培养单一的口语传播人才，而是综合的集采、编、播于一体的全媒体人才，技术的运用成为传播的关键。但现状是，教师对新媒体技术的掌握能力不强，造成对学生的创新引导能力不足。

综上所述，播音与主持艺术专业教学方法的各个因素与融媒体环境对全媒体人才的要求处于脱轨的现状，体现出来的教学效果就是人才质量参差不齐、人才与社会需求匹配度不高、适用性不强，因此亟须对播音与主持艺术专业的教学方法进行改革与创新。

（三）融媒时代播音主持教学法的创新意义

进入 21 世纪，数字技术和网络技术的突飞猛进，把我们带到了融媒时代，传统媒体的发展面临着巨大的机遇和挑战，同时也对媒体从业者提出了新的要求。播音主持队伍是媒体从业者中的一个重要组成部分，人才的培养成为播音教学的新课题。这要求我们以新思路、新方法面对媒体发展的新形势，积极进行播音主持教学改革，对原有的教学内容、教学方法进行创新，培养适应乃至引领社会经济、文化、政治等方面发展的播音主持人才。

习近平总书记 2016 年在全国高校思想政治工作会议上指出："办好我国高

校，办出世界一流大学，必须牢牢抓住全面提高人才培养能力这个核心点。"①

在 2017 年 11 月 18 日召开的第十届"中国大学教学论坛"上，教育部高等教育司司长吴岩所作的报告《一流本科一流专业一流人才》提到，"教育部即将启动的'卓越新闻传播人才教育培养计划'要求，卓越新闻人才要会讲中国故事，要有讲好中国故事的本领。我们要培养的是全媒体型人才，不仅仅要懂电视、报纸等传统媒体，还要懂新媒体、自媒体，会使用国际上能够接受的方式、技术来讲好中国故事"②。

2011 年 7 月 12 日，在"构建校台合作机制，创新播音主持人才培养模式"专题研讨会上，中国传媒大学播音主持艺术学院院长鲁景超教授说："高等教育的使命就是出人才。那么，提高人才培养质量就是'硬道理'，是工作的重中之重。具体到中国传媒大学播音主持艺术学院来说，硬杠杠就是能不能培养出更多的具有广泛社会影响力的播音员和主持人来。媒介技术的日新月异、全球化的日趋逼近、受众需求的日益丰富，势必会使现有传播格局面临革命性的变革，势必会使传媒一线对人才的要求发生巨大变化。这对肩负培养传媒人才重任的高等院校而言，无疑是一种严峻的挑战。适者生存，不进则退。大胆创新，才能使'播音主持'这个有着几十年辉煌历史的特色品牌专业焕发出新的生机。要在继承传统的基础上创新，'有容乃大'，包容才能善于'借力''借势'，借传播领域学科综合优势之力、借传媒一线迅猛发展之势，整合各方资源，丰富壮大自己，使播音主持艺术学院真正成为培养语言传播高端人才的重要基地。"③

播音主持教学法有其特定的社会性、交叉性、实践性、艺术性。其产生、演变、发展受到社会的政治、经济、文化、技术因素的影响，同时又与媒体环境、用人需求密切相关，它是在形成了一定的教学思路后，教师和学生为实现教学目标，完成教学任务，实现教学目的，落实在具体的教学活动中的教与学的方式、方法。教学法是实现教学目的和任务的桥梁，是衡量教学质量高低的

---

① 《南方日报：牢牢抓住全面提高人才培养能力这个核心点——学习贯彻习近平总书记全国高校思想政治工作会议重要讲话（上）》，人民网，http://opinion.people.com.cn/GB/n1/2016/1213/c1003-2894564.html，2016 年 12 月 13 日。

② 吴岩：《一流本科一流专业一流人才》，《中国大学教学》2017 年第 11 期，第 2 页。

③ 鲁景超：《构建校台合作机制创新人才培养模式（代序）：电视口语传播理论和实践》，北京：中国传媒大学出版社，2011 年，第 1 页。

重要标志，是提高教学质量和创新人才培养的主要手段。[①] 因此，在融媒体环境下，研究播音主持教学法，对促进有效教学、实现人才培养目标具有现实意义。

（四）播音主持教学法的创新实践——以中国传媒大学播音主持艺术学院为例

1. 融媒时代播音主持教学法的创新理念

进入 21 世纪，中国传媒大学播音主持艺术学院坚持"以融合人文和艺术的大学精神为指导，培养更多更优秀的播音员主持人，更好地行使大众媒体话语权，在党和人民之间架起沟通的桥梁：通过高质量的有声语言传播，塑造表达典范，在'书同文'的基础上，推进实现'语同音'的理想，发挥语言的文化承载力和精神塑造力，彰显中华民族的优良传统和精神气质"为办学理念。

根据播音主持事业的发展和融媒体环境对语言传播人才的要求，播音主持艺术学院将其办学定位明确为：是培养高级播音主持艺术人才的重要基地，引领提高全民族的语言能力和文化素养；专业在国内居于领先水平，引领播音主持艺术的专业走向；培养的有声语言传播者，既要有新闻工作者的社会责任感和喉舌意识，又要有语言艺术工作者的敏锐和悟性，引领语言传播的高规格和高标准。

在此理念和定位的引领下，中国传媒大学播音主持艺术学院坚持"德才兼备，一专多能，创新务实，开放自强"的办学方针，旨在培养具备新闻传播学、中国语言文学、艺术学等多学科知识与能力，能在广播、电视、网络等传媒机构从事播音主持及其他语言传播工作的高级复合型人才。要求人才培养复合全面，基础扎实，适应性强，适用面广，富于创造力。体现在课程体系上为：广播电视与网络媒体并重，有稿与无稿并重，业务与理论并重。更加强调因材施教、分类指导。强调跟进时代、创新实践的重要性。充分发挥学生的长处。

在融媒体环境下，学院严格遵循语言传播专业的特殊教育规律，将复合型、精英化的培养目标纳入到现有的培养模式中，加大应用型、创新型人才培养的力度，打造未来的传媒精英。以加强新闻播音主持、综艺播音主持学科方向建设为契机，保持学科品牌优势，进一步突出学科特色。以优化教学机构，建立新闻播音、综艺主持、口语传播等系所为抓手，把学科优势向全媒体时代综合

---

① 李秉德：《教学论》，北京：人民教育出版社，2001 年，第 181 – 184 页。

型、创新性、高水平播音主持专业人才培养工作延展，回应融媒体社会对高水平语言沟通人才的迫切需要。

2. 播音主持教学法的创新原则

（1）以先进的办学理念引导教学法。

在融媒时代，中国传媒大学播音主持艺术学院坚持人才培养是核心使命。根据传媒事业的发展和21世纪对媒体人才和语言传播人才的要求，以符合融媒时代的先进教学理念为引导，全面贯彻"德才兼备，一专多能，创新务实，开放自强"办学方针，更新思想观念，注意把握创新与继承相结合、拓宽口径与保持优势相结合这两个原则。以鲜明的质量意识和办学特色，培养"厚基础、宽口径、强能力、高素质"的语言传播人才。

（2）以健全的制度保障教学法。

中国传媒大学播音主持艺术学院在教学法的创新方面，建立了一系列的制度，以保障教学法的执行。学院的制度既发扬了优良的传统，又实现了融媒时代的创新。有保证实施集体备课的制度，定期对学生进行专业"会诊"的制度，小课教师集体听理论大课的制度，年轻教师和新入职教师旁听有经验的教师授课的制度，教学督导和资深教师评估课堂教学的制度，小课教师责任到人紧抓基本功训练的制度，大型活动或比赛前的专门教练制度，校内导师和校外导师共同培养制度等。这些制度遵循播音与主持艺术专业的培养规律，贯穿专业培养的各个环节和层面，注重师生的教学互动和共育，保证高水平的、均衡的教学水平。

（3）以传承的精神创新教学法。

在人才培养的教学中，播音主持艺术学院既保留了"规范化教学""个性化教学""情感化教学"等播音主持传统教学法的精髓，又根据时势进行了大胆的创新，依托融媒时代的技术手段，实现"伴随化教学"的教学方法。

规范化教学，是指通过教学细节的规范到位，完成每堂课的教学目标。个性化教学，是指制订个性化的教学方案，包括制订个性化的练声方案，引导学生塑造个性化的声音形象，追求播音主持的个性魅力。情感化教学，是指教师以饱满的情感投入教学，调动全身心的力量一遍遍讲解示范，培养"用真心真情说真话"的播音员主持人。

随着融媒时代的技术手段越来越丰富，播音主持艺术学院教师积极探索新媒体手段与教学活动的结合，创新"伴随化教学"的教学方法，实现课前课后

"随时随地听、随时随地教"的方式。比如教师在课前将与课程有关的知识背景资料、观点和方法都发到小课群组中，展开预习和讨论；课后听评学生上传到网络的音视频作业，指出问题，教授改正的方法。即便在课下，教师也会随时对学生做出指导。

（4）以引导自主学习为教学目的。

教学法的最终目的，是使学生掌握自主学习的能力。学生自我学习能力的提高，涉及学生学习方法、学习目标、学习态度等多个方面。在严格认真教学的同时，学院教师也深刻认识到：端正学生的学习态度、提高学生的学习热情，不能仅靠严格地管理、细致地帮扶，更要激发学生自身的积极性和主动性，变"要我学"为"我要学"。因此，在教学法上，要通过适当的手段，以达到学生自主学习的教学目的。

（5）以规范考评科学评价教学效果。

教学效果是教学法是否得当的直接体现。播音主持艺术学院采取多元化和全方位的考评方法，如专业课大多采取口试和笔试结合考评的办法，体现理论与实践的并重；口语类课程将学生的平时作业和课堂表现作为考评重点，将一次性结果取向的考评转变为对学习过程的全面考核；还有些课程会根据本门课程特点和要求采取论文写作、实践创作、课堂演讲等方式进行考评，基本做到了对学生学习效果考核的科学和严谨。

随着新媒体的发展，对学生学习的考核与评价也有了更多元的方式。比如口语类课程和新闻播音类课程都曾尝试将学生的作业作品发布到网络视频平台上，接受教师评价的同时，也接受公众的点评。这一方式让学生有意识地在提高作业质量方面做出更多努力，也让学生更了解新媒体传播的基本规律与特点。

3. 播音主持教学法的创新途径

在融媒时代，中国传媒大学播音主持艺术学院全面贯彻教育方针，更新思想观念，拓宽专业口径，改革内容方法，加强素质教育，全面提高教育质量。以实践式、项目式、活动式、比赛式和资源式等路径实现教学法的创新，收到突出的教学效果。

（1）以实践促教学。

播音与主持艺术专业是应用型、实践性很强的专业，四年的专业学习，离不开大量的实践性教学。作为一个实践类专业，要求教师能实践、能示范，学生也能将所学转化为实践。因此，本专业鼓励教师将实践体验带入课堂教学，专业教学中也必须做到理论与实践相结合。经过近 50 年的专业教学实践的积累，经过不断地改革和创新，播音与主持艺术专业已经形成了特色鲜明的专业实践课教学体系。

2014 年，播音主持艺术学院对内部结构进行重新调整，使学院教学更加适应广播电视一线的实践发展，充分发挥学院的人才培养功能。在经过一线观察和理论论证后，将原有教学、科研部门进行重新整合，成立创作基础部、新闻播音系、口语传播系和综艺主持系，形成一部三系的教学结构格局。一部三系的教学结构均与广播电视、新媒体一线的人才需求相匹配，保证教学与一线人才输送的直接对应。

新闻播音系针对大纲中的三个重要新开课程"民生新闻播音主持""时政国际新闻播音主持"和"新闻现场报道"陆续开课，研讨调研，深入学习，应用了新闻播音主持基本功大赛的成功经验，将国家观点、国际热点和"讲好中国故事"结合起来，新闻现场报道将业界经验、热点和理论认知结合起来，都进行了一定程度的创新或优化，在广义备课研讨的同时，教师的业务能力得到充分提高，课程也取得优质效果。

口语传播系坚持集体备课制度，保证每个学期至少有三次由教学组长主导的集体备课。教师在集体备课时充分交流教学经验，为课程的实施建言献策。也正是这种开放热烈的集体备课模式，使得各年级的口语课程都能做到"五统一"，教师教学能力水平得到提高，教学效果也更好。

综艺主持系新开设的"综艺节目播音主持"课程通过一个学期的教学实践，主要围绕改善播音主持专业学生的身、形、体、貌综合训练展开。在形体训练中，教师也要就古典舞、现代舞、华尔兹等不同舞种对学生有所训练，且对学生所学的每一个舞种进行阶段性考查，以巩固学习成果。在表演训练中，通过与表演系教师的交流，对于单人、多人小品练习，丰富学生的想象力和感受力，强化规定情境中的真实感、信念感和交流感，使学生在建立舞台表演的自信心等方面都有进一步的探索和积累。这方面教学经验的丰富，既拓宽了教师的视野，调动了教学热情，同时学生的艺术潜质也得到了很好的发挥。

通过多年的探索，学院逐步摸索出一条特色实践教学的道路：抓住青年学生的兴趣点、国家战略的制高点和业务教学的切入点；尊重教学规律，因事而化、因时而进、因势而新。

（2）以项目促教学。

为了让教学与实践相结合，中国传媒大学播音主持艺术学院与云南电视台、中央电视台新闻中心、中央电视台体育节目中心开展合作，先后建立了实践教学基地，签订合作项目，通过合作的模式，拓展教学平台，促进教学水平的提升。

①与云南电视台合办《新看点》栏目。

2010 年 12 月 20 日，中国传媒大学播音主持艺术学院与云南电视台签署了双方在云南电视台卫视早间节目《新看点》中开展《节目创新和教学实践合作协议》，实施与云南卫视合作《主播新鲜看》项目。该项目由教师带着学生独立制作日播准直播新闻讨论类节目，成为全国第一个同类型的校台合作项目。节目中，学生通过准直播环境中的上镜播音实践，全面提高了多方面的专业水平。这种多方受益且形成规模的校台合作模式，成为业内普遍关注的教学亮点。学院与云南电视台共制作节目近 700 期，近 60% 的教师、逾百位本科生和研究生参与其中。2010 年到 2012 年，该项目培养了大批优秀的学生，大大提高了学生的新闻评论能力，同时锻炼了教师队伍，并直接促进了口语传播系的成立。

②巩固学生的新闻播报业务，与中央电视台新闻中心展开合作。

新闻播音是中国传媒大学播音主持艺术学院的传统强项。为保持这一优势，进一步提升学生专业实践能力，2012 年起，学院和中央电视台新闻中心建立了新闻播音实习项目，每年都会选拔优秀学生到中央电视台新闻中心实习，将学生置于新闻频道的平台上进行培养。首批共选拔 2012 届毕业的 7 名男生上岗。在此期间，学院组织杜宪等教授和各教研室的主任成立学院专家组，中央电视台由李瑞英、康辉等播音员组成电视台专家组，学院和央视形成"双导师"制，校内和央视各有一位导师手把手地带学生练习，对学生的新闻播音业务进行辅导。这种"双导师"制集合了学院和电视台的优势，使学生充分获得来自理论和实践两方面的指导。自 2011 年该项目运行以来，已有 63 位在校学生在央视播音部实习，并有 20 位实习生通过严格的出镜审核，进行《新闻直播间》节目夜间的出镜直播。

该项目不仅进一步巩固了学院在新闻播音人才培养方面的优势，而且把很多一线的发展和新的需求带入了课堂教学中，促进了新闻播音教学的发展。

③因材施教，与中央电视台体育节目中心合作，开发特色技能教学。

2012 年是奥运年，为培养学生的体育播音技能，2011 年中国传媒大学播音主持艺术学院与中央电视台体育节目中心和全国电视体育节目主持人委员会开始开展合作并大胆创新培养模式，建立了体育节目主持人联合培养项目，由央视在全国范围内挑选 12 位专业权威的体育播音员，对学院 12 位优秀学生进行一对一"师傅带徒弟"式的实践训练，由此探索体育播音的人才培养规律，为国家培养更多体育解说人才。

通过与云南电视台、中央电视台新闻中心、中央电视台体育节目中心的合作，为教师提供了一线调研的机会，为学生提供了一线实践的平台，既使教师了解到一线的实际情况，便于调整教学重心，也使学生体会到一线的工作状态，在实践中提高业务水平，取得了良好的实践教学效果。

（3）以活动促教学。

除了课堂教学与专业实践，中国传媒大学播音主持艺术学院组织了包括"齐越朗诵艺术节""关于全国政协重点提案的辩与论公开课""新闻播音主持基本功大赛""体育播音展演"等第二课堂活动，这些活动都围绕有声语言的能力开展，是课堂教学的有益补充与拓展，也积极反哺了课堂教学。

①经典诵读特色实践教学活动。

多年来，播音主持艺术学院一直致力于引导学生深入学习中华优秀传统文化，并扎实推动经典诵读艺术服务社会、服务人民，着力打造面向北京市民、首都各界乃至全国、全球范围内的经典诵读特色实践教学活动，如"齐越朗诵艺术节暨全国大学生朗诵大会""诵读艺术进基层系列活动""品读书香·传诵经典——首都图书馆诵读活动""高雅艺术西部行""内地大学生诵读作品港澳展演"等，众多优秀在校生及校友积极参与其中，展示有声语言的独特魅力，传播中华优秀传统文化。学院一直积极培养诵读人才、提升诵读艺术修养、传承创新优秀文化，不断推动中华优秀传统文化的传承与发展，增强中华优秀传统文化的凝聚力、影响力和创造力。

②关于全国政协重点提案的辩与论公开课。

"关于全国政协重点提案的辩与论公开课"则是针对学生辩论与评论能力的展示平台，活动的开展整体上提高了学生的口语表达能力，而每一次为深入研究辩题而进行的下乡调研，也都为学生带来更深刻的生活体验，并为播音主持课程的教学提供了更多的感受。

该公开课每年选取全国政协某一重点提案作为主题，通过专家讲座、小组研讨、文献查找、实地调研、模拟辩论、话题讨论、新闻评论等方式对这一主题进行为期约三个月的深入学习和研究，并将学习成果通过"辩与论大会"公开展示进行特色实践教学活动。活动培养了学生对新闻的敏感性、全面深入思考的能力、多维的思维方式以及严谨求实的作风，也有效地促进了学生口语表达能力的提高。

（4）以比赛促教学。

在学院重大的教学实践活动中，教师在完成常态的教学任务之余，对参加展示、比赛的学生进行"一对一"训练，学生获得课堂之外的实践和实战能力，教师也在高强度的教学活动中迅速积累经验。

"齐越朗诵艺术节"是学生展示朗诵能力的舞台，而每一堂专业基础课与诵读指导课都是对这一次展示的备赛。每次大赛结束，师生们也会认真总结，发现问题，再回到课堂上进行斟酌。

新闻播音主持基本功大赛已经是播音主持艺术学院的品牌特色实践教学活动，既是重要的教学活动，也是全员参与的学生活动，还是进行思想政治教育工作的重要平台。比赛与新闻播音课程教学紧密结合，这项赛事更像是对学生播音主持专业基础与新闻播音主持课程教学的综合考核。活动包括辩义识音、新闻播报、新闻串联和新闻专题片解说四个分项赛，体现着党的新闻工作服务国家策略的整体要求，体现着播音主持业务基本功的核心内容和媒介环境变革中的创新内涵。通过大赛锤炼，学生的传播能力和传媒责任感同步提高。

以赛代练，以赛促教，成效明显，不仅密切了学生与一线用人单位的联系，也给学生提供了多方面的机会，在此过程中思想政治教育工作与教学业务工作齐头并进，同步进行，自然深入。

此外，学院还创造条件鼓励学生参加社会上各种与专业有关的大赛、广电栏目节目的主持、影视配音、表演等实践活动。在社会性的专业实践中锻炼能力，增长才干，尽快成熟。参加大赛，是在播音主持比赛中检验学习成果的有效途径。

（5）以优质社会文化资源促教学。

学院从2006年起坚持举办文化名家系列讲座，每月都会邀请两到三名我国政治、经济、文化等领域的学术名家，为全院师生带来丰富的文化大餐，拓展师生们的视野，启迪师生们的思想，丰富师生们的文化内涵，并进一步为本专业的建设与发展提供营养。

学院还坚持举办校友论坛，把具有丰富一线实践经验的校友请回学院为师生带来第一手的资料，与师生交流深刻的实践体验与前沿的专业问题，对补充和促进课程教学具有积极的意义。此外，学院还组织形式多样的国内国际文化交流活动，拓展师生们的发展空间。

（五）融媒时代播音主持教学法的思考

播音与主持艺术专业是培养媒体的播音员主持人及其他语言传播人才的重要基地。在融媒时代，如何从以广播电视人才为主要的培养对象转为融媒人才的培养，这是时代赋予本专业的新命题。播音与主持艺术专业应拓宽专业口径，在传统教学的基础上，向融媒时代的全媒表达者方向拓展。

如何使用多样化的教学手段，培养学生对新媒体的适应能力，使学生适应融媒环境下信息传播的公众性和互动性、培养学生个性化的表达方式、培养学生掌握尽可能多的新技术并使之服务于传播，这些都是融媒时代全新的教学内容。教师不能停留在轻车熟路的教学内容与方法上，要顺应时代，增添新的教学内容，优化教学方法，有效培养出融媒时代所需要的传播人才。

融媒时代播音主持教学法的创新，必须深刻理解其意义和价值，以先进的人才培养理念为引导，更新思想观念和教学内容，真正认识融媒时代对人才类型的需求。同时，需在教学体系中，建立具有保障的制度，积极探索创新的路径，注意把握创新与继承相结合，才能实现教学法的效果以及人才培养的目标。

二、校媒合作：播音主持实践教学平台的延伸与实践

（一）融媒时代播音主持实践教学的要求

融媒时代，数字媒体快速发展，文化软实力不断提升，在此背景下，社会对新闻传播工作的要求不断提升，对于播音主持艺术的人才培养目标，应该是具有国际视野、传播能力强、综合素质高，能胜任广播、电视、网络等传媒机构的全媒体语言传播人才。

落实在实践能力上，播音与主持艺术专业毕业生需要具备的职场能力包括：

1. 精熟的专业能力

对于播音主持、现场报道、口语沟通、语言艺术等工作，有着厚实的知识积累、丰富的实践经验和一定的创新能力，成为一专多能的全媒体播音主持及

口语传播业务骨干。

2. 杰出的沟通能力

能独立完成新闻采访、受众沟通、策略提案、社会调查和对外交流任务，以口头、书面方式与社会各界进行顺畅高效的交流，能顺利达成预定沟通目标。

3. 富于集体荣誉感的团队协作能力

能积极参与融入团队，主动团结同事一道完成重大项目或重要任务，在团队中胜任自己的角色，获同事好评。

4. 快速的适应能力

具有在多种行业、多种类型的机构、多种媒体平台、多种口语传播岗位的适应能力，能承受媒体环境的快速变化，能及时选择适合自身发展的领域和岗位。

5. 一定的领导才干

在实践中坚持正确的政治立场，养成良好的管理意识和自我管理能力，能承担或实际从事本部门的计划、组织、协调、控制工作，具备担任部门或单位领导的素质或潜质。

播音与主持艺术专业具有应用性和实践性强的特点，在专业的人才培养方案中，实践学时达到总学时的45%～60%，实践教学是重要的教学内容。如何在教学中落实人才培养目标，并使学生掌握以上专业能力，是实践教学的重要任务。实践教学的质量，直接关系到学生把所学知识转化为实践能力的水平高低。实践教学不同于课堂讲授，需要配备一定的平台、资源、条件、保障。随着媒介融合的逐渐深入，新的播出平台如雨后春笋般涌现，播音主持形态也更加丰富多样，原本只局限于校内的实践平台已经无法满足市场的需求，也无法平衡高校培养与媒体需求之间的矛盾。因此，建设一个能满足融媒环境下的实践教学平台，延伸实践教学的场景，成为播音与主持艺术专业院校之间竞争的有利资源。

（二）广东广播电视台—暨南大学播音员主持人实习基地校媒合作教学实践

1. 校媒合作，资源共享

为了更好地培养具有出众实践能力的全媒体播音主持专业人才，广东广播电视台于2016年与暨南大学播音与主持艺术专业签订协议，并挂牌成立"广东广播电视台—暨南大学播音员主持人实习基地"，是目前全国高校中与广东广播电视台共同建立播音主持实践教学基地的单位之一，目前广东省内的唯一单位。

广东广播电视台是广东省集广播、电视、报纸、杂志、网络、新媒体、广播电视发射传输等为一体的大型广播电视传媒机构，目前拥有 9 个广播频率、12 个电视频道、8 个有线数字付费电视频道和"触电新闻""粤听"两大移动传播平台。电视信号覆盖亚洲、大洋洲、非洲及东欧等 50 多个国家和地区，覆盖人口 20 亿以上。旗下广东卫视是国内最早的省级电视上星综合频道之一，是对外宣传广东经济社会发展、展示改革开放成就的重要窗口；珠江频道广告创收、品牌影响连续多年居全国省级地面频道首位；珠江经济广播是中国广播改革的先锋，在业界被誉为"珠江模式"；"触电新闻"App 累计下载用户超过 6 150 万，日活用户数 405 万，是广东省媒体融合重点项目。2019 年，广东省委将广东卫视振兴提升计划写入省委全会决定，广东广播电视台以"走在前列、当好窗口"的战略定位开启振兴广东卫视、振兴广东广播电视台的新征程。同时，广东广播电视台拥有一支高素质的专业人员队伍，全台共有员工 2 715人，其中播音员主持人近 300 人，具有正高职称的播音员主持人 5 人，副高职称 18 人，中级职称 29 人。

暨南大学播音与主持艺术专业于 2009 年正式面向海内外招收普通话、粤语两个语种方向的学生，是国内第二所开设粤语播音主持方向的院校。该专业立足粤港澳，辐射全球，特色鲜明。暨南大学播音与主持艺术专业的培养目标，是培养具有新闻工作者的社会责任感和喉舌意识，具有语言艺术工作者的敏锐和悟性，具有国际视野，传播能力强，综合素质高，能胜任广播、电视、网络等传媒机构的全媒体记者型主持人、新闻播音员、出镜记者，以及能担当公关、宣传部门新闻发言人的"一专多能"型高水平口语传播人才。

广东广播电视台作为国内领先的媒体机构，不仅具备先进的全媒体播出设备，还具有丰富的广播电视采编播资源，给播音与主持艺术专业培养"复合型"的实践类人才提供了硬件和软件的双重保障。

同时，广东广播电视台不仅拥有庞大的播音员主持人队伍，还有一批既有理论基础又有丰富实践经验和突出业绩的高级职称播音员主持人，这正好可以弥补目前全国播音主持专业师资不足、实践经验不足的现状。广东广播电视台的高级职称师资，为暨南大学播音与主持艺术专业的实践活动提供了一支业务精良的业界导师队伍。

2019 年，广东广播电视台进行了媒体变革的全新布局，广播、电视、新媒体搭建起立体、互联、全方位的全媒体平台，为播音与主持艺术专业的实践活动提供了丰富多元、前沿创新的实践平台。

依托广东广播电视台的节目数据和社会反馈，实践基地还通过联合科研的方式对播音主持前沿课题进行深入研究与合作。两个单位资源共享、优势互补、人才流通的良好局面，为建设播音主持产学研实践教学基地提供了有利条件。

自 2016 年 4 月 21 日，广东广播电视台与暨南大学正式签署《广东广播电视台—暨南大学播音员主持人实习基地合约》建立实习合作关系以来，2013—2015 级播音与主持艺术专业共有 32 人在广东广播电视总台完成毕业实习，分别在新闻中心、综艺频道、体育频道、财经节目中心、珠江频道、综合频道、南方卫视、羊城交通台、新闻频率担任主播、记者、编辑等团队骨干工作，参与一线节目生产与实习。广东广播电视台的业界指导教师所评成绩全部在 90 分以上，综合校内指导教师的成绩，三个年级在广东广播电视台进行毕业实习的学生所得毕业实习成绩平均分为 87。两年来，32 名实习生中共有 15 人在该实践基地的毕业实习作品被评为优秀，占了优秀作品的 99%。

目前，专业共有 15 人正式入职广东广播电视台，担任播音员、主持人、出镜记者的骨干业务岗位。其中，一人被列入广东广播电视台重点培养对象，两人获得广东省广播影视奖播音与主持艺术作品二等奖，三人分别获得广东广播电视台播音主持专业技能练兵竞赛冠、亚、季军。用人单位对专业毕业生满意度高。

2. 优势互补，人才流通

（1）优秀业界导师进校园助力实践教学。

广东广播电视台作为播音与主持艺术专业重要的实习基地，自 2009 年开办专业以来已连续十年为播音与主持艺术专业提供优秀业界导师，助力专业的实践教学。2013 年起聘请了两位广东广播电视台的资深播音员主持人王泰兴、佟兵为校级讲座教授，其中王泰兴兼任学院专业硕士业界导师，他们已为在校生连续授课多年，深受学生好评。同时，学院常年邀请优秀一线主播为学生讲授"粤语语音基础""广播播音主持""电视播音主持""综艺节目主持""文艺作品演播""表演基础""化妆造型艺术"等课程。此外，还组织了一批具有高级职称或获得"金话筒"奖的播音员主持人定期为学生开设讲座，借力广东广播电视台为专业补充师资和优化实践教学，取得较好的成果。目前已形成了较为成熟的业界导师与校内教师合作教学的模式，成为专业师资结构上的一大特色，极大地提升了教学效果和质量，在每学期的教学评估中，播音与主持艺术专业课程评估成绩常年稳定在学院前十名。

（2）专业师生走向一线增强实践经验。

除了把广东广播电视台优秀师资"请进来"之外，实践教学基地也为专业师生"走出去"创造了良好的条件。近年来，专业已选派多名优秀学生在广东广播电视台各栏目实习，自创办专业以来，已有多名学生在广东广播电视台就业，成为团队业务骨干。同时，校内的教师中，有多人曾在任教期间到广东广播电视台广播电视节目中兼任播音员、主持人，在增强实践能力的同时还促进了教学质量。此外，广东广播电视台定期举办的主持人业务培训、节目录制观摩活动常年向暨南大学播音与主持艺术专业师生开放，每学期都有两个班级到台里参加此类活动。近两年，学生已参加过央广播音指导铁城、央视李瑞英、国家级造型师徐晶、中国播音主持委员会理论部主任靳智伟等专家的业务培训课程。实践基地为学生提供了高端的学习平台和丰富的社会资源。

（3）产学研紧密结合。

基地建立以来，双方在产学研方面紧密结合，通过一系列的交流活动推动播音与主持艺术专业实践基地的产学研一体化建设。暨南大学播音与主持艺术专业的汇报演出是展示人才培养的重要实践教学项目，已连续三届与广东广播电视台进行了深度合作。其中第二届"声教四海、悦读明志"的播音与主持艺术专业汇报演出就是两个单位联合主办，台里共派12位主持人参与节目指导、与学生同台演出，并派出十几位年轻主持人到现场观摩。这是成立实习基地后举办的一次重要业务交流活动，展示了实习基地建设以来的合作成果，也为台内发掘优秀的主持后备人才创造了良好的机制条件。

2018年9月至2019年6月，笔者开展了国家广播电视总局"粤语播音主持语言规范与测试标准"的课题研究，广东广播电视台给予了大力支持，发动全台粤语播音员主持人填写问卷，提供了翔实的基础数据和丰富的研究样本，并有意采纳该课题的研究成果作为2020年全台技能练兵竞赛的重要内容。此外，教师陈一鸣也与广东广播电视台播音员主持人管理委员会就播音员主持人的评价体系和管理机制开展课题研究。

（三）融媒时代播音主持实践教学平台的延伸建设

1. 建设思路

实习基地的建设为的是打通高校与传统媒体的人才流通，加速人才整合，适时打造一批具有岭南特色的名主播名主持，提高广东省广电事业在全国的影响力和知名度。实践基地应以"专业化、多元化、互利化"为思路，建设适应全媒体传播环境的播音主持实践教学基地。

（1）专业化。

紧扣新时代中国特色社会主义建设要求以及中华文化软实力不断提升背景下社会对新闻传播工作的需求，明确专业化的人才培养目标，使用专业化的师资和理论，指导学生进行专业化的实践，使学生掌握精熟的专业能力，对于播音主持、现场报道、口语沟通、语言艺术等工作，有着厚实的知识积累、丰富的实践经验和一定的创新能力，成为一专多能的全媒体播音主持及口语传播骨干。

（2）多元化。

依托实践基地的资源和平台，建设多元化的实践内容，通过丰富的实践形式，培养人才的全面适应能力，包括杰出的沟通能力、富于集体荣誉感的团队协作能力、快速的适应能力和一定的领导才干。

（3）互利化。

实践单位双方资源共享，互惠互利，共同提升双方播音主持人才的综合业务能力，打造具有当下融媒体改革先进性、创新性的人才梯队。

2. 建设内容

（1）优质的师资团队。

建设专兼结合的指导教师队伍，是做好实践基地建设，确保人才培养质量的关键。该基地将充分利用双方单位的高级人才，优势互补，发挥业界与高校的资源优势，建设一支优质的实践导师团队。

（2）专业的教学活动。

基地双方导师共同商定该基地的实践内容和形式，共同建立播音主持实践教育的课程体系和教学内容，以专业的理念和方式，共同组织实施校外实践教育的培养过程，以专业的体系共同评价校外实践教育的培养质量。从专业课小课、创新学分两类校内实践课程入手，拓展业界实践内容，开展教学实验、媒体实习和社会实践"三位一体"的专业实践教学活动，延伸课程教学的效果，培养学生的实践意识，提高学生的实操能力。

（3）多元的实践场景。

建设多元的实践场景，是指除了在校内学习，还组织重点培养人才开展实地考查，通过学术交流、现场观摩、实战体验，深入学习业务经验，开拓思路和视野，促进双方播音主持人才的业务能力提升。

（4）一体的产学研系统。

借助广东广播电视台的媒体平台和社会资源，为基地的实践教学产品提供更加广阔的传播渠道，打造全媒体时代的播音主持产业链。依托广东广播电视台的媒体资源和传播数据，发挥高校教师团队的科研能力，挖掘前沿媒体课题，共同进行科研工作，以学术成果服务实践工作。

（5）有序的实践机制。

经过几年的合作，播音与主持艺术专业与广东省广播电视台的实践教学合作模式基本成型，但仍需建立一套有序的实践教学机制，包括课程建设及教学机制、实践教学评价机制、不同阶段的实习指导机制等，以保障实践教学工作有序开展。

3．建设目标

以国际化的本科人才和卓越新闻人才的培养目标为指导方针，将实践基地建设为特色鲜明、优势突出、水平过硬的全媒体播音主持实践教学基地，为播音与主持艺术专业以及新闻与传播学院更多的专业提供一个专业、多元、完善的全媒体实践教学平台。

4．建设计划

为加强实习基地建设工作的科学性、针对性和有效性，基地建设应紧紧围绕全媒体播音主持实践教学基地的建设目标，遵循"专业化、多元化、互利化"的建设思路和内容，有计划分步骤地进行实践基地的建设。计划如下：

（1）以师资培养为重要前提。

基地建设计划的首要任务，是通过一到两年时间，分阶段、分进度、分批次进行实践师资的培养。通过互帮互助、互利合作的方式，在校内外的实践课程中，培养广东广播电视台内及校内中高层管理人员和具有高级职称的专业人员担任实践导师，为双方的人才培养提供坚实的后盾。

（2）以实践教学为主要任务。

课程建设。以三年建设为周期，以人才培养方案为依据，夯实之前的合作教学基础，对实践课程和教学方法进行升级。将语音、发声、创作、广播、电视、出镜记者六门主干课程与全媒体平台实操演练进行对接，让传统课程焕发出新的光彩，三年内将以上六门课程建设为校级及以上网络精品课程。借助广东广播电视台的普通话培训测试站、朗诵团、话剧团等机构，为选修课和创新学分提供演练平台。

技能培训。针对播音主持培养业务的实际情况，邀请业界专家每月开展一次播音主持专业技能培训。培养主播人才的政治素养、导向意识以及舆论把控能力，并重点对播音主持人才的专业技能，包括播报、采访、提问、评述、语言表达、逻辑思维、临场应变等专业技能进行培训，提升实际工作中所需的各项专业能力。

（3）以资源共享为合作平台。

实习观摩。根据教学计划和教学进度，每学期定期分批次组织学生到广东广播电视台各岗位体验和熟悉了解节目制作流程，积累丰富经验；参观节目录制过程与座谈；分组派驻各栏目组等。

资源共享。利用周末或假期实践，推荐广东广播电视台内培养对象参加学校开展的传媒领袖讲习班、精英班、主持人管理等学习课程，提升业务能力。

合作办学。双方合作，两年共开展四期短期培训班，以大课形式开展文学、艺术、建筑、美术、戏剧、心理、礼仪等多学科的教学，为广东广播电视台的主持人及校内的学生开阔眼界、增长见识。

产研共建。共同建设口语传播系成立的"有声读物工作室"，指导并协助产品的录音和制作。借助广东人民广播电台、新媒体客户端等平台，播出有声读物，打造有声读物产业链。三年内建设成为实践教学的重要成果。在获得社会效益、经济效益的同时，深入挖掘市场数据，进行科学研究，发表科研成果。

（4）以制度建设为重要保障。

教学制度。通过半年的摸索和实践，与广东广播电视台播音员主持人管理委员会建立起完善的教学指导、考核评价机制。

实习制度。通过一年的协商和磨合，与广东广播电视台人力资源部进行协商，建立起"岗位提供—实习报名—实习生选拔—实习入职—实习指导—实习考核—优秀实习生推荐就业—跟踪反馈"的实习制度，保证毕业实习工作有序、持续和稳定开展。

（四）小结

随着融媒时代的来临，播音主持行业迎来了更多的机遇与挑战，如何培养适应全新传媒环境和传播格局的播音主持人才，是目前专业教学转型的重要新课题。广东广播电视台作为国内领先的媒体机构，具有丰富的广播电视采编播资源，暨南大学作为国内领先的综合性学府，具有广播电视播音主持教学与人才培养优势。双方本着资源共享，优势互补，相互协作，义务分担的原则，以培养人才、发掘后备人才、促进学术研究与交流为目的，共同建立广播电视播音主持实习基地。实习基地为双方高素质人才参加校内外学术研究、课外教学、专业实习、社会实践、职业历练的重要场所，也是播音与主持艺术专业重要的实践基地。

第三章

融媒时代播音主持业务探讨

　　随着传媒平台日益增多和岗位竞争日趋激烈，播音主持事业的竞争已经进入了品牌竞争的时代。主持人是一个栏目的灵魂，主持人的表现将直接影响到栏目的成败。因此，主持人的品牌化直接影响到栏目和电视传媒的品牌建设。而主持人的品牌化需要在品牌营销机制、以主持人为中心的栏目制作团队和主持人评估与流动机制中加以建构和完善。本章第一节，将从电视节目主持人的品牌建构和综艺节目"主持群"的品牌形成进行探讨。

　　有声语言是播音员主持人进行信息传播的主要手段和工具。在现有的国情下，播音员主持人的语言还肩负着语音示范、语言审美的功能和作用，因此，语言的规范性是开展播音主持工作的基础。本章第二节主要针对当下综艺节目主持人"港台腔"泛滥的现象、全国粤语播音主持语言缺乏规范体系的现状进行调查分析。

第一节　播音主持品牌形象与管理

一、电视节目主持人的品牌化建构

随着电视传媒竞争的白热化，电视传媒的数量和节目的内容都得到了飞速的发展。然而，受众的注意力是有限的，如何能够将受众有限的注意力吸引过来，便成为各大电视台所面临的重大课题。现代的媒体竞争本质是"注意力"的竞争，而品牌作为受众区别不同媒体和栏目的主要依据已经越来越受到我国电视台的重视。但是，作为媒体"形象代言人"的主持人的品牌化建构在大多数电视台仍没有被提升到战略层面。在电视传媒分众化的时代，明星主持的发展将直接影响到某一个栏目或是电视台的生存与成长。因此，主持人的品牌化建构必将成为电视媒体竞争的焦点。

（一）电视节目主持人品牌化的现实意义

电视传媒发展至今，已经从以往依靠栏目形式创新和制度性垄断保持优势，转变为以品牌力为核心能力的竞争。而作为传媒与受众间"交互界面"的主持人则是电视传媒品牌力的具体表现，受众正是通过主持人得以识别电视传媒品牌。

1. 主持人品牌化是电视传媒品牌建设的核心

电视传媒已经进入品牌竞争的时代，电视传媒的品牌建设需要打造精品栏目为电视台吸引足够的受众注意力，再将"注意力"出售给广告商从而赚取丰厚的广告收益，这也是电视传媒获取经济利益的最主要手段。但是，精品栏目的"灵魂"是主持人，明星主持人的存在直接影响到栏目的经济效益和影响力。例如，央视"名嘴"崔永元主持的名牌节目《实话实说》一经播出，其睿智与幽默，以及事件多视角的呈现，让当时的观众耳目一新，从而大受欢迎。但是，当2002年崔永元突然离开《实话实说》以后，该栏目的收视率一落千丈，最终于 2009 年停播。从这样一个案例中，可以真切地感受到明星主持人对于一个栏目的巨大影响力和决定性。因此，在电视传媒品牌化过程中，要特别注重对于主持人的品牌化建构。可以这么说，主持人就是电视传媒的代表人。

单一的明星主持人可以撑起一个名牌栏目，而明星主持人群体则能够让电视传媒的品牌家喻户晓。吴小莉、窦文涛、陈鲁豫、曾子墨、阮次山等一个又一个响亮的名字，共同构成了凤凰卫视这个华人第一电视传媒品牌。群体明星主持人的群体效应让受众可以通过明星主持对电视传媒的品牌形象拥有一个更加整体而宏观的印象，更加有助于电视传媒品牌的建设。因此，电视传媒品牌建设的核心在于主持人的品牌化建构。

2. 主持人品牌价值是主持人生存的基础

目前，我国拥有一支数量庞大的主持人队伍，各级电视台都拥有数量可观的主持人。但是，能够真正为观众所熟知的电视主持人寥寥无几，这也正说明我国主持人的普遍现状。而明星主持人则往往成为电视台追逐的对象，巨额年薪聘请主持人的电视台更是不在少数。由《蒙代尔》杂志发布的 2008 年度"中国最具价值主持人"排行中最具品牌价值的电视节目主持人榜上有名。李咏、窦文涛和白岩松分别以 3.9 亿、3.3 亿和 3.2 亿的品牌价值位居前三。从 2002 年至今，中央电视台评选"十佳主持人"已有十多年的历史。其中白岩松、朱军和撒贝宁等多次当选，以自身的品牌价值位居前列。由此可见，著名主持人的自身价值甚至超过了其栏目所创造的价值，而明星主持在占有社会资源方面也拥有着绝对的优势。因此，主持人的品牌价值将成为主持人的核心竞争能力和生存基础，同时由于其不可复制性和不可替代性也将成为电视传媒争夺的对象。

（二）电视节目主持人的品牌化建构

主持人的品牌化建构除了需要主持人自身拥有足够的素养外，电视传媒的栏目机制保障和包装策划等手段对于培养明星主持人更加重要。电视传媒首先应当转变传统观念，把主持人的品牌化提升到战略的高度。另外，要建立一套按照市场化运作完整的"造星"机制为主持人的品牌化建构提供必要的保障。

1. 建构市场化的主持人品牌营销机制

普通主持人成长为明星主持人，不仅需要自身的努力，更需要拥有一套完全市场化的主持人品牌营销机制，其中包括对主持人在选拔、栏目策划、栏目运作一系列活动中进行的形象包装、形象推广活动。凤凰卫视作为华语传媒中最早提出品牌营销的电视传媒，其著名的"三名主义"打造的著名记者、主持人、评论员品牌战略让其拥有了一大批明星主持人，并且迅速成长为华语电视传媒中的佼佼者。我们不禁要问，为什么在中国内地默默无闻的主持人窦文涛、董家耀、梁冬，一到凤凰卫视便名声大震成为明星主持人呢？这源于凤凰卫视拥有一套完善的主持人形象包装和推广机制。

首先，塑造形象。凤凰卫视的主持人品牌营销机制会根据新主持人拥有的个性和形象为其打造专门的栏目，而且大多也以主持人的名字来命名栏目。例如，《鲁豫有约》《文涛拍案》《解码陈文茜》等。这样的栏目打造方式，不仅能够充分发挥主持人的个性，而且也确立了以主持人为中心的栏目责任制。

其次，推广形象。通过在凤凰卫视定期推出宣传片、个人推介会等形式，主持人的形象不仅在凤凰卫视中不断宣传，并且通过记者见面会、平面媒体宣传、建立个人网站、制作明星卡片等全方位的渠道来对主持人的形象进行宣传与推广。[①]

最后，提升形象。对已经为观众所熟知的明星主持人还要不断巩固其良好的个人形象，凤凰卫视会组织各种巡回演讲、公益活动以及出版图书来提升主持人的形象。例如，阮次山等一批学者主持人通过巡回演讲成了观众心中的国际问题专家；而吴小莉更是通过参加各种慈善活动，树立了其关心公益事业的良好形象。[②]

正是凤凰卫视拥有一套完全市场化的主持人品牌营销机制，为凤凰卫视打造出一个明星主持人的群体，而主持人群体良好形象的打造反过来也推动了凤凰卫视品牌形象的提升。因此，一套完善的主持人品牌营销机制是主持人品牌化建构的重要途径和保障。

2. 建构以主持人为中心的栏目制作团体

目前我国的电视栏目制作大多采用制片人负责制，在栏目组中制片人拥有绝对的权力进行栏目的策划、宣传等活动，主持人则只是与记者、编辑、摄影等工作人员一样受制片人的安排开展工作。这样一来，作为电视传媒形象的主持人不仅不能突出其个性，而且更加缺乏栏目制作的能动性。对主持人的品牌

---

① 彭亚雄：《"名嘴"为什么这样红——论电视节目主持人的品牌效应》，《长沙民政职业技术学院学报》2010年第3期，第138页。

② 冷述美：《媒体管理案例研究》，北京：中国传媒大学出版社，2006年，第72页。

化建构必须改变以制片人为中心的制作机制，应当充分发挥主持人的主观能动性，建构一套以主持人为中心的栏目制作团队，整个团队的构成和栏目的编排都应当以主持人的风格为中心量身定做。例如，凤凰卫视的名牌节目《娱乐串串SHOW》从采、编、写到播报完全由主持人梁冬一人完成。梁冬将别人利用过的过期新闻，从全新的角度进行阐释和解读，产生了不错的反响和广告收入。[①] 这就是完全以节目主持人为中心的典型案例，正是充分发挥了主持人的积极性才让栏目更加符合其个性，从而取得了不错的效果。

3. 建构完善的主持人评估和流动机制

主持人是重要的人力资本，因为电视传媒的核心竞争力是由品牌力、创造力以及文化力三种力量构成，而这"三力"无不以人为前提，这也说明电视传媒是人才密集型的产业，谁拥有更多的人才，谁就能掌握超越竞争对手的优势。人才的培养和选拔都需要拥有一个完善而公正的评估机制，这不仅能够让电视传媒选拔人才，而且更是留住人才的必要条件。

另外，从整个电视传媒的良性发展来看，电视节目主持人能够自由地在媒体与媒体之间流动是提高电视传媒人力资本使用率的重要措施。2009年，浙江卫视率先打造"蓝巨星"主持人经纪公司，迈出了我国主持人艺人化的第一步，同时也为建立一个市场化的主持人人才流通机制进行了有益的尝试。[②] 建构完善并且市场化的主持人评估和流动机制是主持人品牌化的重要保证，同时也是建构常态、透明、规范的主持人人才市场的重要举措。

（三）主持人品牌化下的危机

明星主持人对于收视率的巨大号召，使其成为电视传媒争夺的焦点。但是，在当下的传媒环境中，不能仅仅陷入唯收视率的泥潭中，而是要在主持人明星化过程中坚持基本的新闻专业主义和媒体的社会责任感。如今，个别电视传媒为打造明星主持不惜将所有栏目娱乐化，这种娱乐化电视栏目的泛滥，虽然便于将主持人品牌化、明星化，但是泛娱乐化现象的充斥不利于整个电视传媒行业的长远发展。另外，个别明星主持人在成名之后，往往以"明星"自居，而

---

① 张晓鹏、张志平：《凤凰卫视的"开源"与"节流"——基于品牌战略与成本领先战略研究》，《新闻世界》2011年第8期。

② 高贵武、柏莹：《电视主持人的品牌化竞争与影响力评估》，《电视研究》2010年第9期，第50页。

将观众以"粉丝"看待，这不仅偏离了传播主体之间的平等原则，而且也不利于其品牌形象的维持，很有可能为自己和栏目的品牌带来负面影响。

总之，在竞争环境日趋激烈的电视传媒行业，受众注意力的吸引需要品牌力的支撑，而电视传媒品牌力的培养和塑造离不开电视节目主持人品牌化的建构。将来电视传媒业的核心竞争力的焦点在于主持人品牌化的构建和维系，明星主持人是树立节目品牌形象的基础，明星主持人和名牌栏目将带来高收视率，而高收视率又是电视传媒巨额广告收入的主要来源，这也是主持人品牌化建构必须成为电视传媒工作重心的原因。

二、综艺节目"主持群"的品牌形象

（一）综艺节目"主持群"品牌形象的发展

随着中国内地娱乐市场迅猛发展，电视综艺节目也随之成长起来，综艺节目主持人的数量也出现了由一人到双人再到多人的显著变化。尽管多名主持人同台主持的形式很早前就出现在电视荧屏上，但"主持群"这一称谓是近十年才走向大众视野的。"主持群"的提出及发展应该归功于近年突飞猛进的综艺娱乐市场，这是 2008 年中国电视界的一个突出现象。十余年来，中国内地很多电视媒体的娱乐节目都采用了"主持群"模式，但湖南卫视的《快乐大本营》《天天向上》是将"主持群"模式运用得最为成功的典型范例。2009 年，在《新周刊》中国优秀电视节目排行榜中，湖南卫视的这两个"主持群"同时获奖，之后"主持群"这种模式也是备受关注。"快乐家族""天天兄弟"这两大主持团体正是湖南卫视在主持人品牌化进程中的两个杰作。也正因为有了这两个主持团体的异军突起才使中国内地的"主持群"得以广泛发展。

（二）综艺节目"主持群"品牌形象的树立

1. 综艺节目"主持群"品牌形象的识别

陈志强、蔡招娣在《电视娱乐节目"主持群"的品牌策略分析：以湖南卫视"快乐家族"主持群为例》中，以"品牌三维识别"系统的三个重要的感官方面对"主持群"的品牌进行分析。

（1）听觉识别。

在结束了一周紧张乏味的工作之后，在周六的晚上面对电视机哈哈大笑是很多现代都市男女的必然选择，或许也只有这样才能缓解一下心中的压力，让劳累了一周的身心得到一定的愉悦。一提到"快乐家族"就能联想到他们是"快乐"的代言人，这也是当初湖南卫视对于《快乐大本营》以及"快乐家族"的品牌定位。年轻的少男少女每周六晚都静静守在电视机旁等着《快乐你懂的》这首开场曲的唱响。由"快乐家族"演唱的快乐大本营主题曲在节目当中的频繁使用，也是在不断地强调这个属于这个家族的自身品牌。每当听到"快乐家族"一起大声说出"Hello，大家好，我们是快乐家族"这句话就意味新一期的快乐笑料即将来临。一个"个性化的品牌"的记忆点一定是深刻地印在观众脑海里的。而且"快乐家族"无论是在节目中还是节目外都将湖南广播电视台所要发扬的"快乐至上"的精神带给电视机前的观众。开场白言简意赅，让人有很深的记忆点。"如果你快乐的话要看《快乐大本营》，不快乐的话更要看《快乐大本营》！"成为杜海涛每期结束语饶舌的段子，再一次将"快乐家族"与观众的距离拉近，每一期的结束都像是好友分别，让人很期待下一次的重逢。节目很贴近观众们的实际生活，把一个冷冰冰的"品牌"暖暖地送到了观众手里。

这是在听觉方面对于自身品牌树立与维护的一种很有效的策略，也是"快乐家族"的一种品牌树立与品牌识别系统，把静态品牌进行人格化的一种品牌策略。

（2）视觉识别。

视觉识别系统是运用系统的、统一的视觉符号的系统。视觉识别是静态的识别符号具体化、视觉化的传达形式，项目最多，层面最广，效果更直接。视觉识别系统分为基本要素系统和应用要素系统两方面。基本要素系统主要包括企业名称、企业标志、标准字、象征图案、宣传口语、市场行销报告书等。应用要素系统主要包括办公事务用品、生产设备、建筑环境、产品包装、广告媒体、交通工具、衣着制服、旗帜、招牌、标识牌、橱窗、陈列展示等。

2019年7月，《快乐大本营》22周年主视觉及LOGO正式亮相，新LOGO以粉色和蓝色为主体，重新设计了之前由"积木"搭建的字体，字和字之间连接更紧密，主体更突出。这个主题LOGO，不仅在电视片头中使用，而且会在主持场景、视频片花、广告前后、主持人麦克风装饰等多处使用。通过频繁地出现，增强观众的视觉品牌记忆。（见图3-1）

此外，"快乐家族""主持群"的服饰也是重要的视觉元素。每一期节目，五位主持人的服装都从面料的选择到设计的风格、装饰点缀的元素，有着相对统一的风格，但同时又会根据五个人不同的性格特点、身材特征有所区分。在颜色的选择方面，快乐家族的服装多数为鲜艳、活泼，黑灰棕及其他深色系列较少使用。而款式设计方面，也多使用夸张、时尚、张扬的风格。这是符合"快乐"定位、从里到外指向性非常强的品牌视觉设计。

| 1997年 | 2002年 | 2005年 | 2006年 |

| 2008年 | 2010年 | 2011年 |

| 2013年 | 2017年 | 2019年 |

图 3 - 1　《快乐大本营》历年 LOGO 变化

（3）品牌象征识别。

品牌象征识别是指品牌所代表的具有高识别度的事物，是综合了听觉识别与视觉识别之后的产物。作为中国内地发起时间最早、发展时间最长的一支主持团体，"快乐家族"的品牌象征得到了有力的实践与发展。"快乐家族"自身品牌历史、品牌的主张等都是构成品牌象征的重要因素。湖南卫视给"快乐家族"的定位就是一个要将娱乐和快乐带给亿万观众的主持团体。品牌象征识别则是其中最为重要的一个环节，他们不是别人，他们就是"快乐家族"，五个个性鲜明的《快乐大本营》的主持人，将一个根深蒂固的观念输出给观众。"快乐至上"的理念和"家族"的亲切感得到了很充分的体现。

2. 综艺节目"主持群"品牌的延伸

作为国内首屈一指的综艺媒体节目,《快乐大本营》也将"快乐家族"自身独特的"快乐"文化品牌通过多个渠道延伸。

(1)音乐界的延伸。

《快乐你懂的》专辑(见表3-1)是湖南电视台为"快乐家族"打造的音乐专辑,这也是国内第一张由电视台为主持人打造的唱片。主打歌《快乐你懂的》上线后点击率更是突破9 000万,初登歌坛的"快乐家族"便夺得了2010年"百度娱乐沸点""内地最受欢迎组合"的奖项。快乐家族凭借专辑《快乐你懂的》在2010 MusicRadio中国Top排行榜获得"内地年度最受欢迎组合"奖,专辑销量破10万张。

表3-1 《快乐你懂的》专辑

歌曲名称	演唱者
《快乐你懂的》	快乐家族全体成员 (《快乐大本营》主题曲)
《绽放的微笑》	快乐家族全体成员 (《快乐大本营》片尾曲)
《傻傻爱》	谢娜
《以爱之名》	李维嘉
《白日梦》	吴昕
《男人婆》	杜海涛
《思念的距离》	何炅
《为你歌唱》	谢娜、吴昕
《我的爱坏坏》	何炅、李维嘉、杜海涛
《啦啦歌》	快乐家族全体成员

这张专辑的面世,使"快乐家族"的主持群体品牌得到了很好的延伸。首先,巩固了粉丝基础,在原有基础上扩大了粉丝范围;其次,专辑中的歌曲,

从词曲上看，确实为精品歌曲；从传唱度上看，著名音乐人捞仔在微博中也说道："这确实是一张为电视节目量身打造的传唱度会极高的歌曲专辑。"最后，强化了"快乐家族"的品牌核心，就是几位主持人的品牌联合，这张专辑可以看作他们友情的见证，正如音乐版的《老友记》。

（2）影视界的延伸。

除了在音乐界延伸，"快乐家族"还积极向影视界发展。《快乐大本营之快乐到家》是由杭州蓝色火焰公司和湖南卫视合拍的。影片由《快乐大本营》的五位主持人何炅、谢娜、李维嘉、吴昕、杜海涛作为主演，同时还有两位专业演员加盟演出。《快乐大本营之快乐到家》于2013年1月15日在全国火热公映，影片上映第一天就势如破竹，单日票房突破千万，超过《一代宗师》成单日票房冠军。无论在票房还是在各大颁奖典礼中，该部影片都收获颇丰。

除了亲自出演，"快乐家族"主持人团队还通过配音的方式参与影视剧的演出。2009年，国产动画《快乐奔跑》在国内上映。影片讲述的是发生在蔬菜王国里的一段传奇故事：蔬菜王国每四年举办一届"超级蔬菜杯"大赛，成为蔬菜王国里的奥运会。在第101届"超级蔬菜杯"即将到来的时候，每一个蔬菜娃娃都想取得好的成绩，并想一路过关斩将冲到最后决赛夺取冠军。由此展开了一段冒险历程。快乐家族的五位成员一同参与该影片的配音（见表3-2），同时邀请嘉宾著名配音演员李扬，著名演员黄渤、蔡明以及著名主持人刘纯燕参与了该部动画片的配音工作，让名配音演员为主持人增加品牌效力。

表3-2　《快乐奔跑》中"快乐家族"配音角色分配

角色名称	配音演员
多多（冬瓜）	谢娜
妙福（猫）	何炅
刺头（仙人掌）	李维嘉
萝米（萝卜）	吴昕
糖糖（南瓜）	杜海涛

2010 年的《虹猫蓝兔火凤凰》是一部国产优秀动画片，讲述了森林王国里新来的 3 个小成员虹猫、蓝兔、火凤凰之间由彼此钩心斗角到化解矛盾最后成为好朋友的一段有趣的生活经历，阐述了人类社会的真谛和哲理。制片方为了吸引更多影迷和粉丝走进影院去观看这部动画片，便邀请了当时中国观众喜爱程度最高的"快乐家族"为片中五个性格迥然不同的动画角色配音（见表 3-3），发起"快乐贺岁"总动员。

表 3-3　《虹猫蓝兔火凤凰》中"快乐家族"配音角色分配

角色名称	配音演员
多头	何炅
虹猫	谢娜
黑龙	杜海涛
跳跳	李维嘉
丽莎	吴昕

电影界的发展，为"快乐家族"在影视界树立了里程碑式的标志，给"快乐家族"全方位、立体式的品牌创建添上了浓重的一笔，同时也使《快乐大本营》以及"快乐家族"掀起了一批又一批的关注浪潮，稳固自己地位的同时又得到了稳健的发展。正是有了这样"家族式"的团队品牌的传播，整体的营销传播策略才实施得更加成功。

（3）公益品牌的延伸。

"快乐家族"除了在影视市场中塑造团队品牌，还出现在大大小小的与社会弱势群体相关或重大灾害的公益事业活动中。

部分以"快乐家族"为主要参与者的社会公益活动包括：

①"快乐家族"作为嘉宾出席李亚鹏和王菲嫣然天使基金慈善晚宴，并担任现场主持人。

②"快乐家族"参与护鲨行动，身体力行维护海洋生态平衡。

③国际环保组织野生救援 WildAid 与湖南卫视"快乐家族"共同在微博中发起了大型在线公益活动"我与鱼翅说再见"活动；2013 年 10 月 13 日，谢娜、杜海涛作为"快乐家族"代表出席了该活动在北京举行的庆功会，与现场

的粉丝们一起回顾了活动历程并再次呼吁公众保护海洋，保护鲨鱼。

④关爱残疾人就业，"快乐家族"助阵公益宣传。

⑤撒贝宁联手"快乐家族"主持《星搭档公益盛典》。

⑥2011年海南香蕉危机给海南蕉农造成了巨大的经济损失，"快乐家族"在事件被报道不久之后便制作了一段短片在湖南卫视滚动播出，介绍并欢迎更多的消费者以及企业团体去购买海南香蕉以解决每天都有4万斤香蕉烂在香蕉园中的状况。

…… ……

出席公益活动，对于"快乐家族"自身品牌价值的构建及维护方面有一定的好处。首先，出现在公众关注度较高的公益活动中，增加了自身的曝光度；其次，在提升自身曝光度的同时树立了极其正面的形象，与维护自己主打"快乐"牌的主旨相吻合。

（4）商业广告的延伸。

"快乐家族"的主持人同传统主持人相比，其区别就在于湖南卫视的制作团队是用"艺人化"的经济手段去经营这样一个特殊的"主持群"。

2010年10月19日，康龙集团正式与"快乐家族"携手，签订代言合约。此次代言合约的签订也是快乐家族在集团商业化道路上走出的第一步，也是一次成功的商业合作，在市场范围内引起了轰动。

2013年新年伊始，"快乐家族"正式宣布签约国际知名饮料品牌百事可乐公司，成为百事可乐公司最新代言人。发布会当天，何炅、谢娜、李维嘉、杜海涛、吴昕以橙色元素造型齐齐亮相，将"开心味"传递给现场每一个人。

在我国蓬勃发展的虚拟游戏产业，"快乐家族"也与国内互联网巨头之一的腾讯游戏平台合作，在腾讯2011年度发布会上，"快乐家族"现身大会现场，正式与腾讯签订合约，作为新一年度的腾讯游戏代言人。

如今出现在大众视野中的广告，很大程度上都是由有一定知名度的明星艺人所支撑。作为一个在中国大陆（内地）首屈一指的综艺节目"主持群"，"快乐家族"在多方位的跨界发展，在各个领域都树立了极其经典和难忘的"品牌印象"。通过"快乐家族"将属于湖南卫视独特的"快乐"的含义带给每一位《快乐大本营》的观众，也带给在生活各处能看到他们的消费者们。

（三）综艺节目"主持群"品牌形象的思考

《快乐大本营》作为目前中国大陆（内地）播放时间最长、影响力最大的电视综艺节目之一，最大限度地发挥了娱乐节目的娱乐效果。从《快乐大本营》2006 年改版以来，5 位主持人用他们的真诚与专业营造了一个"快乐家族"的品牌。作为栏目最直接的实践者和体现者的"快乐家族"，随着节目的播出成了湖南卫视栏目品牌中最鲜活、最具个性的一个标志。

1．个人品牌与团队品牌紧密关联

随着我国经济的发展，"市场化"对于电视平台的发展也提出了一定的要求。商业化的运作无疑是如今各大卫视寻求的最佳出路。针对观众的侧重点从以往的"频道"转向如今的"栏目"，各大卫视不仅要树立自身的频道品牌，更重要的是要通过王牌栏目的发展加强频道品牌的内在价值。而策划自己的王牌"栏目"就需要由具备自身频道特色的栏目主持人相应地进行理念传播。当下综艺娱乐节目中"主持群"的运用不得不说是一个事半功倍的妙法，但是挑选合适的人选进行组合极为重要，具有一定知名度、自身具备较为良好的娱乐功能属性、对观众号召度较强的主持人则成了上上选。品牌形象的树立，首先要有广大的观众基础。扩大受众量的前提是能够很好地维护已有的受众量，这才是栏目品牌建设的重中之重。

2．只能借鉴不能复制

湖南卫视用"主持群"的模式发展《快乐大本营》的策略无疑是很成功的。但是，并不是说现阶段这样的模式没有弊端。在日益激烈的电视媒体竞争中，湖南卫视"主持群"模式的成功运用，为湖南广播电视台本身树立起了坚实的品牌基础，同时这样的商业化模式也给其他电视媒体提供了很大的借鉴。但成功是唯一的，只能借鉴不能复制。要想树立自己的品牌价值必须要有适合自己的发展模式。

3．线上与线下互动

湖南卫视对于"快乐家族"在荧屏上的运作是极其成功的，其线下的各种发展也是极具参考价值的。当今娱乐界，只有线上线下同时进行有效广泛的传播才能在品牌发展的道路上走得更远。随着网络时代的到来，电视栏目的发展生存也需要网络，需要商业化的发展。只注重电视机荧屏前的观众，而忽略了线下的发展，在日积月累中会损失很大一部分受众源。只有以良好的线上品牌支持，加以良好的线下网络以及商业的优质互动，才能使一个"主持群"的品牌树立得更加稳固，甚至能够影响到栏目的兴衰。《快乐大本营》走进观众的二十余载中，其在中国综艺电视节目领域依然是首屈一指的。"主持群"模式的良性运用与栏目线上线下积极有效互动是分不开的。

节目开播 20 多年来，《快乐大本营》积累的受众数是其他大陆（内地）电视综艺节目无可比拟的。节目质量的一再提升及更加迎合受众的不断改版，更是将长久以来"老客户"们的心牢牢抓紧。所以"快乐家族"这一品牌便有了在观众心中根深蒂固的可能。品牌的树立之后便是品牌建设，品牌也有高低之分。"快乐家族"用自己青春向上乐观的理念树立起了主要针对青年人群的高端品牌价值。阳光、活力、自信、努力、拼搏这些进取的词汇便是他们留给受众的价值形象。"主持群"作为一种较为成熟的主持形式，可以是网络平台综艺节目发展的新方向。

第二节　播音主持语言规范与分析

一、大陆（内地）娱乐节目主持人"港台腔"现象分析

《娱乐至死》的作者尼尔·波兹曼说："电视正把我们的文化转变成娱乐业的广阔舞台。"① 伴随着社会生活的丰富，人们的娱乐观念也发生了较大变化，在文化开放和市场化转型的双重背景下，我国的娱乐节目逐步发展起来。20 世纪 90 年代中后期，综艺娱乐节目在中国出现了一个蓬勃发展期。然而，事物的发展总是曲折前进的，伴随着娱乐节目的兴起，隐藏在其背后的一系列问题也浮出水面。大陆（内地）娱乐节目主持人用语存在"港台化"倾向，成为节目主持语言表达中最受关注的问题之一。

作为大众传媒的广播电视，无论是广播的"声情并茂、悦耳动听"，还是电视的"声画和谐、赏心悦目"，都应该给受众以美的感受。我们听过齐越、夏青等老一辈播音艺术家和孙道临、董行佶等老一辈朗诵艺术家的播讲，从他们的声音中，我们能感受到一种意境美、韵律美。他们令人心驰神往的语言功力、艺术风格，处处显示着穿透历史的力量。我们也看到过电视节目主持人以

---

① ［美］尼尔·波兹曼：《娱乐至死》，桂林：广西师范大学出版社，2004 年，第 106 页。

庄重大方的气质和仪态向我们走来，用字正腔圆、铿锵优美的语调为我们主持节目。这时，我们不仅准确领悟到语言表达的思想，而且被那种悦耳、亲切、无粉饰、不造作的音调所产生的艺术魅力所倾倒。但是我们也经常遇到这种情况：主持人在台上怪声怪气，拿腔拿调，矫揉造作。嘴里不时蹦出"哇""耶"等"港台化"的语气词及"我好好感动""真的很不错耶""我蛮高兴的"这种"不好好说话"的语句。其怪其哆，使人颇不舒服。这种现象在娱乐节目中尤为普遍，有人称之为"港台腔"。

针对这种现象，国家广播电影电视总局颁布了一系列政策法规，禁止大陆（内地）播音员主持人模仿"港台腔"。《中华人民共和国宪法》《中华人民共和国国家通用语言文字法》从法律的高度规定了主持人用语必须使用标准规范通用语——普通话。2001 年发布的《关于制止娱乐性综艺节目中不良倾向的通报》则对"港台腔"现象提出警醒。在 2004 年不到一年的时间内，国家广播电影电视总局连续下发了三份关于制止"港台腔"的政策文件：《广播影视加强和改进未成年人思想道德建设的实施方案》《中国广播电视播音员主持人职业道德准则》《中国广播电视播音员主持人自律公约》。这三份文件都明文规定：禁止模仿港台语及其表达方式（即我们所说的"港台腔"）。从这一系列的政策法规，我们看到了"港台腔"现象所引起的高度关注。

到底什么是"港台腔"？大陆（内地）娱乐节目主持人模仿"港台腔"的现象是否存在？大陆（内地）娱乐节目主持人模仿"港台腔"的现状如何？大陆（内地）娱乐节目主持中的"港台腔"有什么特点？这种现象会造成什么影响？是什么原因形成了"港台腔"？我们作为广播电视有声语言传播者又应该如何应对这种现象？带着这些问题，本节将针对模仿"港台腔"现象最受关注的节目形态——娱乐节目，以非港台方言区的各省级电视台的娱乐节目为研究对象，从深层次挖掘分析这种现象的根源所在，希望以此提高播音员主持人的创作意识，为一线的播音员主持人提供一个深入思考的平台，并期望对从事广播电视语言传播的播音员主持人有实际的指导作用。

（一）研究前提及背景

1. "港台腔"的界定

关于什么是"港台腔"，一直存在着比较大的争议，有人认为这种说法带有地域歧视，是对港台地区及使用港台方言人士的偏见，其实不然。人们常说的"官腔""干部腔""学生腔""娃娃腔"等的"腔"，都是对某一言语社团在语言表达上的一些共同特点的概括，表明这种"腔"就是一种社会方言。社会方言是社会内部不同年龄、性别、职业、阶级、阶层的人们在语言使用上表现出来的一些变异，是言语社团的一种标志。① 我们这里所说的"港台腔"正是这种社会方言的一种，并不带有对港台人士的地域歧视。

中国播音学的创始人张颂教授在《关于规范意识的思考》一文中对"港台腔"的特点进行归纳："港台腔，原是港台人士努力学习普通话尚未熟练的话语腔调。前后鼻音不分、轻重格式颠倒、主次关系错位、高低长短无度，僵直生硬的无奈转而加强起伏跌宕的变化，综合起来造成的'嗲声嗲气'。"②

国家语言文字工作委员会主任许嘉璐也曾就"港台腔"的形成作出解释："香港人多数以粤语为母语，当他们讲普通话而讲得不太好时，自然带着方言语调的痕迹；台湾人的'国语'，既有闽语的影响，又由于和大陆隔绝太久，多数人学不到纯正的北京音。因此可以说，'港台腔'是他们讲普通话时的缺点。"

从"港台腔，原是港台人士努力学习普通话尚未熟练的话语腔调""'港台腔'是他们讲普通话时的缺点"这两种解释，我们可以判定，"港台腔"不属于普通话，也不是粤语或闽南语，它本是港台地区人士在学习普通话的过程中，由于受到方言的影响而出现不符合普通话规范的语音、语法、词汇、语调特点。

2. 大陆（内地）娱乐节目主持中的"港台腔"现象

从 20 世纪 90 年代开始就有人对"港台腔"现象提出异议。1996 年 9 月 11日至 13 日，全国广播影视语言文字工作会议在北京召开。会议期间，多位专家学者都提到了在大陆（内地）娱乐节目主持中出现的"港台腔"现象。原广播电影电视部部长孙家正说："许多港台澳同胞都以能说流利、标准的普通话为荣，可我们有些播音员主持人反而对自己优良的播音主持风格缺乏自信心。生造字、生造词语，随意简化，模仿'港台腔'，滥用外来语等是对民族语言、

---

① 叶蜚声、徐通锵：《语言学纲要》，北京：北京大学出版社，1997 年，第 181 页。

② 张颂：《关于规范意识的思考》，《语言传播文论》（绪论），北京：北京广播学院出版社，1999 年，第 73 页。

文字的污染，是一种极不负责任的态度。"① 著名主持人赵忠祥在题为"做好语言文字工作是我们播音员和主持人的职责"的发言中说了一个他自己亲身体会的例子："有一次我坐出租车，司机正在放音乐，出现了主持人的声音，我问司机是不是在放港台录音带，他说不是，说这是一个本市的主持人，还是北京人。我想，这位主持人怎么装得这么像，似乎从小就长在香港，正学着说普通话。而且，怎么会以为大家一定都爱听这个腔调呢？我绝不是挖苦想学会普通话的香港、台湾同胞，而是指出应该使用，也能使用标准普通话的主持人却偏要以'港台腔'为他的标准音，这个现象值得注意。"②

　　著名播音艺术家方明在接受某电视台采访时也对大陆（内地）节目主持人模仿"港台腔"的现象提出异议："播音很严肃，加进一些娱乐元素完全可以，但我绝不赞成'港台腔'，媒体应该推广普通话。现在有些人认为一用普通话节目就严肃了，不活泼了，只有嗲声嗲气才够娱乐。相声用的就是普通话，那就不逗乐了？不幽默了？"在其他场合，我们也听到不少对"港台腔"的褒贬不一的评价。作为普通话大使的王刚也对"港台腔"现象提出批评："我们很多娱乐主持人，放着好好的普通话不说，非得一口'港台腔'，这种对自己文化没有信心的盲目崇拜真是非常没出息。在这里我特想请教有识之士：普通话到底该怎么说？我们过去说'你到过北京吗？'可现在的年轻人却说：'你有到过北京吗？'连我们现代汉语的语法都给变了。我现在就非常担心，再过几十年，像我现在这样说的话都要变成文言文了。"

　　在广东，方言为粤语，又临近港台地区，本应是盛产"港台腔"的地区，但是广东电视台粤语主持人任永全也并不支持模仿"港台腔"的现象："有一次我看北方一个卫视节目，主持人在跟一个现场观众交流。面对这个40多岁的中年女人，主持人张口就是'这位女生……'当时我的感觉就是很不舒服。'女生'这种称呼是台湾流行的，这个主持人很低级地把它克隆过来了。类似的例子还有'蛮不错的''蛮开心的'，这个'蛮'字也是台湾近年流行的说法。现在有些主持人不顾自己传统文化的氛围，把港台地区特有的文化、语言生搬硬套过来，这种做法我是反对的。"

　　①　孙家正：《在全国广播影视语言工作会议上的讲话》，《广播影视语言要标准化规范化》，北京：中国电视出版社，1997年，第7页。

　　②　赵忠祥：《做好语言文字工作是我们播音员和主持人的职责》，《广播影视语言要标准化规范化》，北京：中国电视出版社，1997年，第61页。

从以上学术界人士及媒体一线工作者的观点来看，他们对大陆（内地）节目主持人盲目模仿"港台腔"的现象是表示不解和反对的。在大陆（内地）节目主持中出现的"港台腔"属于存在于大陆（内地）广播电视界的"不和谐之音"，这种现象值得我们关注并探讨分析其中的原因。

3. 相关政策依据

大陆（内地）播音员主持人的用语规范，是有法可依的。《中华人民共和国宪法》从国家和民族的高度对国家通用语做出规定。《中华人民共和国国家通用语言文字法》规定了播音员主持人的规范用语为标准普通话。

国家广播电影电视总局2001年12月下发的《关于制止娱乐性综艺节目中不良倾向的通报》可以说是对大陆（内地）娱乐节目主持人的警醒。在后来两年的时间里，大陆（内地）娱乐主持盲目模仿"港台腔"之风并没有减弱，于是，国家广播电影电视总局在2004年不到一年的时间里连续三次发布针对主持人的文件。一开始公布的是《广播影视加强和改进未成年人思想道德建设的实施方案》和《中国广播电视播音员主持人职业道德准则》，这两个文件都对大陆（内地）主持人"港台腔"现象进行明文规定，禁止播音员主持人使用"港台腔"，但并没达到预期的效果。紧接着，国家广播电影电视总局又颁布了一份《中国广播电视播音员主持人自律公约》，显示出主管部门对禁止大陆（内地）主持人"港台腔"现象的坚决态度。

（1）《中华人民共和国宪法》关于语言的规定。

语言是人类交际最重要的工具，是传承文化、交流信息的载体。语言还是文化的基因和民族的标志。在经济全球化不断发展的环境条件下，语言关系着国家主权尊严、民族文化安全等最基本、最敏感的问题。

《中华人民共和国宪法》第十九条规定："国家推广全国通用的普通话。"这里的普通话有严格的定义，那就是"以北京语音为标准音，以北方话为基础方言，以典范的现代白话文著作为语法规范"。

（2）《中华人民共和国国家通用语言文字法》关于播音用语的规定。

为了更加具体地执行推广普通话的任务，在《中华人民共和国宪法》的基础上，《中华人民共和国国家通用语言文字法》正式颁布，并于2001年1月1日开始实行。该法进一步确立了普通话和规范汉字的法律地位。《中华人民共和国国家通用语言文字法》是我国历史上第一部关于语言文字的专门立法，标志着我国语言文字工作开始进入法制的轨道。

《中华人民共和国国家通用语言文字法》规定了"国家推广普通话，推行规范汉字"，"促进国家通用语言规范、丰富、健康发展"的基本语言政策，并且对机关、学校、新闻媒体、主要服务行业国家通用语言文字的使用作出了规定，明确了各级政府及有关部门管理、监督语言文字使用的责任。该法律的颁布，为我国新时期语言文字规范化工作明确了政策走向，提供了重要的法律保障。

《中华人民共和国国家通用语言文字法》关于使用普通话的规定有：

第一章　第三条：国家推广普通话，推行规范汉字。

第二章　第十二条：广播电台、电视台以普通话为基本的播音用语；第十九条第二款：以普通话作为工作语言的播音员、节目主持人和影视话剧演员、教师、国家机关工作人员的普通话水平，应当分别达到国家规定的等级标准。

第三章　第二十六条：本法第十九条第二款规定的人员用语违反本法第二章有关规定的，有关单位应当对直接责任人员进行批评教育；拒不改正的，由有关单位作出处理。对于国家投资的电视台，如果不遵守上述法律是应该受处罚的。

（3）《关于制止娱乐性综艺节目中不良倾向的通报》关于"港台腔"的通报。

国家广播电影电视总局2001年12月曾下发了《关于制止娱乐性综艺节目中不良倾向的通报》（以下简称《通报》）。《通报》的重点检查项目直指娱乐性综艺节目及竞猜类综艺节目。《通报》说，电视娱乐性综艺节目是随着我国社会文化生活的发展出现的一种新型的电视节目。这类节目贴近观众、贴近生活，赢得了广大观众特别是青少年的喜爱。但是，最近一段时间以来，有些电视台降低了综艺节目的定位标准和审查要求，把关不严，一些节目格调低下、胡编滥造、低级庸俗，造成不良影响。《通报》列举的一些主要问题包括：一些节目的主持人在主持节目时，还学说一些不伦不类的"港台腔"。《通报》指出，要纠正娱乐性综艺节目盲目照抄照搬港台节目的做法。要制止引进的综艺类节目播出过多过滥的现象。引进播出境外所有节目，均须报省级以上广电行政管理部门审批、备案。

《通报》指出娱乐性综艺节目是电视文艺宣传的重要组成部分，肩负着宣传科学理论，传播先进文化，塑造美好心灵，弘扬社会正气的重要任务。《通报》要求各省级管理部门自查问题，及时整改，各台综艺节目的自查和整改情况须报广电总局备案。同时，总局还将根据收听收看发现的问题，对有悖于以上要求的节目，采取通报、停播、撤销等惩处措施。

（4）《广播影视加强和改进未成年人思想道德建设的实施方案》关于净化语言的规定。

2004 年，为深入贯彻落实党的十六大精神和中共中央、国务院《关于进一步加强和改进未成年人思想道德建设的若干意见》，结合广播影视工作实际，全面提高未成年人思想道德素质，国家广电总局研究制定了《广播影视加强和改进未成年人思想道德建设的实施方案》并于 2004 年 4 月 30 日将此方案印发到各级广播电视单位。该方案可概括为四大工程，即"建设工程""净化工程""防护工程"和"督察工程"。

"净化工程"（实施方案第 20 条）明确指出：广播影视节目要提倡语言美，倡导文明用语、规范用语，净化语言文字环境，不能使用粗话脏话；除特殊需要外，节目主持人必须使用普通话，不要以追求时尚为由，在普通话中夹杂外文，不要模仿港台语的表达方式和发音。以此来维护祖国语言文字的纯洁和规范，帮助和引导未成年人学习掌握和规范使用标准普通话。

一旦发现严重影响未成年人思想道德建设的节目播出，应按《中共中央宣传部、国家广播电影电视总局关于建立违纪违规广播电视播出机构警告制度的意见》的要求，对相关播出机构发出《警告通知书》，要求其限期整改，并根据所造成的不良影响，对有关节目选题、策划、制作、播出、审查等各环节的负责人和责任人给予相应处分。

（5）《中国广播电视播音员主持人职业道德准则》关于播音主持语言的要求。

随后，国家广电总局趁热打铁，于 2004 年 12 月 2 日向社会公布了《中国广播电视播音员主持人职业道德准则》。从此，国内的主持人不是普通话讲得好就可上荧屏，他们还将面对严格的道德考核这一关——新规定首次注明了主持人应当履行的义务：严守工作纪律，服从所在机构的管理，认真履行岗位职责；树立良好的公众形象和健康向上的精神风貌。其中对播音员主持人的语言也作出了明确的要求：

第二十一条　广播电视播音员主持人要积极推广、普及普通话，规范使用通用语言文字，维护祖国语言和文字的纯洁，发挥示范作用。

第二十二条　除特殊需要，一律使用普通话。不模仿有地域特点的发音和表达方式，不使用对规范语言有损害的口音、语调、粗俗语言、俚语、行话，不在普通话中夹杂不必要的外文。

第二十三条　用词造句要遵守现代汉语的语法规则，语序合理，修辞恰当，层次清楚。避免滥用方言词语、文言词语、简称略语或生造词语。

第二十四条　表达要通俗易懂、准确生动、富有内涵、朴素大方。避免艰涩、易生歧义的语言和煽情、夸张的表达。

第二十五条　不追求低俗的主持风格和极端个人化的主持方式。

除了以上具体的要求，附则中还申明：

第三十四条　全国各广播电视制作、播出机构的播音员主持人遵守本准则。

第三十五条　违犯本准则的播音员主持人，将在行业内通报批评；触犯党纪政纪的，给予党纪政纪处分；触犯法律的，移送司法机关处理。

（6）《中国广播电视播音员主持人自律公约》关于"港台腔"的处罚条例。

按照《广播影视加强和改进未成年人思想道德建设的实施方案》和《中国广播电视播音员主持人职业道德准则》的要求，中国广播电视协会对目前我国广播电视播音员主持人的实际情况进行了认真研究，制定了《中国广播电视播音员主持人自律公约》（以下简称《公约》）。

《公约》重申推广普及普通话、规范使用通用语言文字是播音员主持人的基本职业责任，要求从业人员的语言表达规范朴素，准确生动，避免艰涩或煽情夸张的做法。广播电视节目中，主持人故意模仿"港台腔"或其他地域语音、故意颠倒基本语法结构或在普通话中加入外语等现象被严令禁止。《公约》强调：除特殊需要外，一律使用普通话，不模仿地域音及其表达方式，不使用对规范语言有损害的口音、语调、粗俗语言、俚语、行话，不在普通话中夹杂不必要的外语，不模仿港台话及其表达方式。

此外，《公约》要求各级、各地广播电视制作、播出机构的播音员主持人均须遵守《公约》，只有遵守《公约》才能取得"中国广播电视播音主持作品奖暨'金话筒奖'"参评资格。违犯《公约》的，将由中国广播电视协会予以通报，并终止其"中国广播电视播音主持作品奖暨'金话筒奖'"入选资格；情节严重者，协会将建议行政主管部门取消其播音主持岗位资格。

国家及有关部门的这一系列政策，足以证明国家对广播电视语言的重视程度，同时也是对广播电视从业者特别是播音员主持人提出的严厉要求。以上法律条文都规定了同样的内容：禁止模仿港台方言及其表达方式（也就是我们所说的"港台腔"）。对于违反者，都要根据法律政策给予不同程度的处罚：轻者则予以通报，并被终止"中国广播电视播音主持作品奖暨'金话筒奖'"入选资格；情节严重者，将被取消其播音主持岗位资格。

（二）大陆（内地）娱乐节目主持人模仿"港台腔"现状分析

1. 大陆（内地）娱乐节目主持人模仿"港台腔"的现状

从《关于制止娱乐性综艺节目中不良倾向的通报》到《广播影视加强和改进未成年人思想道德建设的实施方案》，再从《中国广播电视播音员主持人职业道德准则》到《中国广播电视播音员主持人自律公约》，国家针对"港台腔"现象陆续出台的这一系列措施，让我们看到了这种现象所引起的高度关注。

大陆（内地）娱乐节目主持人模仿"港台腔"的现象是否存在？这种现象都在什么情况下出现？该现象的严重程度如何？是否真有"泛滥之势"？为了了解该现象的现状，笔者随意收看了大陆（内地）15 个省级电视台共 24 个不同形式的娱乐节目，对主持人模仿"港台腔"的现状进行分析。

这些电视台包括：中央电视台、新疆卫视、吉林卫视、北京卫视、陕西卫视、安徽卫视、山东卫视、河南卫视、浙江卫视、四川卫视、重庆卫视、湖南卫视、深圳卫视、华娱卫视、星空卫视。收看了多个娱乐节目：《同一首歌》《艺术人生》《爱秀电影》《每日文娱播报》《花儿为什么这样红》《超级乐八点》《武林风》《周六乐翻天》《笑声传中国》《超级大赢家》《2007 安徽卫视——超级新春盛典》《太可乐了》《男生女生》《三个女人一台戏》《新主播玩转演播厅》《直播娱乐》《春节联欢晚会》《娱乐无极限》《超级歌会》《好运连年》《青春之星》《天下娱乐通》《音乐飙榜》《妙管家》等。

从北至南综观全国各地的娱乐节目，该类型节目的主持人用语基本上都出现了模仿"港台腔"的现象。同时，不同地区电视台的娱乐节目主持人使用"港台腔"现象的程度又有不同，或轻或重，但是总的来说"港台腔"现象的覆盖面较大。

由于各个娱乐节目主持人有着不同的方言习惯、专业背景，以及对播音创作有着不同认识，主持人模仿"港台腔"的程度也不同。有的主持人已经模仿

"港台腔"成习惯，从整个说话状态、语音、语法、语调等方面都已经让观众难辨其"港台人士"的真假。还有的主持人在一般情况下都说一口流利的普通话，但是每到节目需要调动气氛或者需要个人突出表现时，往往会来几句让观众应接不暇的"港台腔"，尽管使用的频率较低，但这也让观众哭笑不得。

通过对大陆（内地）各卫视娱乐节目主持人模仿"港台腔"现象的了解，我们把模仿"港台腔"现象的情况进行分析，同时也提出一些值得关注和研究的问题。

（1）接受过专业训练的主持人也使用"港台腔"。

根据相关法律和播音主持的行业规定，省级以上电视台的播音员主持人必须通过"普通话一级甲等"方可上岗。能走上主持人岗位的从业者，大多接受过播音主持专业训练。这种训练包括吐字发声、语言表达各方面内容。在大陆（内地）的娱乐节目主持人队伍中，他们有的是从播音主持专业院校毕业的学生，在学校时就通过了严格的专业测试；有的则是在职期间为了符合播音主持的行业规定而参加了相关的培训。这些主持人在走出校门之前或者在担任新闻节目的播音员时都使用符合行业规定的标准普通话，但是一旦走向娱乐节目主持人的岗位，标准普通话马上变成了"港台腔"。北京卫视《每日文娱播报》、浙江卫视《太可乐了》、四川卫视《直播娱乐》的"港台腔"现象皆属于此类。

（2）非港台方言地区主持人也使用"港台腔"。

如果说"港台腔"是受方言的影响而造成的，那么方言为粤语的广东地区主持人和方言为闽南语的福建地区主持人本应是出现"港台腔"现象的"高发区"。但是在出现"港台腔"现象的各省级卫视中，除了邻近港澳台地区的广东和福建，绝大部分地区都是非港台方言区，而且这种现象甚至还蔓延到了与港台方言有着极大差别的北方方言区。南方方言区的人讲普通话时会出现与"港台腔"相似的特点，例如，卷舌音和平舌音不分、前后鼻音不分等。北方方言与"港台腔"相差甚远，例如，北京话、东北话、河南话、陕西话、天津话等，这些地区的方言有着明显的北方特色。但是在北方各省级卫视的娱乐节目中，却出现了一大批追捧"港台腔"的北方人士。

笔者收看的各省电视台娱乐节目，全部属于非港台方言地区，包括属于维吾尔语方言区的新疆卫视、属于东北方言区的吉林卫视，还有有着各地区不同方言的河南卫视、陕西卫视、山东卫视、安徽卫视、浙江卫视、湖南卫视，以及属于四川方言区的重庆卫视和四川卫视，这些地区的方言与"港台腔"可谓是天壤之别，但是在娱乐节目中却"异口同声"，一齐模仿"港台腔"。这种现象值得关注。

（3）偏重娱乐节目的电视台使用"港台腔"频率高。

在大陆（内地）娱乐节目模仿"港台腔"的现象中，我们发现节目主持人使用"港台腔"的程度与该电视台的办台宗旨及节目策划、发展方向有关。如果该电视台偏向综艺娱乐类节目的发展，那么该电视台的娱乐节目主持人会更倾向于使用"港台腔"。例如，以"打造中国最具活力的电视娱乐品牌"为目标、秉持"快乐中国"这一运营核心理念的湖南卫视，被评论说其中90%的主持人都出现了模仿"港台腔"的现象。此外，"定位为综艺娱乐卫视频道、全天24小时不间断地为观众奉上亚洲乃至世界知名的娱乐节目"的华娱卫视和"为中国观众倾力打造的全新频道、以综艺和娱乐内容为主、全天24小时普通话播出"的星空卫视，也是使用"港台腔"频率较高的电视台。

（4）大陆（内地）多家省级卫视与港台地区联手制作娱乐节目。

大陆（内地）娱乐节目的制作模式已经由照搬港台娱乐节目形式发展到了邀请港台制作人直接操刀模式。笔者了解了一些娱乐节目的制作班底背景，发现大陆（内地）不少电视台播出的娱乐节目都是邀请港台地区的电视台或者制作公司来联手制作的。例如，四川卫视的《直播娱乐》，就是以香港TVB8频道的娱乐资源为主；东方卫视全力推出的综艺类娱乐新闻节目《娱乐星天地》，也是牵手香港电视TVB制作的；吉林卫视的《超级乐八点》，节目的班底来自大陆和台湾最具实力的团队；陕西卫视斥巨资打造的全新周末大型娱乐节目《周六乐翻天》，也是由台湾的制作班底与陕西卫视联手打造的；安徽卫视的《超级大赢家》则从台湾邀请有丰富制作经验的制作人担当该节目的总监制。

（5）港台地区节目主持人深入大陆（内地）娱乐节目。

在国内电视娱乐节目主持人行列中，我们发现了不少港台地区演艺人士的身影。他们抑或独挑大梁单独主持一档娱乐节目，抑或与大陆（内地）的主持人共同搭档进行主持。

例如，中央电视台早期的《开心辞典》和《互动星期天》以及之后开播的《情艺在线》、东方卫视的《东方夜潭》、新疆卫视的《花儿为什么这样红》、山东卫视的《天使任务》、浙江卫视的《太可乐了》、福建东南台的《天地英雄》《美丽佩配》、湖北卫视的《超级星秀场》、湖南卫视的《超级女声》、重庆卫视的《娱乐星工厂》、陕西卫视的《周六乐翻天》等多个节目都出现了来自港台地区的娱乐节目主持人。

这一大批港台节目主持人的加入不能不被认为是大陆（内地）娱乐节目再次兴起"港台腔"风气的一个因素。大陆（内地）节目主持人没有学到港台节目主持人的主持技巧和应变能力，却学起了表面功夫"港台腔"，殊不知只靠嗲声嗲气是无法获得观众的喜爱和认可的。

2. 大陆（内地）娱乐节目主持中的"港台腔"特点

政治、经济、文化等方面的因素是造成港台人士说普通话时带有"港台腔"的客观原因。由于历史的原因，大陆（内地）与港台地区一度长久相隔。由于各自实行的语言政策不同，海峡两岸暨香港的语言文字差别日渐扩大。例如，在语言上，大陆（内地）推行普通话，台湾推行"国语"，港澳地区却多使用粤语。这在客观上导致港台人士说出来的普通话会出现与标准普通话在语音、词汇、语法方面的差异，这三方面加上港台方言的语调特点，形成了属于港台人士的"港台腔"。

但自从 20 世纪 90 年代娱乐节目开始在大陆（内地）盛行，港台娱乐节目被不断借鉴并引进，"港台腔"之风在大陆（内地）娱乐节目中刮起。原因是在借鉴和引进港台娱乐节目形式的同时，港台娱乐节目主持人的语言风格及语言样态也被东施效颦、照搬无误。如最早在内地引起娱乐节目热潮的湖南卫视《快乐大本营》，在节目筹备的前期，除了从香港请来一整套的节目制作班子，连主持人的服饰到主持人的主持语言都是由香港的策划人对其进行指导，为的是追求更"港化"的娱乐节目形式。

笔者通过收看各类港台娱乐节目和大陆（内地）各省级卫视播出的娱乐节目，对大陆（内地）娱乐节目主持人的"港台腔"现象进行分析。大陆（内地）节目主持中出现的"港台腔"其实是大陆（内地）主持人对港台地区娱乐节目主持人特有的语言风格特点进行简单模仿产生的结果，整体表现为一种"港台化"的语言样态。它除了从整体上呈现出因模仿而综合形成的"港台化"的主持方式之外，还主要呈现出语音、词汇、语法、语调等方面的特点。

（1）"港台腔"的语音特点。

"港台腔"在语音上的特点主要表现在平翘舌不分、尖音问题、轻重格式颠倒、前后鼻音不分等问题上，韵母和声调的误读也属于"港台腔"表现出来的问题。从语音学和发声学来说，"港台腔"的语音特点是整体发音部位偏前而造成的。

①平翘舌音不分。

普通话声母有三套整齐相配的塞擦音和擦音，即 z、c、s—zh、ch、sh—j、q、x 整齐配套，其中卷舌音 zh、ch、sh 是港台方言没有的，港台人士容易把卷舌音声母 zh、ch、sh 读成没有卷舌的舌尖音声母 z、c、s。此外，普通话有卷舌通音 [r]，在粤语里读成半元音 [j]。分辨普通话里的 zh、ch、sh 和 z、c、s 两组声母，也是港台地区人士学说普通话的一个难点，z、c、s—zh、ch、sh—j、q、x 三组声母的区别可以说是港台人士说普通话时最大的障碍。

如：把"这（zhè）么"说成"仄（zè）么"，"智障（zhìzhàng）"说成了"自藏（zìzàng）"，"先生（shēng）"说成"先僧（sēng）"（2006 年 6 月 10 日《我猜我猜我猜猜猜》）；把"生日（shēngrì）"说成"僧意（sēngyì）"（2007 年 2 月 10 日香港有线电视新知台《娱乐新知》）；把"请说（shuō）"说成"请梭（suō）"（2007 年 2 月 11 日华娱卫视《哈林国民学校》）；把"读书（shū）"说成"读苏（sū）"（2007 年 2 月 12 日星空卫视《麻辣天后宫》）；把"真情指数（zhēnqíng zhǐshù）"说成了"怎情紫素（zēnqíng zǐsù）"，把"求证（zhèng）"念成"求赠（zèng）"（2007 年 2 月 12 日华语卫视《康熙来了》）。

大陆（内地）娱乐节目主持人在模仿"港台腔"时，通常第一步的表现就是学港台人士那样"舌头卷不起来"，从而造成平翘舌不分问题。

如：把"陈真（chénzhēn）"说成"cénzēn"（2007 年 2 月 15 日四川卫视《直播娱乐》）；把"支持（zhīchí）"念成"资词（zīcí）"（2007 年 2 月 14 日华娱卫视《天下娱乐通》）；把"几千里之（zhī）外"说成"几千里资（zī）外"（2007 年 2 月 11 日深圳卫视《青春之星》）。

②尖音问题。

普通话中，声母 j、q、x 是三个团音。但在有些娱乐节目里，有的主持人由于模仿"港台腔"而出现舌位偏前的情况，在遇到声母 j、q、x 时便容易出现尖音。所谓"尖音"是指把舌面音 j、q、x 发成了舌尖前音 z、c、s，如把"解决"发成"ziězué"。

"港台腔"出现尖音问题是发音部分整体偏前造成的。即成阻、除阻的部位太靠近舌尖，发出的音带有"刺刺"的舌尖音。而大陆（内地）娱乐节目主持人在主持节目的时候，首先是出于心理上的模仿，进而对不正确的发音方法进行模仿，从而出现尖音频犯的现象。

如：把"新""系""较""谢"等字词及"正准备新片《走出埃及记》"
"2006 年大大小小的演唱会可以说是接连不断""打造新鲜刺激的大场面""当
红明星""人气"等词句中画下划线的字读成尖音（2007 年 1 月 6 日北京电视
台《每日文娱播报》）；把"奇迹"的"迹"发成尖音（2007 年 2 月 11 日湖南
卫视《春节联欢晚会》）；把"之前""黄晓明""上海滩的小吃"等词语中的
"前""晓""小"读成尖音（2007 年 2 月 15 日四川卫视《直播娱乐》）；把
"父母远在几千里之外"说成"父母远在子千里之外"，这也是由于模仿"港台
腔"而造成的尖音现象（2007 年 2 月 11 日深圳卫视《青春之星大赛》）。

③轻重格式颠倒。

在汉语普通话及各方言中，由于词义或情感表达的需要，普通话音节在词
组结构中有着约定俗成的轻重强弱的差别，称为词的轻重格式。但轻与重是相
对而言的，其轻重格式大致为重、中、轻三级。在实际发音中，如果不能比较
准确地掌握普通话的轻重格式，听起来就会带有明显的方言腔调。我们所探讨
的"港台腔"，主要是因为对词语轻重格式的把握不当而形成的特殊腔调。香
港话（粤语）基本上不存在词语的轻重格式，台湾话则与普通话相反，多在句
尾处加重，因此港台人士在说普通话时会让人听起来"港台味"很重。

在大陆（内地）娱乐节目中，主持人模仿"港台腔"最明显的特点就是把
重轻格式的词语读成中重格式。

如：把"心思（xīnsi）"说成"xīnsī"、"事情（shìqing）"说成"shìqíng"、
"看看（kànkan）"说成"kànkàn"（2007 年 1 月 5 日北京卫视《每日文娱播
报》）；把"漂亮（piàoliang）"读成"piàoliàng"（2007 年 2 月 14 日《2007 安
徽卫视——超级新春盛典》）；把"谢谢（xièxie）"说成"xièxiè"（2007 年 2
月 14 日华娱卫视《天下娱乐通》）；把"舒服（shūfu）"说成"shūfú"（2007
年 2 月 16 日四川卫视《直播娱乐》）；把"部分（bùfen）"读成"bùfèn"
（2007 年 2 月 25 日浙江卫视《太可乐了》）；把"朋友（péngyou）"说成
"péngyǒu"、"谢谢（xièxie）"说成"xièxiè"（2007 年 2 月 26 日深圳卫视《同
一首歌》）。

④前后鼻音不分。

普通话中的鼻韵母有前后之分，但由于"港台腔"的发音部分整体偏前，
因此容易造成前后鼻音不分的现象。容易在 an 和 ang、in 和 ing、en 和 eng 这
几组鼻韵母的发音中发生混淆，其中把后鼻音发成前鼻音的情况居多。如：把

人名"林（lín）志玲（líng）"说成了"玲（líng）志林（lín）"（2007 年 1 月 5 日北京卫视《每日文娱播报》）；把"频（pín）道"说成"平（píng）道"（2007 年 2 月 17 日湖南卫视《娱乐无极限》）；把"诚（chéng）心"说成"晨（chén）心"（2007 年 2 月 28 日湖南卫视《好运连年》）。

⑤把韵母 eng 发成 ong 的误读。

在港台人士所出现的"港台腔"中，韵母的误读也是表现之一。粤方言中，据饶秉才等人编的《广州话方言词典》，粤语共有 53 个韵母，但 53 个韵母中均无介音，[i]、[u] 只作为主要元音出现。而在大陆（内地）娱乐节目主持人对"港台腔"的模仿中，也出现了对误读的韵母"鹦鹉学舌"的情况。其中多集中在把后鼻韵母"eng"发成"ong"的情况。如：把"一树桃花舞春风"中的"风（fēng）"读成"fōng"（2007 年 2 月 11 日凤凰卫视《我猜我猜我猜猜猜》）；"你做过的最猛的事情是什么"，把"猛（měng）"说成了"mǒng"（2007 年 2 月 12 日华娱卫视《康熙来了》）；把"梦（mèng）"读成"mòng"（2007 年 1 月 5 日北京卫视《每日文娱播报》）；把"蜢（měng）"读成"mǒng"（2007 年 2 月 27 日浙江卫视《三个女人一台戏》）；把"一封电邮"的"封（fēng）"念成"fōng"（2007 年 2 月 14 日华娱卫视《天下娱乐通》）。

⑥声调的误读。

普通话的声调根据北京话的调类和调值分为四类，阴平、阳平、上声、去声，也就是我们所说的一、二、三、四声。而港澳台地区的粤方言保留了较多的古语韵调，一共有九个声调，台湾地区使用的闽南语也有七个声调。因此，港台人士在使用普通话时，声调的掌握也是一个难点。大陆（内地）娱乐节目主持人在对"港台腔"进行模仿的时候，对声调的误读也是照搬无误。如：把"拥（yōng）抱"说成"永（yǒng）抱"（2007 年 1 月 6 日北京电视台《每日文娱播报》）；把"日期（qī）"说成"日其（qí）"（2007 年 2 月 12 日星空卫视《麻辣天后宫》）；把"奇迹（jì）"读成"奇基（jī）"、"匹（pǐ）"读成"批（pī）"（2007 年 1 月 5 日北京卫视《每日文娱播报》）。

（2）"港台腔"的词汇特点。

①随意夹杂外语词汇。

由于历史的原因，多年来香港地区的官方语言是英语，大多数受教育的年青一代都能用英语对答，亦流行以英语混入粤语中使用。因此港人在使用普通话时也经常会加插一些英文单词，或者按照英文单词直译为中文，应用到普通话中。台湾在"二战"期间被日本侵略者占领，从甲午战争以后长达半个世纪，日本推行了"皇民化"政策，教育方面推行日本语政策，企图让我们的人民忘记祖国的语言。在此时期，日本语在政治上占尽优势，民间使用的语言难免受其影响，直至今天，仍可在台湾话中找到日语影响的痕迹。

但是在大陆（内地），一些娱乐节目主持人不顾国情，在节目中随意夹杂外语，滥用"OK""Yes""No""Cool"，这种现象也是模仿"港台腔"的结果。如：现在年轻人流行说的"酷"（2006 年 6 月 10 日《我猜我猜我猜猜猜》），首先来源于香港话。英文单词"cool"有"凉爽的、无所顾虑的、冷漠的"各种意思，英语中常用"so cool"来形容一种新鲜刺激的感觉，后来取其谐音被翻译成中文的"酷"，从而在年轻人中流行开去。例如，称年轻的男嘉宾为"酷哥"的用法（2007 年 2 月 11 日山东卫视《笑声传中国》）。

②语气助词"哦""耶"等的泛滥使用。

普通话的语气助词大致可分为陈述、疑问、祈使、感叹等，具体也不外乎"了""的""吗""吧""呢""嘛"几个。而粤语的语气助词则显得丰富多彩，有单音节、双音节，甚至出现三音节、四音节语气助词。这些语气助词分工各不相同，都会给句子添加不同的含义。反过来，在不同的语意环境下，同一个语气助词还会显示出不同的意味。正因为粤语的语气助词所表达的意思丰富多彩，因此不少母语为粤语的粤港澳人士在进行与普通话的语码转换时，往往感到无法表达某种思想感情，常常"词不达意"，于是把母语中的语气助词照搬过来，并拖长音节，形成了别具特色的"港式普通话"。

在大陆（内地）娱乐节目中，主持人模仿"港台腔"的特殊语气，"耶""哦""了啦"等语气助词的使用形成了主持人模仿"港台腔"的鲜明特点。如："哇，海报哦""哇，好帅哦""我好坏哦"（2006 年 4 月 26 日浙江卫视《太可乐了》）；"有这个意思哦"（2007 年 2 月 11 日重庆卫视《新主播玩转演播厅》）；"其实很简单哦"（2007 年 2 月 11 日星空卫视《妙管家》）；"也许下一个获奖的就是你哦"（2007 年 2 月 11 日湖南卫视《春节联欢晚会》）；"噢耶，他连逃跑都这么帅耶""祝她越长越美丽耶"（2007 年 2 月 27 日《武林风》）；"会唱中文歌耶"（2007 年 2 月 14 日安徽卫视《2007 安徽卫视——超级新春盛典》）；"好美哦""有声音的耶"（2007 年 2 月 15 日华娱卫视《天下娱乐通》）；"好有心机哦""能力好强哦""强哥耶"（2007 年 2 月 15 日四川卫视《直播娱乐》）；"你可以拒绝哦""就五个道具耶"（2007 年 2 月 25 日浙江卫视《男生女生》）；"好羡慕你哦""不一定哦"（2007年2月26日湖南卫视《超级歌会》）。

③副词"好""蛮"的大量使用。

副词是起修饰或限制动词或形容词作用、表程度或范围的词。在普通话中使用的副词"很"，在香港话中多使用"好"，台湾话则使用"蛮、满"。在大陆（内地）娱乐节目主持人对"港台腔"进行模仿的现象中，使用"好"和"蛮"作副词的用法在大陆（内地）娱乐节目主持中十分普遍。如："好讨厌，我也蛮直爽的""哇，好帅噢""我好坏噢"（2006年4月26日浙江卫视《太可乐了》）；"我现在心跳跳得好厉害"（2007年2月11日山东卫视《笑声传中国》）；"好美噢""蛮好玩的啊"（2007年2月14日华娱卫视《天下娱乐通》）；"好有心机哦""你的能力好强哦"（2007年2月15日四川卫视《直播娱乐》）；"好洋气啊"（2007年2月17日湖南卫视《娱乐无极限》）；"好羡慕你哦""其实我蛮感动的"（2007年2月26日湖南卫视《超级歌会》）；"真的是好快乐"（2007年2月28日湖南卫视《好运连年》）。

④照搬港台综艺娱乐特色的词汇。

那些在港台地区尤其是港台娱乐节目中首先流行起来的词汇，大陆（内地）总会以很快的速度将其拷贝并应用。如果没有看过港台节目，观众会对一下子涌进大陆（内地）的这些新词新义感到陌生。在港台综艺娱乐节目中被广泛使用的词汇逐渐进入大陆（内地）娱乐节目主持语言的领域，成为"港台腔"的表现之一。如：把成熟的男子或女子称为"熟男"（2006年6月10日《我猜我猜我猜猜猜》）、"熟女"（华娱卫视2007年2月12日《康熙来了》）；把"一脚踏两船"的行为称为"劈腿"（华娱卫视2007年2月12日《康熙来了》）。

"辣妹"本来是20世纪90年代中期开始在英国红极一时的五人组乐队，英文名为"Spicy Girls"，中文被直译为"辣妹"，该组合在当时的欧美乐坛刮起了一阵旋风，这阵旋风同时还席卷了中国娱乐产业阵地香港和台湾，后来"辣妹"一词被用作青春美少女的代名词，大陆（内地）娱乐节目中常引用此词。（2006年6月10日《我猜我猜我猜猜猜》）

在港台综艺节目中我们还常常听到"恋爱达人、数字达人、企业达人、英语达人"（2006年6月10日《我猜我猜我猜猜猜》）之类的词语，"达人"是指某领域出类拔萃的人，而在大陆（内地）娱乐节目中我们也开始听到这样的说法。

　　"打歌"一词带有明显的台湾综艺娱乐色彩，在台湾的节目中是指让参加节目的歌手嘉宾演唱自己歌曲，目的是为了宣传自己的新专辑。但大陆娱乐节目主持人不顾观众的感受，把这种词汇生硬地搬到大陆的舞台，让大陆观众误解为"K 歌"的意思，有损传播效果。如："应该叫他们打一下歌才对"（2007年2月11日深圳卫视《青春之星》）。

　　"作秀"，"作"是中文，"秀"是英文 show 的译音；作秀，可以理解为"演戏"，多指不真实的公众行为（2007年2月11日湖南卫视《春节联欢晚会》）。

　　此外，在港台地区的娱乐节目中还存在着一些不规范的用语。例如：不管来宾年纪大小，统一称为"男生、女生"，装东西的"包"说成嗲声嗲气的"包包（bāobāo）"（2006年6月10日《我猜我猜我猜猜猜》）。大陆（内地）娱乐节目主持人由于缺乏规范的创作意识而对这种现象进行盲目模仿，对受众的规范语言造成了不良的影响。

　　（3）"港台腔"的语法特点。

　　①滥用"有 + 动词"的句式。

　　这是存在句的用法。粤语中常用"有"或"有……过"表示曾经做过某些事情，但普通话一般在表示存在或拥有什么东西的情况下才用"有"，粤语则可以用"有"来带谓词性的宾语。如：我今日有去看过他（我今天去看过他）；他有交作业（他交了作业）。大陆（内地）娱乐节目主持人对"港台腔"的模仿也包括这种"有 + 动词"的用法。如："真的有吗？哪有！""我也都有啊""现在有在策划中吗"（2006年4月26日浙江卫视《太可乐了》）；"有合办过""他最近有出新唱片耶"（2007年2月11日深圳卫视《青春之星大赛》）；"有没有这样的啊"（2007年2月11日重庆卫视《新主播玩转演播厅》）；"现在有到过底线吗"（2007年2月14日中央电视台《艺术人生》）。

　　②不符合语法的倒装句。

　　倒装句的使用是"港台腔"的一个特色句式。例如，普通话说"你先走"，港台人可能会说"你走先"，普通话说"找不到你"，港台人可能会说"找你不到"，"左转"说成"转左"，等等。

　　例如，某台湾名模在2007年1月6日接受北京电视台《每日文娱播报》的采访时说："老天正好送我了那个礼物""能不能在舞台上站得久"，都是不符合正确语法逻辑的说法；2007年2月11日凤凰卫视《我猜我猜我猜猜猜》，主持人把"不怎么看得出来"说成"不是看得很出来"；2007年2月12日华娱卫视播出的《康熙来了》，主持人本想说"他不知道你曾经当过主持人"，却说成了"他不知道你是主持人过"。

而在大陆（内地）娱乐节目中也有不少这样的例子，不符合语法逻辑的港台式"倒装句"也是大陆（内地）娱乐节目主持人模仿"港台腔"的表现，如："那是比林志玲要身材好"（2007年1月12日浙江卫视《太可乐了》）；2007年2月17日的节目中，主持人把"和家人在一起的时间比较少"说成了"比较少和家人在一起"（2007年2月17日陕西卫视《周六乐翻天》）；"她会有比较多这样的经验"（2007年2月27日浙江卫视《三个女人一台戏》）。

（4）"港台腔""嗲声嗲气"的语调特点。

"我们说一句话的时候，各个音节在句中的地位并不能相等，要受到说话时语气的影响。例如，有的音节要读得重一些，有的音节之后要有个小停顿，有的句子音高逐步上升，有的句子音高逐步下降，这些语音变化受说话人所要表达的思想感情和情感态度支配，形成了句子的抑扬顿挫和种种不同的语音变化。这些变化能够帮助表达说话人的思想感情和情感态度，由此而产生的全句抑扬顿挫和其他方面的语音变化就是语调。"[1]

通过观察发现，如果话语以第一声即阴平结尾，"港台腔"发出的音比第一声略降半调；如果以第三声结尾，本应是字正腔圆的上声，而"港台腔"则只降不升，且将尾音拖得很长；如果以第四声即去声结尾，"港台腔"习惯发成第一声即阴平，比如将"没有关系"发成"没有关西"。

在大陆（内地），当我们判断一位主持人说话是否带有"港台腔"时，不是单凭他语言中不符合规范的语音、词汇，或语法，更多的是根据他话语中表现出来的"港台腔调"——"前后鼻音不分、轻重格式颠倒、主次关系错位、高低长短无度，僵直生硬的无奈转而加强起伏跌宕的变化，综合起来造成的'嗲声嗲气'"[2]。从发声学看来，"嗲声嗲气"其实是由于吐字位置整体偏前造成的。

如：主持人用"嗲声嗲气"的腔调评价节目嘉宾之间"差距太大了啦"（2007年2月11日山东卫视《笑声传中国》）；"好羡慕你哦""其实我蛮感动的""不一定哦"（2007年2月26日湖南卫视《超级歌会》）；"好美噢""有声

---

① 王理嘉、林焘：《语音学教程》，北京：北京大学出版社，1992年，第182页。

② 张颂：《关于规范意识的思考》，《语言传播文论》（绪论），北京：北京广播学院出版社，1999年，第73页。

音的耶""发生了很多状况，蛮好玩的哦"（2007年2月14日华娱卫视《天下娱乐通》）；"我们一起来接受一下他们的祝福吧""也许下一个获奖的就是你哟"（2007年2月11日湖南卫视《春节联欢晚会》）。这样的句子，虽然没有出现明显的"港台腔"语音、词汇或语法特点，但是主持人的腔调充分显示出了"港台腔"的味道。

通过以上的分析，我们可以得出这样的结论：大陆（内地）广播电视领域出现的"港台腔"是大陆（内地）主持人对港台娱乐节目特有的语言风格进行简单模仿而形成的一种语言样态。这种"港台化"的语言样态表现在语音、词汇、语法、语调上有以下特点：语音上表现出平翘舌不分、尖音问题、轻重格式颠倒、前后鼻音不分、韵母和声调误读；在词汇上随意夹杂外语词汇、泛滥使用语气助词"哦、耶"，大量使用副词"好、蛮"，并照搬港台综艺娱乐特色的词汇；在语法上滥用"有+动词"的句式，并使用不符合语法的倒装句；综合在语调上表现出"嗲声嗲气"的特点。

3. 大陆（内地）娱乐节目主持人模仿"港台腔"现象的影响

大陆（内地）娱乐节目中的"港台腔"是存在于广播电视领域中的不规范语言现象，这种现象与国家推广规范语言的原则相违背。同时，"港台腔"现象在潜移默化中影响着创作主体及接受客体的审美取向。模仿程度严重者甚至会引起不良的舆论导向。

（1）阻碍规范语言的推广。

"对域外传媒的夸大其词，对殖民心态的追新猎奇，对强势媒体的自惭形秽，对庄重规范的无力创新，竟以'港台腔'招徕受众、哗众取宠，还振振有词地拿'大众文化'来辩解，这是对民族文化传统的亵渎，这是对普通话的丑化。"[1] 推广普通话，是我们国家语言文字工作的基本方针，也是广播电视肩负的社会责任，播音员主持人应该成为人民群众学习标准普通话的样板和表率。即使是娱乐性质的节目也不例外，娱乐节目主持人同样肩负使用规范语言的责任和推广规范语言的义务。没有标准、规范、准确，任何亲切、自然恐怕都不会走到正确的道路上去。大陆（内地）节目主持中的"港台腔"现象是对国家语言纯洁性的颠覆、对受众汉语能力的误导，任其发展下去，必将走向低俗的

---

① 张颂：《关于规范意识的思考》，《语言传播文论》（绪论），北京：北京广播学院出版社，1999年，第74页。

道路。

　　原国家广播电影电视部部长孙家正十分重视播音员主持人的语言规范。他在许多讲话和文章中，都强调播音主持语言规范的重要性，并对播音员主持人坚持播音语言规范提出了明确要求。在《充分认识播音工作的重要地位促使播音工作上一个新台阶》①的讲话中，他提出要认识和分析新时期播音语言规范遇到的问题。他说："我们 50 年代开始为祖国语言的纯洁而斗争，推广普通话，推行简化汉字，成绩是很大的。但是，如今语言的污染程度、混乱程度，要比 50 年代严重得多。语言上出现的倾向性问题，是长期殖民地半殖民地带来的心态在语言上的反映，也是我们在改革开放中遇到的一些问题的反映。有的人不是以自己祖国标准的民族共同语言为荣，而是以带一点洋味、外来味为荣。……语言文字关系到多民族国家的统一，是一个政治问题。"

　　《中华人民共和国宪法》规定，国家推广全国通用的普通话——以北京语音为标准音，以北方话为基础方言，以典范的现代白话文著作为语法规范。《中华人民共和国国家通用语言文字法》规定，广播电台、电视台以普通话为基本的播音用语。大陆（内地）娱乐节目主持人应该意识到责任的重大，不要因为一时的盲目的模仿而使"港台腔"成为推广规范语言的绊脚石。

　　（2）影响创作主体和接受主体的审美取向。

　　①对创作主体审美取向的影响。

　　播音主持工作对规范美化语言、建设语言文明、语言表达的审美示范都起着重要的作用。广播电视所使用的是我国通用的标准语言——普通话，其语音、词汇、语句所体现的语言美妙不可述，都具有美学特征。"有声语言最为明显的特征"，就是"韵律美"，包括清浊、平仄、四呼、共鸣、双声、叠韵、语流音变、轻声儿化……还有种种表达技巧的美感，从语意上说，必须清晰、完全；从情感上说，必须真挚、丰满；从声音上说，必须圆润、自如；从语态上说，必须精致、细腻；从表现上说，必须贴切、鲜明。汉语（普通话——国家通用的规范语言）是世界上最优美的语言之一。②

　　但是在大陆（内地）娱乐节目中出现的"港台腔"现象，却是对我们祖国语言美的亵渎。由于大陆（内地）娱乐节目的样式、运作和娱乐精神的内涵大

---

　　①　孙家正：《充分认识播音工作的重要地位促使播音工作上一个新台阶》，《中国广播电视学刊》1996 年第 5 期。

　　②　张颂：《朗读美学》，北京：北京广播学院出版社，2002 年，第 12 页。

多从港台舶来，其语言样态也自然成了大陆（内地）娱乐色彩和娱乐精神的表征。甚至还出现了一个不言而明的"潜标准"，不用"港台腔"就不具有娱乐性和时尚感。① 这种观念和现象严重影响了娱乐节目主持人的语言审美取向及审美标准，"港台腔"几乎成为娱乐节目主持的通用语言样态。

②影响接受客体的审美取向。

马克思说："'艺术对象'创造出懂得艺术和能够欣赏美的大众——任何其他产品也都是这样。"播音主持工作是广播电视传播系统中重要的组成部分，是广播电视传媒的关键环节，并对社会语言和民族文化的走向有着不可比拟的影响力。"由于媒体的大众化，使得它作用的人群广泛，也就是说，说者少，听者众，故而它对社会语言生活有着广泛的影响。还有，正是由于广播电视语言广泛的影响力，使得广播电视具有很强的示范作用，尤其是它对广大青少年语言教育的功能不可低估。广播电视语言面向大众，并引导大众的语言生活。从某种意义上来说，它是大众的语言老师，它直接而迅速地影响着人们在生活中使用什么样的语言。"②

但是北京师范大学 2003 年进行的《北京大学生收视状况调查》显示：56%的受访者认为现在的电视娱乐节目流于庸俗，过于泛滥；42%的受访者认为其品位不高，低估了观众的智商和审美标准。

据不完全统计，目前全国有 30 多家省级电视台、40 多家市级电视台开办了不同类型的综艺娱乐类节目，并且该类型节目多安排在周末和黄金时段，收看的观众以青少年人群为主。作为接受客体的观众和听众也在潜移默化中对"港台腔"耳濡目染，并逐渐消化、吸收了这一不规范的语言现象。最明显的表现就是受众的话语方式由此发生变化，并在日常生活用语中越来越多地使用不规范的"港台腔"，其中影响最严重的应属青少年一代。

（3）引起不良的舆论导向。

从语言可以看出一个国家的性格，从电视节目可以看出一个民族的精神状态。不仅如此，电视节目还可以传达一种精神上的导向，引导受众的精神状态。

---

① 李洪岩、柴璠：《广播电视语言传播文化品位及审美趋势研究》，北京：中国广播电视出版社，2007 年，第 19 页。

② 姚喜双：《广播电视语言研究大有可为——读许嘉璐先生为〈媒体与语言〉一书所作的〈序〉有感》，姚喜双、郭龙生主编：《媒体语言大家谈》，北京：经济科学出版社，2004年，第 1 页。

当前一些广播电视节目特别是综艺娱乐节目中出现的"港台腔"之风，直接影响了广播电视的传播导向，特别是对青少年的不良引导，同时也直接影响了媒体在群众心中的形象。

大陆（内地）娱乐节目主持人对"港台腔"的盲目模仿最终要流于"低俗"。从舆论引导的角度来说，媒体的基本职责应是传承文明、进行人文教化。但是大陆（内地）娱乐节目主持人盲目模仿"港台腔"的现象反映了主持人创作观念的偏差和失误，这种偏差和失误影响了媒体正常社会责任的发挥。

作为党和人民的喉舌，主持人应该清楚自己所代表的是"党和人民的声音"。即使是娱乐节目的主持工作也应该担当起"以科学的理论武装人，以正确的舆论引导人，以高尚的精神塑造人，以优秀的作品鼓舞人"的社会责任。如果"港台腔"这种语言现象的不规范仅仅是一种个人行为，那么它并不足道，但主持人在大众传播媒介中的出现，无论是他的思想还是语言都代表着党和人民的舆论导向。因此，播音员主持人的传播行为规范与否，事关重大。娱乐节目主持人更应该时刻鞭策自己，坚决拒绝"舆论导向娱乐化"。

（三）大陆（内地）娱乐节目主持人模仿"港台腔"现象原因分析

1. 大陆（内地）与港台地区的文化联系

（1）港台地区特殊的政治原因。

由于特殊的历史、政治原因，大陆（内地）与港台地区一度长久相隔。在此期间，两地各自实行不同的语文政策，因而在语言文字上的分歧日渐扩大。国家规定，现代汉语的标准语是普通话，即以北京音为标准音、北方方言为基础方言、典范白话文著作为语法规范。尽管国家推广普通话已经五十多年，但普通话在港台地区的推广相对落后。在语言上，大陆（内地）推行普通话，台湾推行"国语"，港澳则多使用粤语。这是造成港台人士使用普通话时出现"港台腔"的客观原因。

①香港地区特殊的历史原因。

在英国对香港实行殖民式统治的150多年间，香港地区的官方语言是英语，大多数受教育的年青一代都能用英语对答，亦流行以英语混入粤语中使用。因此港人在使用普通话时也经常会加插一些英文单词，或者按照英文单词直译为中文，应用到普通话中。

1997年7月1日香港回归祖国后，根据《中华人民共和国香港特别行政区基本法》的有关规定，香港保持原有的社会制度和生活方式 50 年不变。香港特别行政区的行政、立法和司法机关，除使用中文外，还可以继续使用英文。现在内地都使用普通话、规范字，回归不久的香港、澳门由于实现一国两制，并考虑到当地的实际情况，特区政府都还没有以法律形式就是否全面推广普通话、使用规范字作出正式规定。

但我们高兴地看到，普通话的推广工作也已经在积极地进行。随着香港和内地的联系日渐密切，近年来，普通话在香港逐渐流行，使用普通话的居民数量不断上升。香港和澳门相继回归祖国之后，香港特区政府大力推动两文三语，希望香港人学讲普通话，在职人士可参加业余进修普通话课程，而中小学亦加入了普通话课程。普通话的推广已经取得了一定成效。

②台湾地区特殊的政治原因。

台湾在"二战"期间被日本侵略者占领，从甲午战争以后长达半个世纪，日本推行了"皇民化"政策，教育方面推行日本语政策，让我们的人民忘记祖国的语言，企图长期霸占台湾。在此时期，日本语在政治上占尽优势，民间使用的语言难免受其影响，直至今天，仍可在台湾话中找到日语影响的痕迹。

1945 年，第二次世界大战结束，日本战败，中华民国国民政府进驻台湾。为了便于和当地群众交流，国民政府推广使用"台湾国语"。"台湾国语"通常简称"国语"，是指第二次世界大战后在台湾地区由中华民国政府所推行、逐渐在民间普遍使用的北京话。但由于北京话已经在台湾地区独立发展 50 年以上而逐渐与大陆所使用的普通话有些不同。

北京大学中文系教授、中国语文现代化学会会长苏培成先生在一次"大力推广普通话，齐心协力奔小康"的主题论坛活动上讲："台湾从国民党败退到那儿之后到现在已经过了半个多世纪，台湾的'国语'语音标准还是以北京语音为标准，和大陆普通话的语音标准原则上是一致的，但是具体字的读音两岸有一些差异。这种差异并不影响交际，并不影响海峡两岸人民的沟通。我们相信随着海峡两岸人民来往的日益密切，两岸普通话的交流，大陆普通话和台湾的'国语'共同点会越来越加强，而存在的语音上、词汇上的差异，文字上的差异也会逐渐趋于一致。当然，关键还看政治因素。我们相信这只是暂时的现象，海峡两岸终归要统一，两岸人民的语言文字终归要统一，我们中华民族有强大的凝聚力，新的海峡两岸的书同文不久就会实现。两岸语言的差别当前不是一个交际的障碍。"①

（2）港台地区与大陆（内地）日渐加强的经济联系。

大陆（内地）经济发展很快，与港台地区的经贸关系越来越密切。海峡两岸暨香港、澳门社会经济的发展使交流接触日益增多，民族和文化认同进一步加强。海峡两岸大量的、长期的经贸往来无疑加强了彼此之间语言文化的互动。

自 1978 年实施经济改革及对外开放政策后，大陆（内地）和港台地区的经济联系日趋密切。近 10 多年来，大陆（内地）与港台地区的经贸关系迅速发展，香港、台湾目前已成为世界最富有的地区之一。大陆（内地）与台、港、澳经济的蓬勃发展为彼此间日趋密切的经贸关系提供了强大动力和现实基础。为了适应内地与香港经贸关系发展的需要，两地在语言方面的交流机会也逐渐增多。

受经济利益关系的驱动，大陆（内地）人士兴起了学习港台方言的热潮。有资料统计，半个多世纪以来，毗邻港澳台地区的广东曾经历两次移民高潮。一次是 1949 年至 1952 年，解放大军南下，土改大军南下，大批北方干部浩浩荡荡开入广东。另一次是 1980 年以后，广东改革开放，在"东南西北中，发财到广东"的口号激励下，千百万北方人怀着创业梦想，奔赴广东这片热土，形成风起云涌、百川赴海之势。粤语一度成为人们热衷学习的语言，许多地方都竞相办起了粤语速成班，报学者十分踊跃。②

（3）港台流行文化对大陆（内地）潜移默化的影响。

改革开放以来，大陆（内地）与港台地区的经贸联系日趋频繁，随着区域经济的进一步融合，海峡两岸暨香港的文化交往也日益密切。由于历史和地理原因，港台地区文化出现多元特点，表现为中西文化的相互交融，走上了一条与大陆（内地）不一样的区域文化发展道路，形成独具特色的通俗流行文化。这里所说的"港台流行文化"，主要指的是涌入大陆（内地）的港台电影、电视、音乐文化，即所谓的"音像文化"或"娱乐文化"。在 20 世纪 80 年代末、90 年代初，港台流行文化吹向大陆（内地），大陆（内地）人从香港那里知道了什么是流行文化，而且这种流行文化很快就在大陆流行起来。这股流行文化潮流以影视作品、流行歌曲、漫画书籍等为媒介，深深地影响着大陆（内地）

---

① "大力推广普通话，齐心协力奔小康"主题论坛，http://www.china – language. gov. cn/tuipuluntan/tuipuluntan. htm。

② 叶曙明：《其实你不懂广东人》，广州：广东教育出版社，2005 年，第 17 页。

人特别是青少年一代的语言习惯。

2003 年，《汕头特区青少年生活状态调研报告》在关于青少年"有什么、干什么、看什么、听什么、追星"等方面的调查也发现，在多元化的信息时代中，港台流行文化对青少年已造成严重的冲击。电视是青少年的第一媒体，那么青少年通过电视又看到什么？在挑选最喜欢看的电视节目中，22.85%的青少年选择电视剧，21.36%的青少年选择音乐；从电视剧的细化看，最喜欢看的种类则依次是卡通、生活片、武打动作片、历史片。但从喜欢哪里拍的电视剧看，排行依次为中国港台、欧美、韩日、中国大陆（内地），其中港台剧接近一半，中国大陆（内地）则被远远抛离。同时，中文流行歌曲依旧是青少年最喜欢听的音乐，占据50.59%的人数比例，远远领先于中国经典歌曲、外国流行歌曲和外国经典歌曲。如果说电视剧、音乐让我们看到青少年娱乐的港台化趋势，那么作为他们永恒的话题——追星也是一个有力的佐证。在调查中，无论是问及最喜欢的歌星还是影视明星，男女生所回答的都大致相同，不仅清一色为港台明星，而且具体对象也大同小异。伴随着社会上的这种"追星热"，"港台腔"现象多数流行在年青一代。①

2. 传媒主体的决定作用

（1）片面追求收视率。

电视台"恶拼"收视率，根源在于经济利益。有专家介绍说，国外电视的收入主要由新闻、娱乐、资讯三大部分构成，而国内电视台收入过多偏重娱乐。国外电视台收入主要靠两部分，一部分是入户的数字电视费，一部分是广告，第一部分甚至超过了第二部分，而国内电视台基本上依靠广告。

在改革开放初期，"当广播电视的改革受到资金制约，整个行业需要从广告获取资金时，收听和收视率就成为许多电台电视台的重要追求目标，因为只有较高的收听收视率才能获得更多的广告收入。在商业化倾向的刺激下，已经获得商业成功的港台节目，自然成为地理、习俗和语言接近并具有改革开放优势的东南沿海地区广播电视效仿的对象，'港台腔'也首先在东南沿海地区流行"②。如果说在特定的经济条件下，"收视率"是为了广播电视改革而作出

---

① 《青少年流行文化劲吹港台风要避免过于理想化成人化》，新华网，http://www.gd.xinhuanet.com/edu/2004－11/02/content_ 3143043. htm。

② 陈京生：《论国内广播电视"港台腔"久治不愈的深层原因》，《播音主持艺术》（第6辑），北京：中国传媒大学出版社，2004 年，第15 页。

"贡献"，那么在今天我国拥有数千家电视台的现实情况下，我国电视台竞争日趋激烈的现状决定了"收视率"仍是衡量广播电视经济效益的主要标准。电视台要生存下去，就必须有广告；而要吸引广告客户，就必须有一定的收视率。在这种情况下，一些电视台就会把眼光投向容易提高收视率的娱乐节目。如今的电视娱乐节目已经超过了电视剧成为每个电视台的主力军，并以此来与其他的同行对撼。周末最黄金的电视时段俨然成了各个综艺娱乐节目的挑战赛。但与此同时，由于过分追求收视率，想尽办法吸引观众眼球，一些节目也因"品味不高、内容低俗"受到越来越多的批评。

（2）创作主体缺乏创新能力。

大陆（内地）娱乐节目总体缺乏创新意识及创新能力，这是直接导致大陆（内地）娱乐节目盲目模仿港台娱乐节目的原因。这种盲目模仿首先表现在节目形式上的模仿，接着是语言风格上的模仿。这是造成大陆（内地）娱乐节目主持人大量使用"港台腔"的直接原因。

①节目形式的模仿。

作为一个电视业较为落后的国家，我们的电视不可避免要吸收外来经验甚至外来产品本身，从早期的《正大综艺》到后来的《快乐大本营》《欢乐总动员》，直至《幸运52》《开心辞典》以及近年新诞生的众多娱乐节目，几乎没有一档不带着外来者的影子。再比较一下受欢迎的大陆（内地）与港台的电视娱乐节目，可以发现很多大陆（内地）受欢迎的娱乐节目都有着港台娱乐节目的影子。湖南卫视的《快乐大本营》模仿香港的《综艺60分》一炮打响，于是就有了一系列"快乐"节目粉墨登场；同样，引领"婚配热"的《玫瑰之约》和《相约星期六》则明显是台湾《非常男女》的大陆版，而《非常男女》据说又是抄袭日本的娱乐节目。据不完全统计，国内有省级电视台模仿、复制《玫瑰之约》的就达30家之多。① 一位在大陆（内地）拥有多个电视娱乐节目的电视制作人表示："现在竞争这么激烈，我根本没有时间、精力和资金去原创一栏节目，而且也没有必要。美国电视娱乐业太成熟、太发达了。它每一个成熟的娱乐节目都是经过千锤百炼、市场检验的，直接搬过来，收视率就会有保证。""克隆"成了娱乐节目的通病。

---

① 谢耘耕、唐禾：《2006 中国电视娱乐节目报告》，《现代传播》2006 年第 6 期。

长期以来，我国电视节目的生产几乎都遵循着一个不成文的规律，那就是：欧美/日本首创—中国港/台移植—中国大陆（内地）"星火"—中国大陆（内地）"燎原"。① 在这个环节中，港台地区是从欧美和日本地区引进再把节目转入大陆（内地）的重要环节。这种作用除了表现在技术方面，同样表现在语言上。"作为话语文化圈的台湾和香港，由于历史原因，长期以来受到西方广播电视的启发和影响，融合了华语的语言文化特点和西方广播电视节目的制作理念，产生了一些在当地受到欢迎的节目。对于急需改革的中国广播电视，很自然地会将眼光脱离当时还难于理解的西方世界，转而投向没有语言交流障碍、容易理解的港台地区。"② 很多主持人在频繁观摩港台娱乐节目时，潜移默化地被"同化"了，自己并没有意识到。

在我国电视娱乐节目刚刚起步的阶段，学习借鉴港台和外国的一些节目样式无可厚非，但是作为电视节目样式的附带品，外来的语言腔调也同时被引进。娱乐节目与"港台腔"之间好像画上了等号，甚至给观众、听众造成这样一种错觉，以为"港台腔"是娱乐节目的主持人特有的语言样式，其实不然。这其中有更深层次的原因。

②港台语言形式的模仿。

第一，追捧"港台腔"为"风格"。是不是一定要像港台综艺主持人那样一口"港台腔"才算"时髦"？是不是在模仿港台成功的节目形式的同时要连同"港台腔"一起照抄才算完美？一些娱乐节目主持人将"港台腔"视为自己的风格，在他们看来，"港台腔"使他们更时尚，只有使用这样的"风格"才能使节目更"火"。张颂老师在给中国传媒大学 2004 级播音硕士班上课时说："'港台腔'是在学习普通话还没学好时的一种现象，不是一种风格。我们不要把这些东西作为反对规范化的一种借口，这种借口是没有力量的，是苍白的。从我们发展的眼光来看，从语言学习和训练的历程来看，'港台腔'不构成一种风格要素，只是一种有缺陷的语言现象。"

试问，何谓风格？"所谓播音风格，是指在实践中形成、被受众接受并被承认的、表现在一定的播音作品（节目或栏目）中的创作个性和创作特色。我们

---

①　谢耘耕、丁瑜：《中日韩婚恋节目比较》，人民网，http://media.people.com.cn/GB/22100/44169/44170/4567535.html。

②　陈京生：《论国内广播电视"港台腔"久治不愈的深层原因》，《播音主持艺术》（第6辑），北京：中国传媒大学出版社，2004年，第15页。

所概括的新中国的播音风格，即爱憎分明、刚柔并济、严谨生动、亲切朴实。"① 有的节目，主持人拒绝讲普通话，以操"港台腔"为荣，摇头晃脑，挤眉弄眼，扭捏作态，嗲声嗲气，以为这就是"活泼"，令人不可卒看，把泱泱大国的作风和气派扔到了九霄云外；配音解说时方音不改，毫无感情，冷漠懈怠，半死不活，以为这就是"真实"，令人不可卒听，把汉语的丰富精美糟蹋得不成样子。② 试问，在主持节目时连真实都做不到，还谈何风格呢？"男声女气""女声嗲气"的"港台腔"不是中国老百姓所喜闻乐见的中国作风和中国气派，这是让人不能容忍的"风格"。

播音主持工作是随着社会的变化而发展的。一方面，我们提倡播音和主持风格多样化，要适应时代的要求，使语言更加自然、亲切、口语化，尽量缩短和听众观众的距离。另一方面，改革开放以来，大陆（内地）和香港、台湾地区的交往越来越频繁，一些年轻的广播电影电视工作者对港台语言缺乏了解，出现了一些认识上的分歧。有人认为字正腔圆是古板的表现，于是刻意模仿"港台腔"，以为这才是播音员和节目主持人现代化的标志，这才是播音员和节目主持人的发展方向。这种让大多数人不舒服的腔调却被一些娱乐节目主持人东施效颦竞相效法，其原因除了对港台的盲目崇拜之外，最主要的还是对播音主持工作缺乏深入认识。

港台地区娱乐节目主持人是经过日积月累的实践而形成的主持风格，这种风格带有鲜明的港台特色。大陆（内地）节目主持人应切合节目的实际，根据不同的节目形态、不同的感情色彩，选取准确的语言样态，而非盲目模仿表面功夫"港台腔"。

第二，迎合观众的心态。"娱乐节目是为迎合观众需求"，"只要有观众喜欢'港台腔'就可以采用"，这代表了不少人的看法。"观众喜欢就行"，其实是一种迎合的心态，多少带有些急功近利的心理。

按照国家对播音主持行业做出的规定，大陆（内地）主持人都是通过普通话考试上岗的。国家语言文字工作委员会、国家教育委员会、广播电影电视部1994年10月30日发出的《关于开展普通话水平测试工作的决定》明确要求

---

① 张颂：《播音语言通论——危机与对策》，北京：北京广播学院出版社，1994年，第78页。

② 张颂：《关于传播规格的思考》，《语言传播文论（续集）》，北京：北京广播学院出版社，2002年，第99页。

"县级以上（含县级）广播电台、电视台的播音员、节目主持人应达到一级水平（此要求列入广播电影电视部部颁岗位规范，逐步实行持普通话等级合格证书上岗）"。因此，掌握并使用标准普通话是播音员主持人必备的专业素质。只是有些主持人一上节目就是另一回事，尤其是娱乐节目。有的主持人嗲声嗲气的普通话遭到了受众的批评，面对媒体指责，主持人解释道："我的风格就是贴近受众。"语言不规范，有各种情况，用以"贴近受众"，"贴近"的是哪样的受众呢？用广州方言，只能贴近讲广州话群体，连广州全体市民都贴近不了："比较"非念成"比脚"，"结束"非念成"结素"。在广播电视的改革中，对受众的研究受到了重视，提出了"贴近受众"的口号。这无疑有其积极的现实意义，但这一口号不应成为放弃传播责任和媚俗主张的挡箭牌。[①]

贴近不是迎合，贴近是强化传播责任意识的口号。广播电视等大众媒体理应成为使用标准普通话的规范表率。那些利用"贴近受众"的口号来为自己不规范的语言做掩护的行为是违背大众意愿的。只有使用规范语言，才是真正贴近受众。

③节目决策者的观念。

大陆（内地）娱乐节目主持人使用"港台腔"泛滥成灾，与台领导及节目决策者的观念有关。台领导对使用规范语言的不重视、放松对主持人语言要求，是造成主持人大胆使用"港台腔"的间接原因。有的领导要么对"港台腔"不闻不问，觉得使用"港台腔"没什么大不了的；要么就纵容甚至诱导主持人，觉得"港台腔"能迎合某些观众的趣味，便要求主持人必须放弃字正腔圆的标准普通话，而改使用领导们认为"时髦"的"港台腔"。据笔者了解到的情况，有一些台领导或节目制作人在选拔播音员或节目主持人的时候，不注意被选人员的语言功底；更有甚者，不愿意要经过严格语言训练的毕业生。这些负责人的错误观念使广播电台、电视台不但不能在规范使用语言文字上起到示范作用，反而阻挠普通话的推广，进而"污染"大众的耳朵。

3. 传媒环境的客观因素

（1）港台电视节目及主持人深入大陆（内地）。

资讯时代的开放打破了地域、空间的种种限制。香港无线电视、亚洲有线

---

① 张颂：《关于贴近受众的思考》，《语言传播文论（续集）》，北京：北京广播学院出版社，2002年，第34页。

电视、凤凰卫视、华娱电视、星空卫视、MTV 音乐台等境外媒体在大陆（内地）先后落地，观众很容易接触到更多生活语言形式，听到许多地地道道的"港台腔"。随之而来的是引领潮流、形式活泼的港台式娱乐节目和节目主持人。粤语难懂，诸如"没有关系啦""好搞笑哦"之类的"港台腔"便成为多数人模仿的腔调。

进入中国大陆（内地）的这些外来频道，最突出的特点就是以制作、播出娱乐节目为主。香港无线电视，拥有香港超过 90% 的明星资源，除了每年无数的明星秀，还拥有着世界上最长寿的电视综艺节目。而星空卫视、华娱卫视和凤凰卫视则为大陆（内地）引进了一大批港台娱乐节目。比如《我猜我猜我猜猜猜》《康熙来了》《周日八点党》《天才 GOGOGO》《JACKY SHOW》《超级星期天》等港台娱乐节目就是经过这些境外频道传入大陆（内地）的，并且在大陆（内地）占据了一定的市场。

在外来频道和港台节目相继进入大陆（内地）之后，紧接着进来的就是港台地区的节目主持人和演艺人士。这些港台主持人的足迹遍布大江南北，从中央电视台到各地方台，都出现了他们的身影。中央电视台从 2000 年开始就邀请港台的主持人到央视担任主持。比如《开心辞典》《互动星期天》《情艺在线》等节目，都曾由来自台湾地区的主持人担任主持。而各地方台也争先恐后邀请不同的港台主持人或演艺人士到台里主持节目。查看港台节目主持人在大陆（内地）参与的节目，我们发现他们主持的几乎是清一色的娱乐节目。像山东卫视《天使任务》、浙江卫视《太可乐了》、福建东南台《天地英雄》、湖北卫视《超级星秀场》、湖南卫视《超级女声》、陕西卫视《周六乐翻天》、重庆卫视《娱乐星工场》、新疆卫视的《花儿为什么这样红》、安徽卫视《超级大赢家》等多个省级卫视的节目都邀请了来自港台地区的主持人担任主持。

在这些节目中，通常会为港台的主持人搭配一位大陆（内地）主持人。除此以外，娱乐节目中还经常邀请港台地区的演艺人士做节目嘉宾。这时，大陆（内地）的主持人往往会出现使用"港台腔"的情况。主要有两方面原因：一方面是受到港台主持人或演艺人士的影响，出现"港台腔"现象的口误；另一方面是故意使用港台腔调，以拉近和港台主持人及港台嘉宾的距离。港台娱乐节目和主持人的深入可以说是导致大陆（内地）娱乐节目主持人出现"港台腔"现象的显性因素。

（2）娱乐节目主持人的产生机制。

我国娱乐节目主持人的产生机制是造成主持人语言不规范的隐性因素。在各台的娱乐节目主持人中，有不少是"科班出身"的，他们大多毕业于专业院校的播音与主持艺术专业。他们接受过良好的、系统的语言文字教育，业务水平和素质较高，字正腔圆，在节目中成为大众学习普通话的表率。但是还有一批非专业人士也进入到娱乐节目主持人的行列中来，他们的加入可以说是对播音员主持人规范使用语言的考验。

一方面，由于广播电视事业发展太快，大陆（内地）娱乐节目的蓬勃发展急需投注新鲜血液，而专业院校的培养还没跟上节目发展的步伐，于是各节目便纷纷从社会上招聘没有接受过专业训练的人士来担当主持人。另一方面，一些娱乐节目为了吸引受众的注意，以大赛的形式来为新节目选拔主持人，而大赛的标准往往只注重形象外貌，而忽视了语言能力。这部分主持人来不及接受系统的、严格的训练，语言水平不是很高，发音不准，吐字也不清楚，加之受外来文化和社会语言文字氛围的影响，一旦走上主持人岗位，便错漏百出，贻笑大方。主持人的产生机制使广播电视语言工作出现了一些不可忽视的问题。

禁止广播电视播音员主持人使用"港台腔"的多项政策法规已经公布，学术界关于规范语言的呼声也一直未停过，但是大陆（内地）娱乐节目主持人使用"港台腔"的现象却有增无减。非港台地区的娱乐节目主持人却满口的"港台腔"，表达方式也倾向港台化，这让广大受众十分不解，也让专家学者感到气愤。

经分析，造成大陆（内地）节目主持人使用"港台腔"的原因主要有主观和客观两个方面。客观方面是港台地区和大陆之间存在历史、经济、文化差异，这三方面因素是"港台腔"存在的客观氛围。港台娱乐节目逐渐深入大陆（内地），大陆（内地）娱乐节目大量模仿港台的节目形式，是造成大陆（内地）娱乐节目主持人使用"港台腔"的客观氛围。主观方面指的是节目的领导、决策人和主持人对语言规范的主观认识不够或者不正确。主要表现在对语言风格和贴近受众定义模糊，从而产生认识上的偏差，造成对"港台腔"主观盲目地模仿。

总体来说，大陆（内地）娱乐节目主持人盲目模仿"港台腔"，是不顾本地文化土壤，忽视大众心理的结果，属于对受众心理的错误判断或无判断的惰性行为。

（四）大陆（内地）娱乐节目主持中的"港台腔"现象对策分析

1. 树立正确的创作观念

（1）使用规范语言观。

早在 60 多年前，《人民日报》在 1955 年 10 月 26 日发表的社论《为促进汉字改革、推广普通话、实现汉语规范化而努力》中就谈道："电台广播员，电影和话剧演员，他们都是规范语言的宣传家，每天都有无数的观众和听众有意识或无意识地在向他们学习。"时至今日，播音员主持人"规范语言的宣传家"的身份依然没有改变，他们仍是广大受众语言的表率和示范者。但是广播电视领域播音主持行业中出现的盲目模仿"港台腔"现象，是对"规范语言的宣传家"身份的考验。

"娱乐"不是"愚乐"，"通俗"不是"低俗"。因此，我们提出，娱乐节目主持人要树立规范意识，应该按照国家法律把普通话作为通用语言，以说普通话为荣。这样才会使自己的语言雅俗共赏，富有生活气息。① 广播电视从业者必须坚持国家通用语言文字的规范，清除"港台腔"的污染。

规范不是枷锁，规范是自由。语言越规范，创作的空间才会越广，接受的人群才会越多。使用规范语言是树立正确创作观的第一步。大陆（内地）娱乐节目主持人应避免盲目模仿，应在规范的基础上使创作观念更开放，创作手段更丰富，语言表达更加多样。

（2）树立职业道德观。

《中国广播电视播音员主持人职业道德准则》第十四条说："广播电视播音员主持人直接代表广播电台、电视台的形象，言谈举止有着广泛的社会影响和示范效应，应自觉树立良好形象，维护媒体公信力。"因此，要解决大陆（内地）娱乐节目主持中盲目模仿"港台腔"的问题，就应该为自己树立良好的职业形象。

胡占凡说："年轻主持人不要以为搞娱乐和政治无关，要加强思想学习和哲学修养，珍惜大好时光，不要浮躁。现在许多问题不能解决的原因很复杂，比如电视台片面追求收视率，导致低俗。但无论如何，应该把社会效益放在第一

---

① 张颂：《坚持规范化　走向多样化——节目主持艺术中的语言态势》，《语言文字应用》1997 年第 4 期。

位，积极健康向上是首要标准，唯收视率论不行。"

在这里，我们要给那些盲目模仿"港台腔"的娱乐节目主持人提出忠告：他们应该制约和规范自己的行为，要完善其职业道德规范的导向性作用，对观众、也对自己负责。

2. 加强创新意识和创新能力

大陆（内地）娱乐节目主持人盲目模仿"港台腔"最根本的原因是缺乏创新意识和创新能力。我们提出，应该先从意识上提出创新，继而在实践中实现创新。

创新是建立在继承和借鉴的基础上的，但是继承和借鉴不等于盲目模仿。大陆（内地）的娱乐节目主持人可以模仿港台主持人的语音语调、神态动作，但模仿不到的是他们主持的效果。在对港台节目进行观察和揣摩时，我们应该借鉴其有用的主持经验，学习主持人随机应变的能力，而不是盲目去学习语音、语法、词汇、语调上的表面功夫。

在实践中的创新，应注重语言功力的加强。从心理学角度来看，人们在公众场合讲话时，对于即兴发挥的内容，会有一种本能的反应：用一些外在的技巧来掩饰内心的空虚。"港台腔"不过是某些电视娱乐节目中主持人用来掩饰反应迟钝、语言苍白、内容无聊的"万金油"。所谓语言功力，就是语言的功底和能力。理解力、观察力、感受力、反应力、表现力、感染力、调控力，这些都是语言造诣和语言功力的体现，不可等闲视之。只有具备扎实的语言功力，才能在实践中更好地体现创新意识。

主持人盲目模仿"港台腔"，无形中错失锤炼语言功力、提高综合素质的大好时机。"吸收借鉴，要以我为主，为我所用。要了解自己的性格、形象特征……了解人民的思想感情，民族的审美心理……要勇于实践，勤于实践，善于实践，取人之长，补己之短，有所创新，有所独辟蹊径，获得成功。"[①] 从审美的高度为广大受众提供"高雅娱乐文化大餐"。

3. 健全和完善主持人行业体制

《中华人民共和国宪法》《中华人民共和国国家通用语言文字法》从法律的高度规定了主持人用语必须使用标准规范通用语——普通话。《关于制止娱乐性综艺节目中不良倾向的通报》则对"港台腔"现象提出警醒，《广播影视加强

---

① 齐越：《献给祖国的声音》，北京：中国广播电视出版社，1991 年，第 64 页。

和改进未成年人思想道德建设的实施方案》《中国广播电视播音员主持人职业道德准则》《中国广播电视播音员主持人自律公约》则明确表明：禁止模仿港台语及其表达方式，即我们所说的"港台腔"。多项法规政策已经出台，但是成效并不显著。因此，我们要加大监督力度，督促各主持人自觉遵守各项法规，并依据政策规定严厉惩罚主持人违反规定的行为。

此外，我们还应该建立更为完善的节目管理机制和主持人管理机制。目前我国主持人队伍的建设和管理还相对薄弱和滞后，大多数节目主持人还不能适应形式多样的节目主持。特别是在娱乐节目主持人队伍中，鱼龙混杂的情况并不少见。因此，各电视台应从基础做起，把好进人关，建立健全播音员主持人培训考核制度，并严格按照有关规定政策进行考核。要树立长期作战的思想，大力培训和考核传媒的业务人员。

加强主持人行业体制建设的最终目的，是使娱乐节目的发展朝着更加健康、更加进步的方向发展。

（五）总结

广播电视播音员主持人所从事的事业，担负着传播先进文化、弘扬民族精神的崇高使命和社会责任。规范使用通用语言文字，维护祖国语言和文字的纯洁，发挥示范作用，是播音员主持人不可推卸的责任和义务。

我国汉民族共同语——标准普通话，集庄重美、含蓄美、融通美、质朴美于一身，播音员主持人应该积极推广普通话并以使用标准普通话为荣。对不符合语言规范的"港台腔"机械照搬，盲目模仿，是对规范语言的挑战，最终势必弄巧成拙，事倍功半。正所谓"语言的危机是文明的危机"，大陆（内地）娱乐节目主持人自欺欺人地对"港台腔"东施效颦、邯郸学步、鹦鹉学舌，这只是其逃避责任、滥用传媒话语权的错误行为。

广播电视语言传播中，创作主体的话语权力同创作主体的美学理想、审美感受紧密相连。有声语言创作者应该时刻提醒自己所承担的社会责任和义务，珍惜党、政府和人民所赋予的话语权力，努力以从"有什么非说不可"的"生存空间"上升到"说得正确"的规范空间，并以最终进入"说得动听"的审美空间为价值取向。

"语言现象，正是一种文化现象，它反映着历史文化的积淀，映照着当代文化的拓展，表露着民族文化的水准，显现着国家文化的特色。"① 只有以广播电视的性质、任务为根本，以国情为土壤，以民族文化为背景，以历史经验和传播规律为源泉，以提高语言的质量为目的，使用具有规范性、庄重性、鼓动性、有时代感、分寸感、亲切感的语言才能创造出积极的"语言文化现象"，我们的有声语言表达才能走向庄重、和谐之路！

二、全国粤语播音主持语言规范现状分析

（一）粤语播音主持的地位和作用

1. 粤语历史悠久、海内外影响较大

粤语又称广东话、广府话或白话，是汉藏语系汉语族的一种声调语言，至今已有 2 200 多年历史，是最悠久的主要汉语方言之一。粤语目前在我国广东、广西、海南及香港、澳门属主流语言，在香港、澳门回归前享有官方语言地位，回归后仍作为教学语言使用。同时，粤语还在北美洲、欧洲、澳大利亚、新西兰、圣诞岛，东南亚的新加坡、印度尼西亚、马来西亚、越南等海外华人社区中广泛使用，已成为普通话以外最具强势的一种地方方言。目前，全球使用粤语人数约 7 000 万，海内外影响较大。

2. 粤语播音主持事业地位重要

粤语节目 1928 年在香港开播，1929 年在广州开播，自 20 世纪 50 年代起在中国国际广播电台和广东各级媒体广泛使用。放眼全球，海外主要华人社区都开办有粤语电台、电视台。改革开放以后，广东的社会经济发生了举世瞩目的变化，随之也提高了粤语在全社会成员心目中的地位，扩大了粤语的影响，广东各地广播电视台的粤语节目如雨后春笋般涌现，为国家的政治稳定、经济发展、社会和谐以及对外宣传作出了巨大贡献。

2019 年 9 月 1 日，中央广播电视总台粤港澳大湾区之声正式开播。这是我国首个专门面向粤港澳大湾区播出的国家级电台频率。大湾区之声及其新媒体平台，重点面向大湾区受众，及时传播中央权威声音，传播粤港澳大湾区国家战略实施进程，传播"一国两制"事业发展新实践。中央宣传部副部长、中央

---

① 张颂：《播音语言通论——危机与对策》，北京：北京广播学院出版社，1994 年，第 2 页。

广播电视总台台长慎海雄表示，粤港澳大湾区是我国开放程度最高、经济活力最强的区域之一，在新时代国家发展大局中具有重要战略地位。中央广播电视总台大湾区之声及其新媒体平台的开播上线，将助力发挥粤港澳综合优势，深化内地与港澳合作，支持香港、澳门融入国家发展大局，增进香港、澳门同胞福祉，保持香港、澳门长期繁荣稳定，让港澳同胞同祖国人民共担民族复兴的历史责任、共享祖国繁荣富强的伟大荣光。据中央广播电视总台港澳台节目中心负责人介绍，大湾区之声频率和新媒体将服务国家大局，履行国家主流媒体的职责使命和时代担当，立足湾区、服务全国、辐射全球，并以粤语播出为主。①

　　播音员主持人所从事的事业，担负着传播先进文化，弘扬民族精神，维护国家利益，促进经济社会发展，推动人类文明的崇高使命和社会责任。以粤语为载体的播音主持，在增强传播效果、彰显岭南文化、传承中华文化、增强文化认同方面，有着重要意义。粤语播音员主持人拥有丰富的话语资源和一定的话语权，在对外传播中国声音、联系海外华人、侨胞情感等方面发挥重要作用。随着"一带一路"国家倡议及"粤港澳大湾区"国家战略的提出和建设，同属粤语文化圈的海外侨胞、港澳同胞在经贸、文化等各方面的往来会不断加强，粤语传播媒体的功能和作用也会日益增强，粤语播音员主持人必将为深化海内外交流合作，奠定人文基础和人脉资源，促进民族和文化认同，讲好中国故事，实现中国梦发挥更积极的作用。

　　目前，粤语是国家广电总局批准的我国广播电视媒体可以使用的少数方言之一。笔者对国家级及珠三角省市级主要媒体做了粗略统计（见表 3 - 4），目前共有 437 名粤语播音员主持人，节目和人员数量众多。

---

① 《我国首个湾区电台粤港澳大湾区之声开播　新媒体平台同步启用》，央视网，http://news.cctv.com/2019/09/01/ARTItx15Cc1usINO2wHRed1l190901.shtml，2019 年 9 月 1 日。

表 3 - 4　主流媒体粤语播音主持使用情况一览表

媒体	节目情况	人数
中央广播电视总台	中国国际广播电台：粤语节目每天播出 11 个半小时，覆盖全球，主要面向北美和东南亚	4
	中央人民广播电台：大湾区之声、香港之声，覆盖大珠三角和港澳地区	20
广东广播电视台	8 套粤语广播频率；珠江频道粤语播出，体育频道三分之二粤语节目，南方卫视和综艺频道各三分之一粤语节目	145
广州广播电视台	5 个电视频道、4 套广播频率，基本全粤语播出	87
佛山电视台	个别普通话节目，以粤语节目为主	47
佛山电台	6 套广播频率，以粤语为主	68
中山广播电视台	6 个电视频道、6 套广播频率，以粤语为主，个别普通话节目	22
江门广播电视台		16
肇庆广播电视台		28
总计		437

3. 粤语播音主持语言规范的多重困境

尽管粤语的历史悠久，应用广泛，但是在语言规范方面一直缺乏一个可执行的评价体系和测试标准，这与粤语复杂的生存环境密切相关。

1999 年前后，当人们深感粤语一部分读音存在分歧，有碍于粤语的应用和教学时，一批对粤语研究有素的粤港澳学者便组织起一个"粤方言审音委员会"，对粤语读音中的分歧现象认真讨论审定，并在此基础上为粤方言编纂具有规范意义的《广州话正音字典：广州话普通话读音对照》。尽管该成果已经为粤语提供了语音规范系统的基础，但对于粤语的有声应用缺乏可参照的示范标杆，因此，民间的日常使用出现了普遍的语言失范现象，具体到粤语播音主持的专业应用时，出现了语言面貌水平参差不齐，人才管理在人才选拔、执业资格评审、工作考核、职称评审等方面的工作无章可循，人才培养体系不完善等诸多问题，造成粤语承载的文化功能、播音主持承担的语言典范和审美功能严重缺失。

（1）粤语播音主持的规范环境有待建设。

粤港澳现行的广州话拼音方案起码有三种，其中较为流行的是饶秉才、欧阳觉亚、周无忌编撰的《广州话方言词典》和詹伯慧主编的《广州话正音字典：广州话普通话读音对照》。同时，由于地域原因，无论是日常应用还是专业使用，粤语一部分读音、词汇使用仍存在分歧。

播音主持是语言艺术，它的功能是在大众传播的领域中准确、鲜明、生动地传递信息，因此，语音标准、吐字清晰、词汇语法规范是播音员主持人必须掌握的基本功。粤语播音员主持人理应成为粤方言规范标准的社会示范者、粤地文化的守望者与传播者。然而，目前一部分粤语播音员主持人在语言的运用上随心所欲，造成粤方言的标准失范。粤语播音主持的语言规范环境有待建设。

（2）粤语播音主持语言规范研究滞后。

关于普通话的有声应用，我国已经制定了《普通话水平测试方法》，对语言的规范和测试标准都做出了具体的要求。同时，普通话播音主持结合工作实际，早已形成一套完整、系统的理论。而粤语一直没有系统而权威的语音标准，高校与广播电视界的粤语播音主持的有声理论研究长期滞后，关于粤语播音主持语言规范、测试标准的理论至今仍是空白，业界实践缺乏统一的理论指导。

（3）人才选拔和培养体系不完善。

粤港澳三地媒体以粤语为主，媒体对粤语播音员、主持人、记者需求量大。从1983年起，为了满足媒体对粤语播音主持人才的迫切需求，广东广播电视学校、广州大学、暨南大学、广州体育学院先后开设粤语播音主持艺术专业，招生规模每年近一百人。语言作为播音主持人才选拔最主要的考量工具，但无论从媒体招聘、学校招考到人才培养、教学示范等方面，都缺乏规范的评判标准，人才选拔及培养体系不完善、不科学，播音主持实践和专业教学急需建立粤语人才选拔体系，完善培养机制。

（4）人才管理无章可循。

根据国家语言文字工作委员会颁布的《普通话水平测试等级标准》，国家广播电影电视总局规定，国家级和省级广播电台、电视台的播音员、节目主持人，普通话水平应达到一级甲等，市级台要求达到一级乙等。所有播音员主持人在评审副高职称时必须达到一级甲等。

同时，2004 年实施《广播电视编辑记者、播音员主持人资格管理暂行规定》，也对播音员主持人的语言规范做出了要求。但是在资格证的口试中，粤语播音主持人员队伍庞大，缺乏规范统一的评判标准，评委无章可循。在对粤语播音员主持人进行工作考核、作品评奖等工作时，也遭遇这样的尴尬。

（二）全国粤语播音主持语言规范现状调查

为调查目前我国粤语播音员主持人的从业背景、语言规范、职业管理等方面的现状，为规范粤语播出语言、管理职业行为、进一步提升粤语播音主持的地位提供真实客观的依据，笔者组织课题组面向全国（中央广播电视台、广东、广西）粤语播音员主持人发放了《全国粤语播音主持语言规范现状调查（播音员主持人卷）》的调查问卷。该份问卷通过"问卷星"的平台设计、制作并发放，自 2019 年 4 月 26 日开始，至 2019 年 5 月 26 日止，历时 1 个月。问卷为匿名填写，共收到了来自全国的粤语播音员主持人 329 份问卷，排除 2 份无效问卷，有效问卷 327 份。以下将结合问卷和访谈的数据对粤语播音员主持人的从业背景、语言状况、粤语规范等方面逐一进行具体情况的统计和描述，并对其原因、影响进行分析。

1. 从业背景

（1）性别统计。

性别变量的统计有助于对全国粤语播音员主持人的男女比例做一个基本了解。

在所有调查对象中，粤语播音员主持人的男女占比基本均衡，其中男性156 人，占总人数的 47.71%，女性 171 人，占总人数的 52.29%（见图 3 – 2）。如果从人才输出和人才招揽的比例来看，男性粤语播音员主持人比女性有着更加突出的优势。以暨南大学为例，从报考粤语播音主持专业的性别比例来看，男女平均比例为 1 : 4，录取的男女平均比例为 1 : 2，而在人才招揽中，男女比例接近 1 : 1。从这个比例的变化可以看出，媒体对粤语播音员主持人的选拔，男性的机会更大。

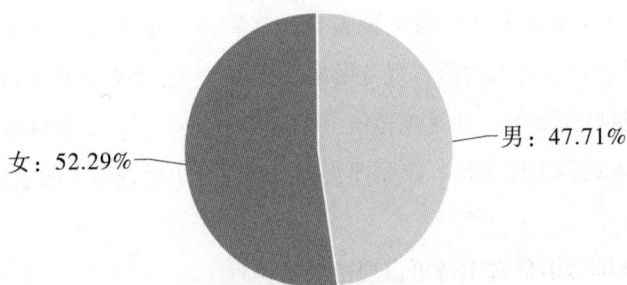

图 3-2　粤语播音员主持人性别统计

（2）学历情况。

对学历情况的统计能够为我们判断出全国粤语播音员主持人受教育程度情况，以及受教育程度对播音主持工作的影响因素等。

在所有被调查对象中，本科及同等学力人数最多，共计 260 人，占到了总人数的 79.51%，同等学力包括了通过其他途径，如通过成人教育等途径获得的本科学历。其次是大专学历，共计 49 人，占总人数的 14.98%。研究生以上学历共计 17 人，高中及以下学历的仅有 1 人（见图 3-3）。由此可见，全国粤语播音员主持人的学历集中在本科，这也符合当下播音主持属于实用型人才的定位，但是从长远发展来看，粤语播音主持队伍要增强职业活力，提高自我学历水平和文化层次是一个必要之举。

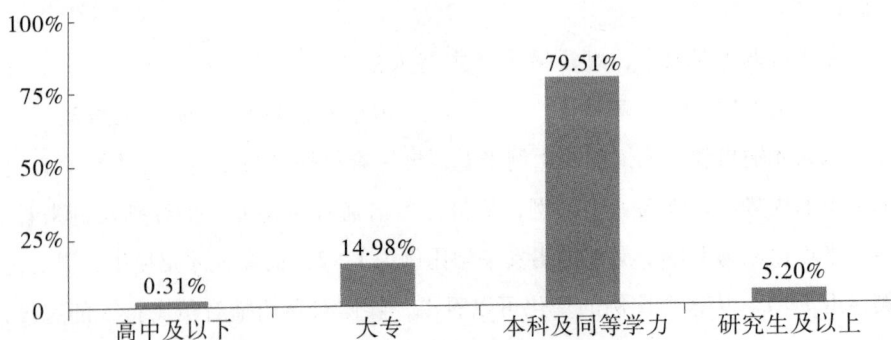

图 3-3　粤语播音员主持人学历情况

（3）专业情况。

在 327 名调查对象中，有 91 名毕业于播音主持专业，除去 29 份未填写专业的问卷，非播音主持专业毕业的人数共 207 人，远远大于播音主持专业毕业人数，占总人数的 63.30%（见图 3 - 4）。这与我国开设的粤语播音主持院校数量少有很大的关联，目前全国只有三所高校招收粤语播音主持专业，每年总招生名额仅 70 人。因此，绝大部分的粤语播音员主持人并未在大学里接受过系统性的粤语语音发声训练。我们针对非播音主持专业毕业的专业情况进行了统计，发现他们的专业大致分为：新闻传播类、经济管理类、文学类、教育学、艺术类、语言类、法学、医学、理工科、复合型（即本科研究生修读两种不同类别专业）、其他类共 11 种专业类别。

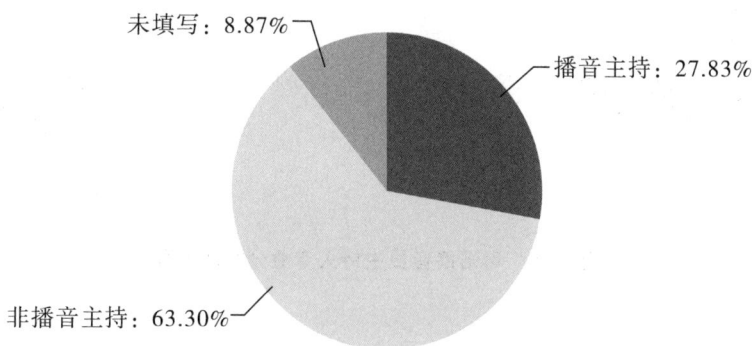

图 3 - 4 粤语播音员主持人是否毕业于播音主持专业的人数比例

在这 11 种专业类别中，占比最多的是经济管理类，共计 59 人，该类别主要以工商管理、行政管理、经济学、会计为主；其次是新闻传播类，共计 35 人，以新闻学、传播学、广播电视编导为主；语言类排第三，共计 24 人，主要以英语、商务英语为主；其余按人数排列分别为：文学类 23 人（以汉语言文学为主）、艺术类 22 人（以音乐、美术为主）、理工科 15 人（以计算机为主）、法学 12 人、教育学 7 人、医学 5 人、复合型 4 人、其他（初中学历）1 人（见图 3 - 5）。

从数据中可以看出，人数排在第一位的并不是传媒相关专业，由此可见粤语播音员主持人大学所学习的专业对未来从事行业的配对指数不太高。

从所属单位来看，广东广播电视台作为省级传媒机构，粤语播音员主持人的专业情况主要集中在新闻传播类和经济管理类，其他地级市、县级市电视台的粤语播音员主持人专业分布更趋于多样化。

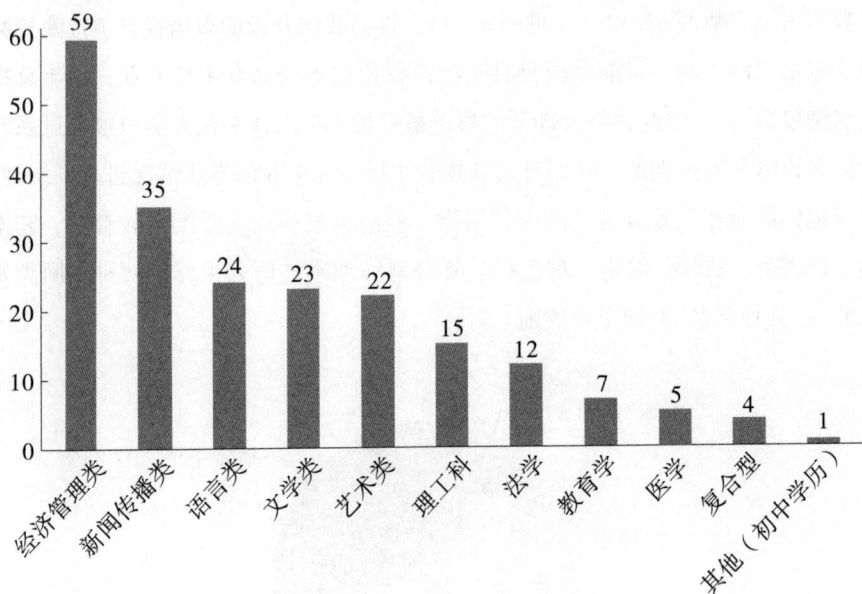

图 3 - 5　粤语播音员主持人专业分类及人数

（4）单位分布情况。

我国境内的粤语使用地区主要为广东、广西两地，调查对象均涵盖了以上使用地区。在所有参与调查的对象中，广东广播电视台粤语播音员主持人的人数最多，共计 81 人；其次是广州地区的电视台 45 人（广州广播电视台 33 人、番禺台 8 人、花都台 4 人）；肇庆地区的电视台共 25 人（肇庆台 16 人、四会台 9 人）；江门地区的电视台共 25 人（江门台 24 人、新会台 1 人）；湛江台 20 人；广西地区的电视台共 16 人（广西台 2 人、梧州台 6 人、玉林台 4 人、贵港台 1 人、钦州台 2 人、南宁台 1 人）；清远台 15 人；阳江地区的电视台共 15 人（阳江台 7 人、阳春台 8 人）；中山台 14 人；中央台 13 人；东莞台 11 人；茂名台 10 人；深圳台 6 人；云浮台 6 人；韶关台 5 人；佛山台 5 人；珠海台 4 人；惠州龙门台 2 人；其他具有播出权的传媒机构的播音员主持人共计 9 人（见图 3 - 6）。

由以上单位分布情况可见，粤语在播音主持领域应用的地理区域主要覆盖广东和广西两个地区，同时，在各省（区）的分布情况也显示了较广的覆盖面，受众群体较多。

同时，作为国家级媒体平台的中央广播电视台，参与调查的粤语播音员主持人为 13 人，与中央广播电视台所有方言播音主持岗位数量相比，这是一个排在前列的人数。

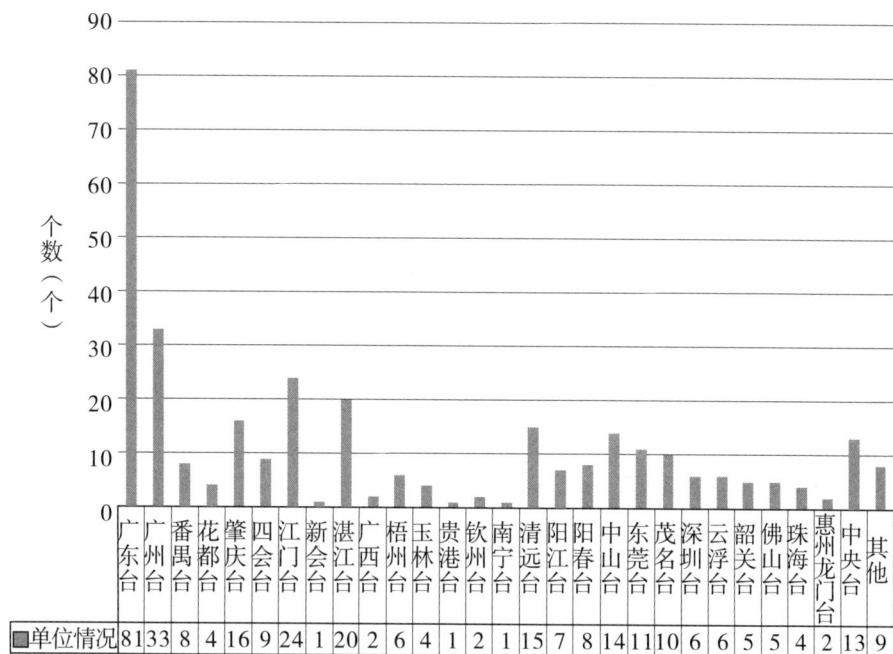

单位情况	广东台	广州台	番禺台	花都台	肇庆台	四会台	江门台	新会台	湛江台	广西台	梧州台	玉林台	贵港台	钦州台	南宁台	清远台	阳江台	阳春台	中山台	东莞台	茂名台	深圳台	云浮台	韶关台	佛山台	珠海台	惠州龙门台	中央台	其他
	81	33	8	4	16	9	24	1	20	2	6	4	1	2	1	15	7	8	14	11	10	6	6	5	5	4	2	13	9

图 3-6 各广播电视台粤语播音员主持人单位分布

（5）职称情况。

职称是反映专业技术人员的技术水平、业务能力、职业等级的标志。调查显示，全国 327 名粤语播音员主持人中，仅有 1 名是播音主持系列的正高级职称，即播音指导；副高级职称（主任播音员）4 名；一级播音员 38 名；二级播音员 68 名；三级播音员 26 名，其余 155 名播音员主持人未拥有职称，占到了总人数的 47.40%。另外还有 35 名调查对象是拥有职称但并不是播音主持的职称，例如编辑等。（见图 3-7）

可以看出，全国粤语播音员主持人中拥有高级别职称的主持人屈指可数，而未参加职称评定的播音员主持人占了近一半，结合他们从事行业的时间来看，有 85 人工作已经超过 10 年但仍未获得职称。究其原因是因为在粤语使用频率最高的广东地区，2014 年之前还未进行合并成立广东广播电视台，各个传媒机构例如南方卫视、广东人民广播电台等对播音员主持人的管理与考核是独立的，标准不一，也造成了全省对粤语播音员主持人的职称评定要求不高，从而使广东地区的粤语播音员主持人没有将参与职称评定的事情重视起来。

此外，参评记者编辑职称系列的人数为35人，其中高级编辑2人。这反映了另一个问题，就是播音员主持人对于职称的认同、评价存在差异。有一定比例的人员认为，参评记者编辑职称系列，从岗位适用面、社会认可度、晋升机会各方面都比参评播音主持更有优势。

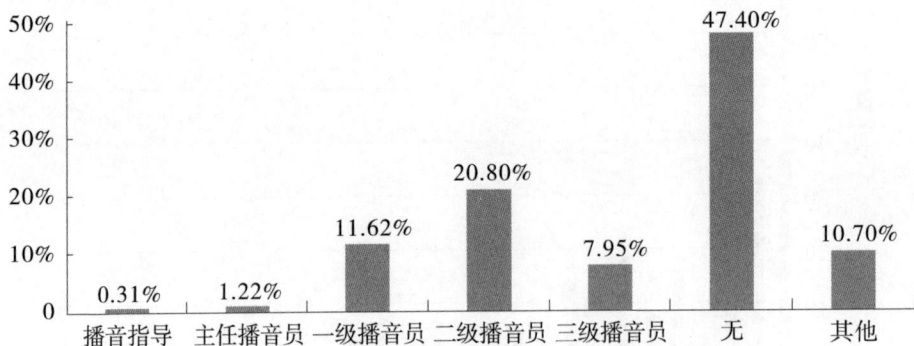

图 3-7　粤语播音员主持人职称情况

（6）职务情况。

职务是指组织内具有相当数量和重要性的一系列职位的集合或统称，包括职权和职责两方面内容，了解全国粤语播音员主持人的职务情况，有助于我们更好地分析粤语播音员主持人的个人发展情况，探究其职业生涯的上升空间。经过统计，调查对象中共有55人是拥有职务的，职务类型主要以总监、监制、主管、主任为主，其中担任监制19人，主任16人，总监8人，主管6人，其他职务6人（见图3-8）。由此可见，粤语播音员主持人在承担播音或主持工作的同时，也同样拥有职业转型、走向管理岗位的机会。但是总体来看，绝大多数粤语播音员主持人还是停留在业务岗位上工作。

□无职务 ▨监制 ▦主任 ▣总监 □主管 ■其他职务

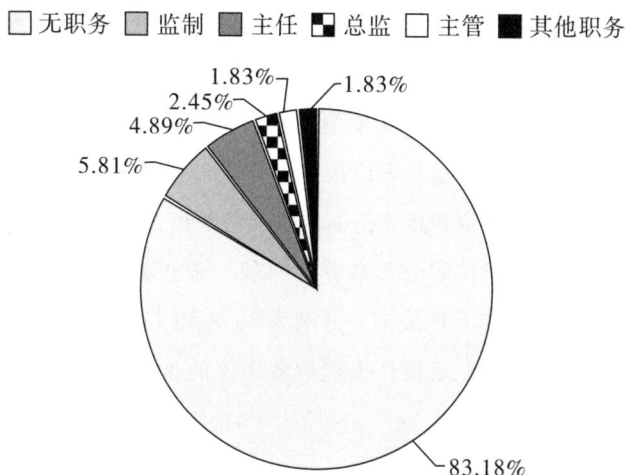

1.83%
2.45%
4.89%
5.81%
1.83%
83.18%

图3-8 粤语播音员主持人职务情况

（7）岗位情况。

通过统计岗位情况可以看出粤语播音员主持人在具体业务中的应用情况，以及专业的适用空间。我们一共提供了播音、主持、出镜记者三个岗位，且为多项选择。统计结果为，仅担任主持岗位的为126人；担任播音和主持岗位的有113人；同时担任播音、主持和出镜记者的有37人；仅担任播音岗位的有23人；担任主持和出镜记者岗位的有14人；仅担任出镜记者的有8人；担任播音和出镜记者岗位的有6人（见图3-9）。

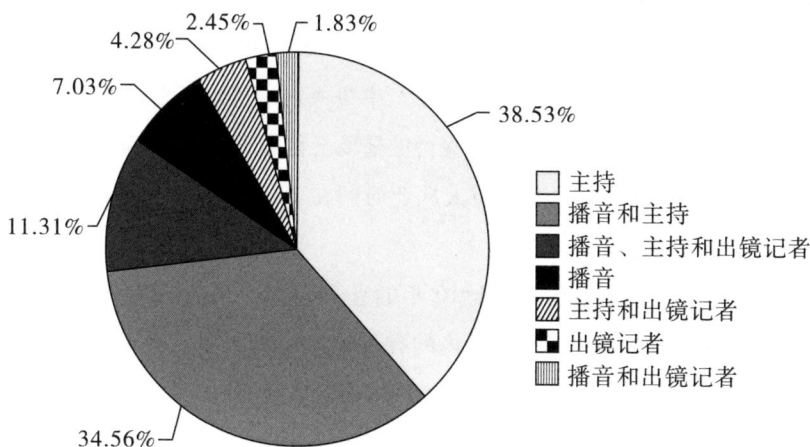

2.45%
4.28%
7.03%
1.83%
38.53%
11.31%
34.56%

□主持
▨播音和主持
▦播音、主持和出镜记者
■播音
▨主持和出镜记者
▣出镜记者
▥播音和出镜记者

图3-9 粤语播音员主持人岗位分布

由此可见，粤语播音员主持人在当前的媒体形势中，能符合复合型人才的要求，在多个岗位上发挥专业所长。通过数据还可以发现这一趋势将越来越明显。粤语主持人是行业队伍中的主要组成部分，相对于播音员，主持人拥有更大的发挥空间和个性空间，这与粤语是方言有关。主持人的语态，注重交流感，粤语方言的使用，恰好可以拉近主持人与受众的距离，增强亲近感。

从这些调查者所属单位的分布来看，广东广播电视台担任主持岗位以及同时担任播音和主持岗位的人数最多，分别为38人和23人，其他市级电视台的调查者岗位呈平均分布。在仅担任出镜记者岗位的8人中，四会市广播电视台占了4人。

（8）从业年限。

对工作年限的调查统计不仅可以了解到全国粤语播音员主持人的从业经验，同时也是粤语播音主持行业本身发展情况的一种折射。

在所有调查对象中，工作30年以上的有5人，为4名男士、1名女士。其中从事时间最长的为38年，该调查对象为珠海广播电视台的男主持人，没有职务，且职称是二级播音员。其余4名调查对象，最高职称仅为中级职称，最高职务是频道副总监；工作年限为20年至30年的有79人，其中有1名正高级职称，为广州广播电视台的部门主管，3名副高级职称，分别为佛山电视台的播音部主任、中央人民广播电台的编辑和节目主持人。

在79名工作20年以上的调查对象中，广东广播电视台人数最为突出，共计26人，但并未出现正高级职称。

工作年限为10年至20年的有145人，其中副高级职称有3人，分别是广东广播电视台的副监制（工作年限19年）、中央人民广播电台对港澳节目中心的主持人（工作年限17年）、中山电视台的播委会秘书长（工作年限14年）。

由以上可见，粤语播音员主持人从业时间在10年以上的占了2/3，队伍流动性低，整体比较稳定。

除此以外，工作年限在5年至10年的有51人；工作年限在5年以内的有47人，其中刚入职的即工作3年以内的有36人，由此可见，近十年来，广播电视行业对粤语播音员主持人的需求量持续增长。但就调查对象的所属单位来看，作为省级传媒机构的广东广播电视台在近三年内没有新增粤语播音员主持人，新进人员主要集中在市级电视台，如清远、四会、云浮、中山等。这与省台和地方台的发展布局有很大关系。

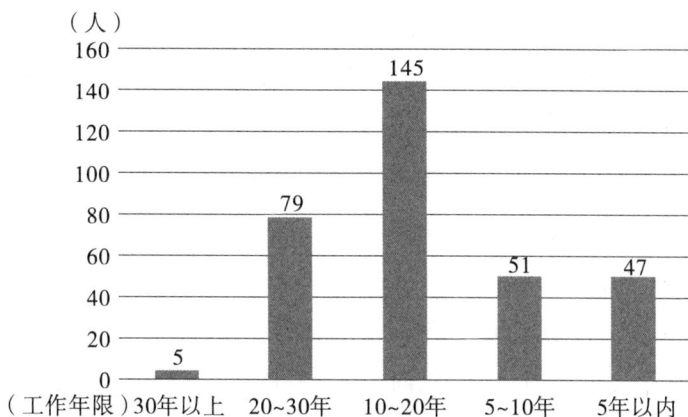

图 3 - 10　粤语播音员主持人工作年限情况

（9）工作获取途径。

在调查中发现，通过社会招聘走上粤语播音员主持人岗位的人数最多，共计 151 人，占总人数的 46.18%；其次是比赛选拔 87 人，占比 26.61%；他人引荐 43 人，占比 13.15%，剩下的为体制内选拔 20 人，其他 26 人。（见图 3 - 11）在"其他"一栏中答案多元，如自荐、实习后转正、校园招聘等。可以看出，大部分粤语播音员主持人是通过社会公开招聘的形式进入广播电视台的，因此，粤语播音员主持人出现多样化的专业背景，与其来源有直接关系。此外，粤语播音员主持人比赛同样受到一些应聘者的青睐，这是快速被用人单位发现并有机会进入媒体工作的捷径。

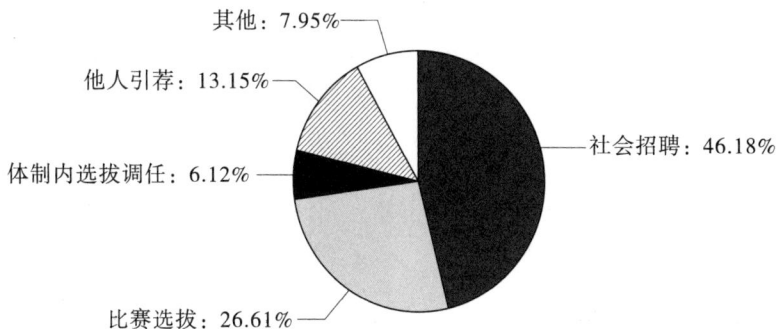

图 3 - 11　粤语播音员主持人工作获取途径

（10）使用粤语播出节目时长。

该题的设置是为了调查粤语播音员主持人的粤语节目使用情况以及在节目中使用粤语的比例，从而可以判断出粤语节目的发展现状和推广程度。通过调查发现，每周使用粤语播出的节目超过 20 小时的有 14 人，也就是平均每天播出 3 小时以上的粤语节目；播出 10 小时至 20 小时的有 95 人，平均每天播出 2～3 小时；播出 10 小时以下的有 208 人，大概每天播出 1 小时。（见图 3－12）另外还有 10 名答题者因为在台里担任其他职务，已经没有播出的节目了。

这其中播出时长最长的是广东电视台体育频道的一名男主持人，他每周播出的节目时长是 31 小时，在台里同时担任着播音、主持、出镜记者三种岗位，不仅工作量大，而且是一专多能型人才；播出时长最短的是四会市广播电视台的出镜记者，他每周使用粤语播音的节目时长仅有 1 分钟，这与当地媒体机构的平台和节目设置有关。

通过统计调查可以得出，大部分的粤语播音员主持人的播出时长属于正常水平，在镜头前出现的频率较高。播出时长同时也与播音员主持人所在的频道、栏目的收视率密切相关。

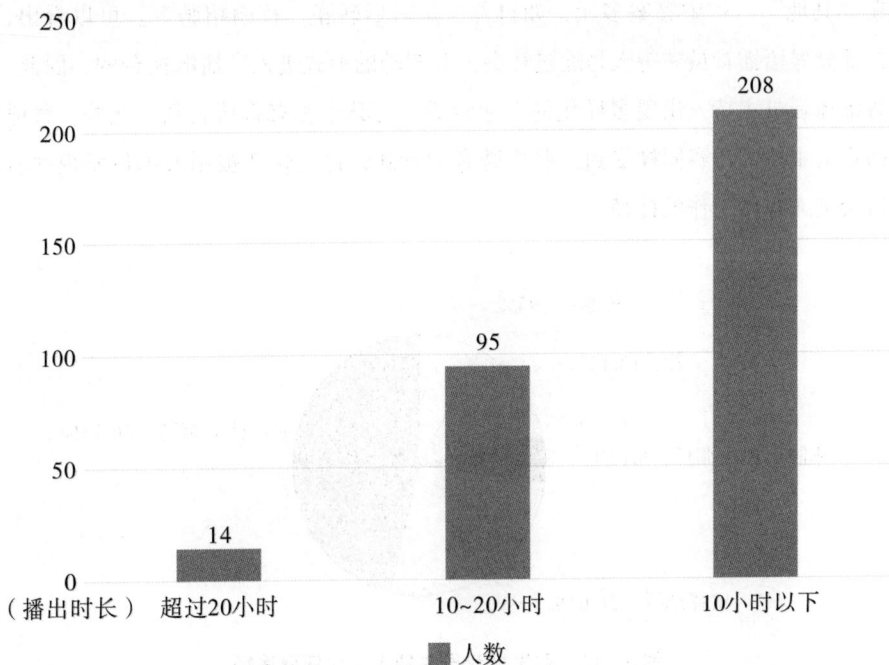

图 3－12　粤语播音员主持人每周播出时长

（11）播音员主持人资格证考试情况统计。

了解全国粤语播音员主持人资格证考试的成绩，是对粤语播音员主持人专业水准、业务能力的最好证明。在调查的 327 人当中，有 238 人参加了该项考试，但也有 89 人未参加过该项考试。（见图 3 - 13）

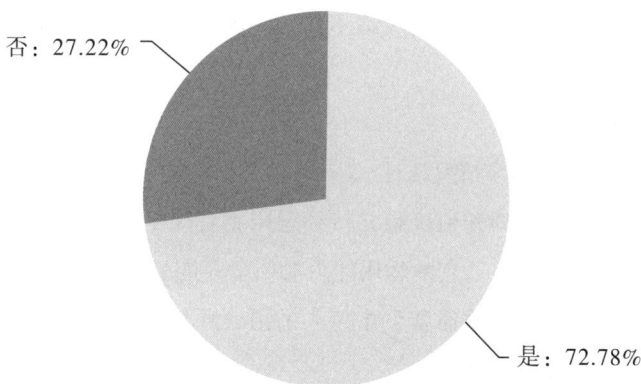

图 3 - 13　粤语播音员主持人是否参加资格证考试

在参加过的 238 人当中，有 116 人的成绩为 A 级，79 人的成绩为 B 级，2 人的成绩为 C 级，整体成绩优良。但遗憾的是，有 41 人未能通过考试。（见图 3 - 14）而获得 A 级人数最多的传媒机构是广东广播电视台。

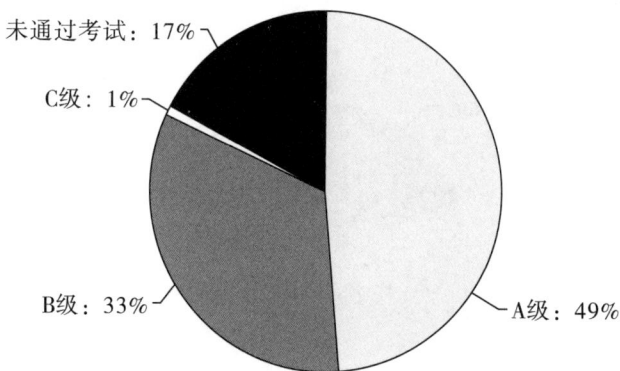

图 3 - 14　粤语播音员主持人资格证考试成绩

在未参加过资格证考试的主持人当中，广东广播电视台的人数最多，为 13 人；其次是广州广播电视台和四会市广播电视台，均为 7 人。此外，工作超过 5

年但并未参加资格证考试的主持人占绝大部分，有62人。

从广东省播音员主持人管理委员会副主任委员杨继红的访谈中得知，几年前对粤语播音员主持人做的普查中，70%的人员未参加全国播音员主持人资格证考试。这次问卷统计得出还有不到30%的人员未参加，可以看出，粤语播音员主持人逐步重视资格证考试，但是在考试中也遇到一系列的困难，如缺乏参考标准，或粤语转考普通话造成成绩不佳等。因此，针对粤语播音员主持人队伍的资格证考试迫在眉睫。

2. 语言状况

（1）母语或第一语言情况统计。

母语，一般是自幼即开始接触并持续运用到青少年或之后最早接触、学习并掌握的一种或几种语言。它的运用能力对一个人进一步的学习过程至关重要。该题目是为了了解全国粤语播音员主持人的语言环境，通过了解语言环境判断母语对当前工作的影响程度。

在所有调查对象中，有62人的语言环境并非粤语地区，其中母语填写普通话的人数最多，有31人，有一名粤语播音员主持人的母语为湘方言。（见图3－15）

粤语与普通话不同，韵调丰富，语法和词汇也相对独立，保留了大量古语的使用习惯，因此，从普通话转为粤语播音主持，难度是非常大的，非常容易出现"口音"。尽管第一母语为非粤语的人数不算多，但对语言规范来说这是应该重点了解的对象。

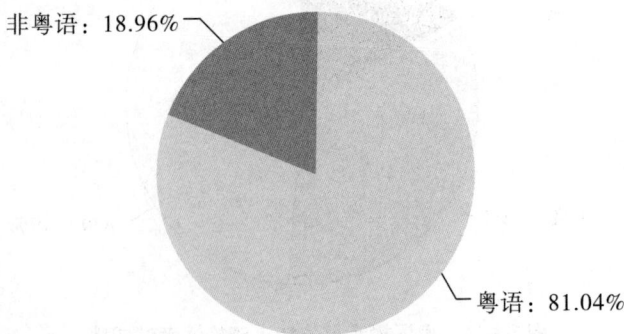

非粤语：18.96%

粤语：81.04%

图3－15　粤语播音员主持人母语情况

（2）粤语习得途径。

为了解粤语播音员主持人学习粤语的途径，该题采用了对相关选项进行排序的形式，对学习粤语途径的权重进行排列，它反映了选项的综合排名情况，得分越高表示综合排序越靠前。计算方法为：选项平均综合得分 = （∑ 频数 × 权值）/本题填写人次。排列的结果按照权重比例的高低顺序为：母语习得5.69、社会交际3.45、学校环境2.83、广播媒体2.63、电视媒体2.46、培训机构0.46、其他0.24。（见图3 - 16）

由问卷分析可见，粤语播音员主持人生长的语言环境和幼年至青年时所学习的粤语对他们今后的影响最大。除去母语习得，掌握语言的主要场合集中在社会交际和学校环境。广播电视媒体是人们学习语言的主要途径。因此，作为广播电视播出的播音员主持人，是人们学习和模仿的主要对象。粤语播音员主持人有责任对自身的语言进行规范。

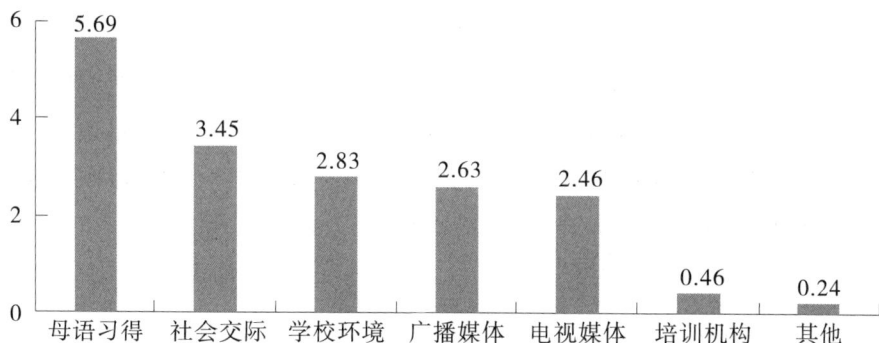

图3 - 16　粤语播音员主持人粤语习得途径各项平均综合得分

（3）所掌握的语言及熟悉情况。

该题的设置是为了了解调查对象对除粤语之外的其他语言的熟悉程度，可以探究出其他语言对粤语的表达是否产生影响。调查结果显示，327 人中有267人都将粤语作为自己最熟悉的语言，其余60 人将除粤语之外的语言作为自己最熟悉的语言。（见图3 - 17）这些语言包括普通话、英语、潮汕话、客家话等。

非粤语：18.35%

粤语：81.65%

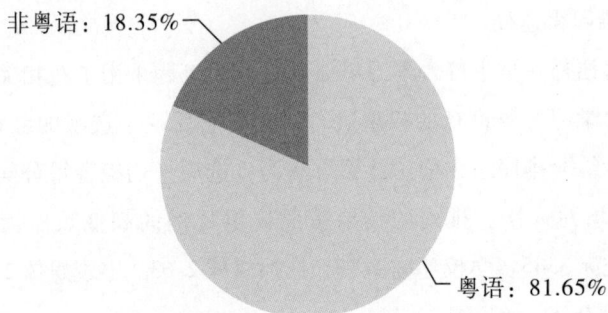

图 3 - 17 粤语播音员主持人对语言的熟悉情况

（4）日常生活中常用的语言。

调查日常生活中最常使用的语言一方面主要是为了探究调查对象对粤语使用的重视程度，另一方面也希望了解到自身语言习惯对粤语播音主持工作的影响程度。该题为排序题，一共设置三个选项，分别为：广州话、普通话、其他。其中选择广州话作为日常生活中最常使用的语言的人数最多，其次是普通话。在其他语言中主要以英语为主。（见图 3 - 18）由此可见，粤语播音员主持人大多会将粤语运用到日常交际当中，成为自己的语言习惯，所以在粤语播音主持工作中，日常交流的语言同样也是他们在节目中使用的语言，可以推断出他们在节目中的粤语使用情况与日常生活的粤语使用情况基本一致。

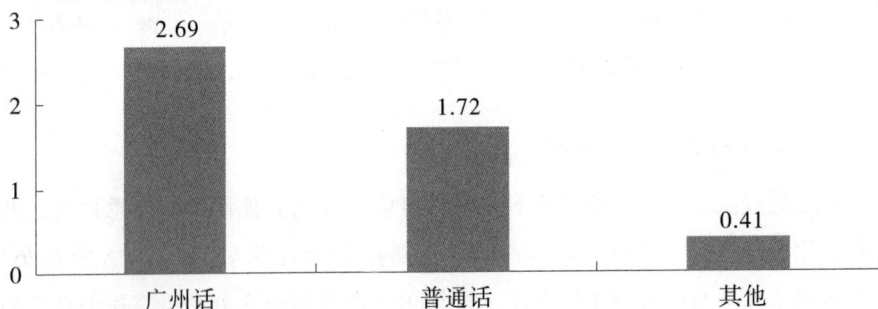

2.69

1.72

0.41

广州话　　　　　普通话　　　　　其他

图 3 - 18 粤语播音员主持人日常使用的语言平均综合得分

3. 粤语规范

（1）粤语规范的代表语。

关于粤语的标准和规范一直是这些年来方言研究和讨论的热点话题，各界、各地区持有的看法不一。这道题旨在了解调查对象对粤语规范的认知，调查显示有264人认为规范的粤语即是广州话，这一比例最高，占80.73%。但有54人认为规范的粤语是香港话，还有人认为两种粤语各有特色，香港话不一定标准，但他认为至少得到了官方认可。也有人认为规范的粤语是粤港两地的结合。（见图3-19）就数据来看，大部分播音员主持人达成了粤语是以广州话为标准语言的共识，但是仍存在多种不同的观点，这种混杂的认识，是对粤语规范不利的因素。因此，制定粤语的语言规范并推广成为社会共识是十分必要的工作。

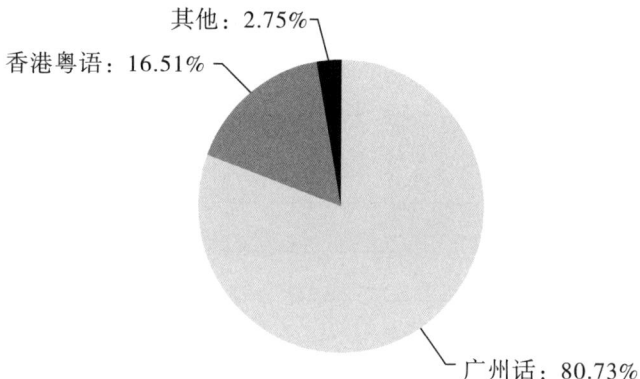

图3-19　粤语播音员主持人对粤语规范的代表语认知

（2）粤语标准示范水平的从业人员。

广播电视节目主持人的语言水平应该代表传媒语言的规范程度，因此粤语播音员主持人也担负着重要的引领作用和示范责任。该题是为了了解调查对象对粤语标准示范水平的认知，从而探究他们对粤语规范的认知途径。每位调查者可以列举一至三位认为达到粤语标准示范水平的从业人员名字。

调查结果显示：有88人认为广东广播电视台民生新闻节目主持人郑达的粤语可以达到标准示范水平，排在第一位，领先第二名70多票；有17人认为是广东广播电视台主持人任永全，排在第二位；排在第三位的是广州电台主持人招卓宁，有14票；其余排在前十名的（含并列）还有梁宇、陈星、梁志皋、谢亮、徐洁、张海宁、黄俊英、嘉欣、张悦楷、杨继红、林刚、陈扬、刘玉萍。

主持人郑达是广东广播电视台知名的节目主持人，1984年进入广东广播电视厅工作，在电台"讲故事"获得听众的关注，1990 年开始在广东电视台主持综艺文化、民生新闻节目。被誉为广东六大名嘴之一，从事电台、电视台主持工作几十年来，一直保持着极高的电台出声率和电视出镜率。任永全也是广东最具影响力和知名度的主持人之一，招卓宁是广州电台享誉多年的热线倾谈节目主持人，在广州享有很高的知名度。可见，排在前三名的都是在广东知名度较高、有很高出镜率的粤语播音员主持人。前十名里，杨继红和刘玉萍两位是从业界到高校任教的粤语播音主持教师，在省内培养了一大批粤语播音员主持人。所以我们几乎可以判断出调查对象是按照知名度、出镜率、熟悉度等维度来判断粤语典范人员的名字，而忽略他们粤语语言本身是否真正标准和规范。因此，树立粤语语言规范的从业代表形象，是建立标准粤语的典范形象，而不应该只从感性的认识去认定。

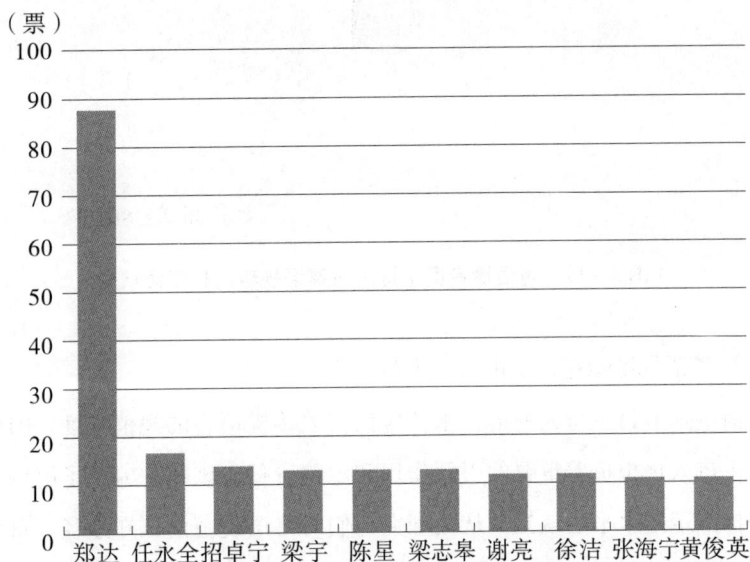

图 3 - 20　粤语播音员主持人对粤语标准示范人员的认知

（3）粤语规范的参考书目。

查阅粤语规范的参考书目对粤语播音员主持人的粤语发音规范起着重要的作用，字典作为一种粤语使用工具书，也是使字音纯正、使语调规范的重要途径。所有调查者都将字典作为粤语规范的参考书目。目前我国有三本粤语字典使用频率最高，分别为《广州话正音字典：广州话普通话读音对照》《香港粤语大辞典》和《广州话实用分类词典》。但是在调查者的问卷中出现了各种不同的回答，这是因为调查者对这些字典的名字记忆模糊、混乱。尽管如此，《广州话正音字典：广州话普通话读音对照》仍然以 179 的票数排在第一位，可见这本字典在业界的使用频率和认可程度都是最高的。

《广州话正音字典：广州话普通话读音对照》是由中国方言学权威专家詹伯慧教授领衔粤港澳粤方言专家编纂的一本很实用的字典，对方言区的人学习普通话，对非广州人士学习广州话，以及语言工作者，都很有参考价值。坊间有不少"中文字典"和"广州话字典"，但其实很多都只是加注方言读音的普通话字典。从其审音的权威性和收音的实用性来看，《广州话正音字典：广州话普通话读音对照》的确达到了"权威性、规范性和时代性"的目的。

而很多调查对象对于这本字典的名字记忆不准确，出现偏差，一定程度上反映出粤语播音员主持人对粤语规范书的认识模糊，是对粤语学习态度不端正、不重视的体现。

（4）粤语训练方式。

对粤语训练方式的调查体现了调查对象对粤语学习的重视程度、学习方法等。我们将纷繁的答案进行了归类，其中将日常多练习作为粤语训练方式的人最多，有 133 人，这其中主要包括了重视日常交流、在交际中训练等，也就是说将练习融入日常生活中；其次将读报纸作为粤语训练方式的有 46 人；读各类稿件作为粤语训练方式的有 32 人，这里的稿件主要包括各类文章、新闻稿件、节目播出稿件、粤语训练材料等；将收听广播和看电视作为粤语训练方式的有 60 人；查阅粤语字典的有 13 人；向老师、专家请教的有 9 人；跟读练习的有 10 人。在调查对象中有 24 人不进行粤语训练，其主要原因在于认为粤语本身就是其母语，无须练习。（见图 3 - 21）

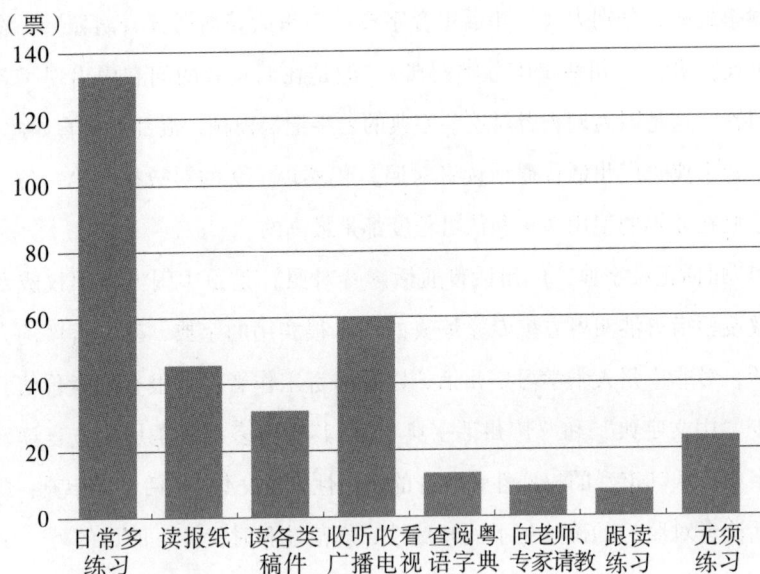

图 3 – 21　粤语播音员主持自我训练方式

（5）容易误读的字、词。

本题目请调查对象填写自己曾经误读和容易读错的字词，这对粤语工作者的测试范围有着十分重要的参考意义。对调查者在问卷中罗列出的字词进行统计，按照拼音首字母排序，共有 400 多字：

埃、安、鏖、巴、掰、白居易、鄙、柏、栢、般若、滗、报酬、悖逆、必、毕竟、闭、蔽、标识、别墅、泊、埠、差、氅、嘲、车、郴、尘埃、陈家祠、橙、吃、崇、厨、触、川、传、窗、床墙、垂、辍学、从、促进、猝、篡改、弹、岛屿、得、等、点、调研、跌宕、锭、渎、盾、朵、堕、遢、发行、反弹、反馈、飞、绯、肥沃、匪、蒂、汾、复、馥、改革、干、干戈、赣、港、杠杆、戈、骼、给力、艮、估、骨骼、汩汩、鼓浪屿、贯、冠、惯、光、广、趄、鳜、郭、国、果、蛤蚧、邯郸、韩、汉、旱、夯、行、蒿、好、合、赫、黑、轰、烘焙、弘、宏、斛、沪深两市、划、桦、怀孕、踝、缓、浣、辉、荟萃、绘、机构、技、觊觎、暨、江、讲、浇、姣、接触、秸、巾、今、紧急键、禁、迳、竞、囧、炯、纠、纠缠、纠纷、纠结、救援、龃龉、蕨、开口、凯旋、勘、尻、侃、槛、恪、口、脍炙人口、宽敞、馈、馈赠、堃、睐、篮球、老少边穷、磊、利、沥青、联袂、缭、劣、邻里、遴、聆听、零、履、满载而归、茂、贸易、耄耋、魅力、门槛、宓、森、民生银行、缪、模拟、囡、男人、南霁、你、嬲、凝、牛女、哦、欧、殴打、徘徊、抨击、毗邻、仳、仳离、乒乓、评估、坡、瀑布、齐达内、祁、琦、旗帜、蕲、企业、黔、悄、窃、青、罄、龟兹、佢、券、阙、任、汝、闪烁、商贾、勺子、奢侈、涉、摄氏度、谂、椹、胜、石斛、实践、使用、市、疏通、输入、赎、栓、涮、双、烁、朔、澌、四、泗、松树、搜索、速、塑、塑胶、溯、随、昙、覃覃、饕餮、特、天使、调侃、跳蚤、听、突然、吐蕃、外面、蜿蜒、玩具、猥亵、蚊、我、吴、五、戊戌、希腊、奚、膝、习、峡谷、下垂、陷阱、消、消防栓、歇、偕、鑫、呴、轩、绚、渲、染、学会、旬、迅速、亚、沿、檐、彦、窈窕淑女、钥、烨、一语成谶、役、燚、音乐、银、寅、莺、莹、优惠券、屿、郁、鸳鸯、媛、孕、运动、灶、造诣、栅栏、箴言、鸠、知识、植被、质押、中国、衷、重、转捩点、撰、坠落、遵守、昨天

另外还有人认为主要是一些未接触过的地名或人名，或是粤语俗语中的字容易读错。

（6）语言失范的频率。

语言失范，主要是指出现语音误读、用词不当、语法不通的情况。为了解粤语播音员主持人在播出节目中不规范情况出现的频率，以反映目前失范现状的程度，我们根据频率划分，共设立了三个选项：从不、偶尔（每月一次）、时常（每周一次）、频繁（每天）。在调查者中有240人偶尔（每月一次）出现语言失范，占总人数的73.39%；有54人从不出现语言失范；有29人时常（每周一次）出现语言失范；有4人频繁（每天）出现语言失范。（见图3-22）从中可以看出当前粤语播音员主持人在语言运用方面错误率较低，能够尽可能做到标准规范。

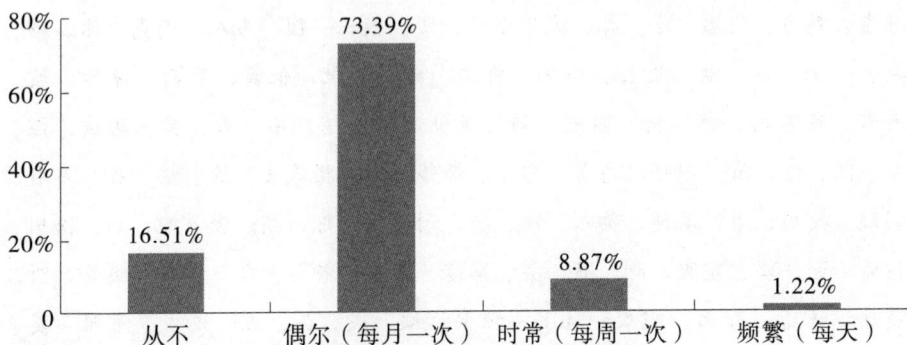

图 3 - 22　粤语播音员主持人失误频率

（7）粤语播音主持语言要素难度次序。

粤语有着独特的语音系统、语法结构、词汇构成，针对目前书面语言以普通话为主的情况，粤语播音员主持人在工作中最常遇到的情况就是将书面稿件改为粤语口语稿件，因此，我们希望了解播音员主持人在使用粤语进行工作时难度最大的要素是哪些。我们从语言的三个要素难度进行评估，分为语音标准、词汇转换、语法逻辑三个方面，调查者根据难度大小，将三项指标进行排序。调查后的结果显示，粤语播音员主持人认为难易次序排列为：词汇转换、语音标准、语法逻辑。因此，我们了解到，在一线的实践工作中，粤语播音员主持人最希望解决的是词汇转换的问题，语音标准次之。（见图 3 - 23）

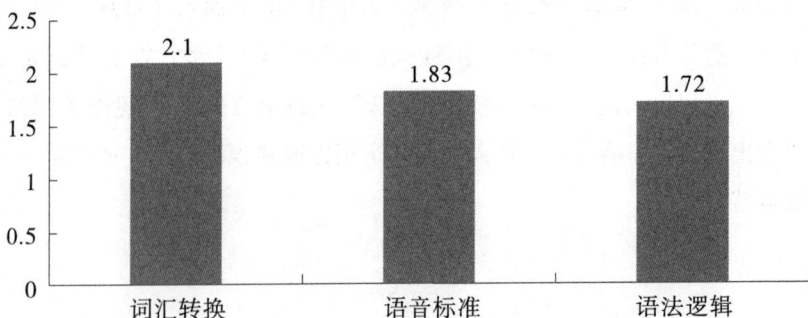

图 3 - 23　粤语播音员主持人语言要素难度次序

（8）在工作中的问题与困惑。

该题向参与调查的 327 名对象征集他们在粤语播音主持工作当中所遇到的最大问题和困惑，有助于我们更好地分析问题、解决问题。我们将调查对象填答的问题与困惑进行汇总，有近 50 名调查对象都提到了词汇转换的问题，也就是说将书面的语言转换成口语化的表达；也有近 10 名调查对象提到了没有能接受到系统性粤语播音主持训练的途径，缺少系统性、专业性的指导和学习成了他们的心头之患；还有 10 名调查对象反映，在当前新形势下，感觉粤语没有受到广泛重视，使用粤语的场景没有原来那么多了；还有一些调查对象提出了类似于开口音如何发音等语音和发声方面的问题；还有接近 20 名调查对象认为暂且没有问题。这些问题都为粤语播音主持规范研究提供了宝贵的意见。

（9）建立粤语播音主持语言规范及测试标准的意义。

最后，我们希望考查全国粤语播音员主持人对建立粤语播音主持语言规范及测试标准的意义的认知和态度。该题为多选题，依次排序，认为建立粤语播音主持语言规范及测试标准可以"传播岭南优秀文化"的有 311 人，占总人数的 95.11%；认为可以"规范管理粤语播音主持队伍"的有 292 人，占 89.30%；认为可以"提高语言示范审美水平"的有 288 人，占 88.07%；认为可以"促进民族和文化认同"的有 266 人，占 81.35%；认为可以"深化海内外交流合作"的有 234 人，占 71.56%；认为可以"对外传播中国故事"有 214 人，占 65.44%。（见图 3 - 24）还有一些调查对象提出了希望粤语可以得到重视、得到支持、得到传承的愿望。

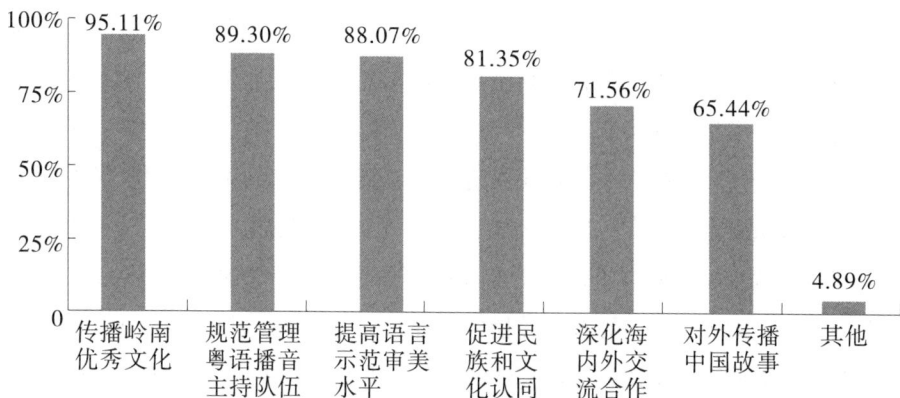

图 3 - 24　粤语播音主持语言规范的意义

由以上可见，粤语作为岭南文化的载体，在传播岭南优秀文化方面具有突出优势；作为广播电视媒体最直接面向受众的群体，粤语播音员主持人的语言规范问题，关系到自身的语言典范形象以及提高粤语受众语言审美水平等问题；

在海内外交流中，粤语也起着促进民族和文化认同、深化海内外交流合作的作用；在对外传播中国故事方面，受方言影响，也许未能面向全世界受众，但是对于母语是粤语的海外华侨华人来说，用粤语讲述中国故事，将会极大地增强传播效果。

（三）小结

粤语具有历史悠久、受众广等特点，在传承中华文化，联系海内外侨胞感情，促进国家政治、经济发展各方面起着不可替代的作用。粤语播音主持作为信息传播的最前沿，其语言具有传达信息、示范审美、传承文化等功能。但是目前粤语播音主持语言的规范情况不容乐观，由于缺乏可执行的规范考核体系，造成了功能的缺失。

通过对全国粤语播音员主持人语言使用状况的调查，我们了解到，粤语播音主持人才队伍发展稳定，相对于其他方言的播音主持人才队伍来说，人数众多。粤语播音主持人才单位分布广泛，上至国家级媒体下到地区级媒体都有粤语播音主持播出的节目，受众覆盖海内外，影响力大。

尽管整体队伍的职称级别偏低，但是粤语播音员主持人能积极寻求上升空间，在管理岗位上取得更大的发展。这支队伍的从业年限，从30年到新晋的各个年限区间分布均匀，人才流动性不大。从工作年限在20年以上的数据，我们了解到粤语播音员主持人对岗位的坚守；近五年各地方广播电视台逐年增加的新晋粤语播音员主持人数据，反映了粤语的市场仍有持续发展的空间，粤语播音主持人才需求呈正向抬升。

由于粤语播音主持人才的就业渠道以社会招聘为主，因此也形成了来源多样、专业背景丰富的特点。这个状况反映了两方面的问题，一是高校人才培养仍未能完全满足媒体的需求；二是专业的多样化为传播带来了更丰富的内容，与此同时也更需要语言的规范为传播的专业性保驾护航。从全国粤语播音主持人才队伍参加播音员主持人资格考试的情况来看，从三年前只有30%人员参加提高到目前有70%以上人员参加，反映了这支队伍对职业的积极性高，并且在努力向规范靠拢。

通过调查粤语播音员主持人的语言使用状况，我们了解到近20%人员的母语或第一语言非粤语，实现整体队伍语言规范的任务较重。由于广播电视媒体是播音员主持人学习粤语的主要途径之一，所以加强粤语播音员主持人的语言规范更是必要且重要。从目前粤语播音员主持人所掌握的熟悉语言来看，绝大多数都掌握至少两门以上的语言或方言，在全球化传播的大背景下，应当发挥播音员主持人的语言优势，以粤语为主，同时发挥其他语言特长，适应并助力粤港澳大湾区和"一带一路"的发展。

从粤语播音员主持人的日常习惯用语调查可以发现，绝大多数人员在语言使用方面有着"自觉意识"，但是从调查的情况来看，人员对粤语的使用和认识比较混杂。例如，对语音标准有广州话和香港话等多种认识，对粤语字典的选择和认同也不统一，粤语的词汇转换是工作中最大的难题和困惑，对粤语标准示范水平的认识非常主观。鉴于目前粤语缺乏统一规范标准的情况，我们建议早日建立粤语播音主持语言规范的体系，包括确定标准音、基础方言、语法规范这三方面的标准。在此基础之上，探索规律，制定粤语播音主持语言的测试标准和评价体系，为人才培养、职业管理、业务发展提供依据，以更好地发扬粤语的文化优势，对外传播中国声音，促进海内外的交流和发展。

第四章

融媒时代播音主持发展趋势

　　随着媒体融合进程的不断推进，科学技术在播音主持业务中的应用也日渐活跃。人工智能语音技术的发展，催生了人工智能合成主播（Artificial Intelligence Anchor，以下简称"AI 合成主播"），对传统新闻播音和新闻生产流程产生了冲击和挑战。在个性化最显著的体育解说领域，新技术打破了传统体育解说信息垄断的格局以及单向、滞后、被动的反馈系统，体育解说行业也同样面临着挑战与机遇并存的新形势。

　　本章第一节，主要是探讨新技术在播音主持领域中的应用和发展趋势。先以 AI 合成主播作为研究对象，通过理论分析、问卷调查、案例分析、数据挖掘等方法，从受众的基本特征属性、认知、情感态度、行为表现四个调查维度，分析 AI 合成主播的现状和传播效果，并探讨 AI 合成主播的优劣势及未来前景。再以以个人风格为主的体育解说领域为研究对象，探讨体育解说如何革新传播手段，使体育解说从单一走向全方位的传播。

　　本章第二节，通过对播音主持行业动态的观察，梳理学界及业界专家针对"记者型主持人"的讨论，期望这可以成为华语播音主持传播的新趋势。同时，以 2018 年度广东省广播影视奖电视播音主持评选为例，提出播音员主持人应坚持"以规范为径，与时代同行"的专业理念，以适应融媒时代的浪潮和挑战。

第一节 播音主持技术革新与应对

一、人工智能合成主播的传播效果与趋势分析

（一）人工智能合成主播的发展现状

1. 人工智能合成主播发展的行业现状

当今时代，是人类有史以来技术变革最为剧烈的新时代。随着科学技术的进步，媒体行业也在飞速发展，以大数据、机器学习和人工智能为技术先导的第四次工业革命的潮流正势不可挡地汹涌而来。新技术的出现在推动新闻传播行业发展的同时，也将改变用户接受信息的方式——人工智能合成主播们正在以越来越高的出镜率活跃在大众的视野之中，也牵动着播音员主持人敏感的神经。

AI 合成主播全称"人工智能合成主播"，是运用了人工智能音视频技术合成的虚拟主持人。AI 合成主播通过提取播音员主持人在新闻播报视频中的声音、唇形、表情动作等特征，运用语音、唇形、表情合成以及深度学习等技术联合建模训练而成。该项技术能够将所输入的中英文文本自动生成相应内容的视频，并确保视频中音频和表情、唇动保持自然一致，展现与真人主播无异的信息传达效果。[①]

AI 合成主播的诞生依托多项技术。首先是人脸识别技术，计算机通过人脸识别技术，定位真人主播或视频中人物的面部，以五官及轮廓为基础关键点，定位几十到上百个人脸关键点，并构建高精度的人脸框架坐标，检测并存储人脸数据为人脸建模提供基础数据支持；依据检测到的数据，以 3D 建模技术构建人脸模型，而基于人脸识别技术的支持，人脸建模可以高度还原真人的人脸特

---

① 《全球首个"AI 合成主播"在新华社上岗》，新华网，http://www.xinhuanet.com/politics/2018 – 11/07/c_ 1123678126.htm，2018 年 11 月 7 日。

征；而唇形合成、表情合成也要基于上述技术的支持，先进行唇语识别和表情动作识别，再通过建模等技术还原出来。①

其次是语音合成技术，AI合成主播的语音合成部分以真人主播提供的语音为基础，通过智能的语音识别，将人的语言风格和音色等特征提取出来，利用参数合成和波形拼接等方法，合成与真人主播相似的语音。至于AI合成主播所播出的内容，则取决于输入的文本，所以这又需要文字识别技术的加持。虽然基于以上技术基本就可以构建出一个初步的AI合成主播，但简单的学习还不能保证AI合成主播的表情、动作、唇形的自然流畅程度，这就需要深度学习技术来改善AI合成主播的自然流畅度。这与提供单张照片人工智能的识别率极低，但经过成千上万的图片的学习后，人工智能的识别精度将大大提升一样，提供更多真人主播的新闻播报资料，AI合成主播就能更有效地学习真人主播的语言特征、表情动作，最终达到与真人主播近乎一致的音视频播出效果。

2018年11月7日，全球首个人工智能合成新闻主播——新华社AI合成主播在第五届世界互联网大会上正式发布上线。② 消息一经发布，就引发了国内媒体对于人工智能播报技术的热议。随着AI合成主播正式成为我国权威媒体——新华社报道队伍中的一员，AI合成主播将同其他主播一起，为观众们带来权威、及时、准确的中英文新闻资讯。

其实，AI合成主播们亮相已久。早在2015年，AI合成主播微软小冰就以气象主播的身份在东方卫视亮相：小冰懂礼貌，能够和现场的主持人互动，还注重情感关怀，在播报天气信息时，"她"的语气从容不迫，从声音到表达并不逊色于人类主播。③

2018年3月1日上午9点，南方财经全媒体集团节目语音合成主持人俎江涛的声音从电波里传出："大家好！我是俎江涛，这里是FM95.3股市广播，欢迎收听《南方财经报道》……"④

2019年1月，在央视网络春晚上，撒贝宁携手"小小撒"（AI合成主持

---

① 拾影：《"AI合成主播"的突破不代表弱人工智能时代的终结》，《互联网周刊》2018年第22期，第64页。

② 《新华社联合搜狗发布全球首个AI合成主播》，《视听界》2018年第6期，第66页。

③ 孙琳、李丹：《人工智能来了，他将怎样改变传媒业?》，《影视制作》2017年第11期，第14页。

④ 叶冲：《新闻报道中作者署名的历史变迁——兼论现代社会新闻报道署名的意义》，《新闻知识》2018年第3期，第27页。

人）同台亮相，引发观众热议。2019 年 3 月，全球首位 AI 合成女主播"新小萌"、中央人民广播电视总台的记者助理"小白"，成了两会期间业界高度关注的黑科技。①

紧接着，在 2019 年的"3·15"晚会预热新媒体直播中，也出现了一个新的 AI 合成主播"姚小松"，他的长相、声音和央视财经频道主持人姚雪松一模一样，还与姚雪松本人进行现场连线，流畅播报"3·15"晚会新闻资讯。②

这几年虽然我国的人工智能技术在虚拟主播中的应用已有探索，但近半年推出的 AI 合成主播们却有新的突破和创新，尤其是这次新华社推出的 AI 合成主播，不仅在全球人工智能合成领域中实现了技术创新和突破，更是率先在新闻传播领域开创了实时音视频与 AI 真人形象合成的先河。③ 作为国内权威媒体新华社全力打造的媒体大脑的最新成果，AI 合成主播正式上岗工作，直接推动了我国当前新型主流媒体与人工智能技术的深度融合。

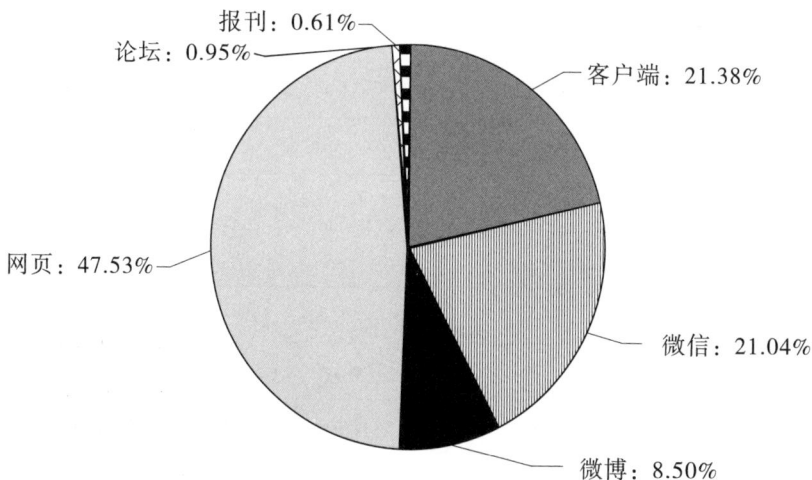

图 4-1　AI 合成主播关键词在各类媒体分布情况④

① 浅度：《少有人深知的中国主持江湖》，"之媒"微信公众号，https://mp.weixin.qq.com/s/iZ8Ng7pWR31hEnLwpPWoKw，2019 年 3 月 26 日。
② 《央视财经 AI 合成主播"姚小松"C 位出道！24 小时各类新闻不间断播报》，播音主持艺术网，http://www.peiyinquan.com/wechatarticle-13541.html，2019 年 3 月 17 日。
③ 张宗兰、赵然：《智媒深度融合赋能"AI 合成主播"探索》，《新闻世界》2019 年第 2 期，第 68 页。
④ 数据来源：清博大数据舆情系统。

为了解 AI 合成主播的实际社会热度，清博大数据舆情系统以 AI 合成主播为关键词，对其媒体分布情况进行调查，结果显示，AI 合成主播的相关报道分布于各大媒体平台，引起人们的广泛关注，网页、客户端、微信三大媒体矩阵是它的主要传播阵营。（见图 4 - 1）AI 合成主播的时代，正在悄然降临。

在人工智能技术又一次推动媒体融合与创新的关键时期，AI 合成主播这种全新的传播方式，已悄然出现在我们的生活中，AI 合成主播甚至成了新华社播音员主持人中的正式一员。

AI 合成主播的概念出现后，引起了国内社会各界的关注。根据清博大数据舆情系统对 AI 合成主播的情感监测走势统计图可知，自 2019 年"3·15"晚会前央视财经 AI 合成主播"姚小松"C 位出道以来，社会舆情指数一路升高并在3 月 20 号达到最高值，如图 4 - 2 所示。

最高点指数：正面 149、中性 11、负面 149。

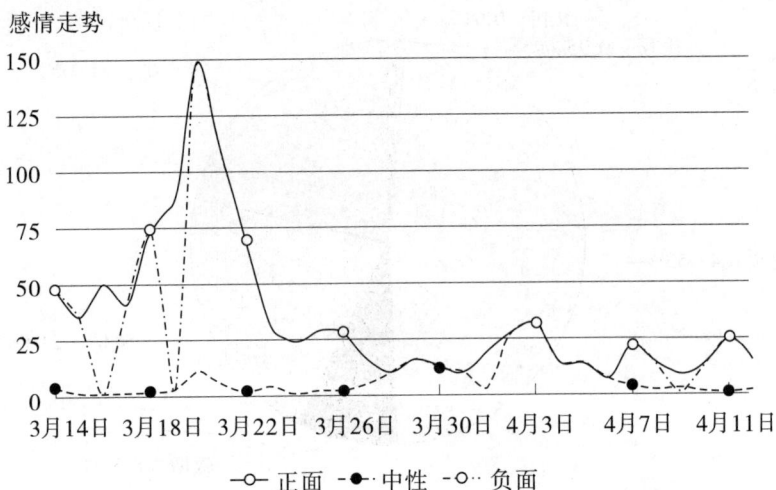

图 4 - 2   30 天 AI 合成主播的情感监测①

2. 人工智能合成主播的研究现状

AI 合成主播播报新闻的视频由新华社发布后，引发了各界的关注。但其实AI 合成主播这一概念，在 21 世纪初就初见端倪。

2001 年 5 月 13 日晚，学者王眉以在天津电视台黄金时间播出的《科技周

① 数据来源：清博大数据舆情系统。

刊》节目中登场的我国电视虚拟主持人"言东方"为研究对象，结合 2001 年 3 月 29 日在江苏电视台亮相的会说多国语言的《现在娱乐》虚拟主持人"QQ 小姐"，以及 2001 年 5 月 12 日，介绍科技展览的中央电视台的"伊妹儿"智能主播的主持情况，探讨了电视虚拟主播出现的意义。该文提出："电视虚拟主持人的出现，是顺应科技发展，争夺更大传播空间的创新之举，是新闻本体论的复归。"但是王眉认为：电视虚拟主持人尚不会取代传统的节目主持人，目前的人工合成主持人依然存在许多不足，需要改进。[①] 2001 年 8 月，在《中国传媒科技》上，面对虚拟主持人走上各国电视荧屏的现象，陈革非先生表示了自己的担忧："未来这些虚拟主持人会逐渐更真实起来，或者干脆将世界虚拟化"。[②]

近年来，对人工智能合成主播的探索不断深化和推进。河南大学周静认为"利用人工智能技术对于主持人领域来说既是挑战也是机遇"，高科技和电视节目完美融合，体现出人性化，不仅可以减轻主播们的工作压力，而且也减少了人力资源成本的投入。[③] AI 合成主播虽然拥有大数据带来的准确性和及时性等优势，但其目前的智能水平更擅长"短平快"新闻的写作或播报，在"深入评论"领域还无法替代真人。未来二者融合，以人类主持人为主导，智能主持人为辅助，相辅相成，会让我们的媒体舞台更丰富多彩、繁荣并茂。

何强分析指出，新华社率先定义"AI 时代"新闻内容生产的标准，开创实时音视频与 AI 真人形象合成的先河。AI 合成主播满足用户多元新闻需求，降低内容生产成本，实现生产和传播效率质的提升，进一步提升权威声音的影响力。[④]

2019 年 2 月，娄艳阁以新华社 AI 合成主播为例，探索该技术对当下的新闻业态以及新闻从业者产生的影响。[⑤] 张宗兰、赵然等指出，从最初的虚拟主持人到今天的 AI 合成主播，人工智能技术不断为新闻播报领域进行科技赋能，实现了新闻播报的信息有效传播与互动性接收的双效推进，以智媒融合提升新闻

---

① 王眉：《电视虚拟主持人挑战传统节目主持人》，《新闻记者》2001 年第 10 期，第 35 页。
② 陈革非：《虚拟主持人挑战未来荧屏》，《中国传媒科技》2001 年第 8 期，第 7 页。
③ 周静：《人工智能背景下主持人领域的优势与挑战》，《新闻传播》2018 年第 7 期，第 39 页。
④ 何强：《从全球首个 AI 合成主播诞生看媒体融合：媒体应用场景就要 AI 到底》，《中国记者》2018 年第 12 期，第 65 页。
⑤ 娄艳阁：《"AI 合成主播"对新闻业态的影响——以新华社"AI 合成主播"为例》，《传媒》2019 年第 3 期，第 49 页。

深度生产，以智慧传播推动媒体深度报道，从而实现智媒的深度融合与生长。[①]

在国外，人工智能合成主播的发展较国内更早，相关探索丰富但研究文献较少。在 2001 年，英国一家媒体公司就推出了全世界第一个虚拟的电视女主持人阿娜诺娃（Ananova）。这位新闻女郎是英国报业联会媒体公司经过九个月的"孕育"，才将她正式推上网络的。阿娜诺娃当时的身价已达 1.4 亿美元，其制作人借助成熟的三维游戏技术，赋予她丰富的表情、出众的长相以及即时同步语音处理技术，让她的声音磁性十足，流利而准确。只要你登上她的网站，就能享受她给你提供的"私人播报"，并且阿娜诺娃从不出错也不会疲倦，可以 24 小时在荧屏前与观众见面。

创造了阿娜诺娃的那家英国公司的老板罗伯特·辛普森认为，阿娜诺娃"具有全球魅力"，设计阿娜诺娃是"开辟新天地的创举"，应该说，在"不知疲倦永相伴，随时随地传播信息"方面，阿娜诺娃确实非一般的电视节目主持人可比。[②]

在 2015 年 5 月，英国广播公司（BBC）的早间直播节目《早餐秀》启用了机器人主持人作为嘉宾与主持人进行互动。在 14 日的直播中，节目组邀请机器人"琳达"为嘉宾，这款机器人被金属外壳包装，头上闪烁着 LED 灯，两只眼睛如同两颗乒乓球，拥有实体化的构造[③]。智能方面，琳达可以与主持人良好互动，共同探讨有关人工智能的话题。同年 9 月，由日本大阪大学智能机器人研究所所长石黑浩研发的两台人工智能机器人亮相，这两台智能机器人被设计成女主播的形象，被赋予了谈话的基本功能，在形象上也和真人十分接近。[④]

面对各国 AI 合成主播的纷纷亮相，欧洲移动电视和移动广播行业的关键人物 Chem Assayag 表示："总的来说，在 2019 年初的这个阶段，广播行业可能在第二级开始和第三级早期之间的某一线上排成一线。第二级是主动的，定义就在于'AI 主持人'的出现，他们或许在证明概念，或者是试点项目，但是在目前的阶段中，关于人工智能的会议往往会侧重于知识共享，并且从标准化新闻生产流程开始，逐步引入人工智能技术。"

---

① 张宗兰、赵然：《智媒深度融合赋能"AI 合成主播"探索》，《新闻世界》2019 第 2 期，第 68 页。

② 游立杭、林秀芳：《浅析气象节目虚拟主持人的发展》，《科技信息》2010 年第 36 期，第 385 页。

③ 杨娜：《试析人工智能主播在媒体中的发展》，《电视研究》2017 年第 2 期，第 35 页。

④ 张越：《在身边的仿真机器人》，《中国信息化》2014 年第 13 期，第 35 页。

随着越来越多的 AI 合成主播出现在人们的生活中，CNBC（美国 NBC 环球集团全球性财经有线电视卫星新闻台）对这些人工智能产业的不断增长表示了担忧，其中包括对失业率攀升的预测。据研究公司 Gartner 估算，未来 AI 行业实际上将代替数以万计的就业岗位——到 2020 年传统行业将减少 180 万个就业岗位，这将是一场对人类职业领域的冲击和变革。毫无疑问，随着 AI 合成主播的上线，传统的播音员主持人行业也将在这次职业变革中受到冲击和波及。

（二）人工智能合成主播的传播效果调查设计

1. 研究初衷

传播效果是指传播对人的行为产生的有效结果。在狭义上是指受众接受信息后，在知识、情感、态度、行为等方面发生的变化，通常意味着传播活动在多大程度上实现了传播者的意图或目的。在广义上，指报纸、期刊、广播、电视等大众传播媒介的活动对受众和社会产生的一切影响和结果的总和，不管这些影响和结果是有意的还是无意的，直接的还是间接的，显在的还是潜在的。①

根据传播的过程，传播效果有三个发展阶段，分别是认知效果、态度效果和行为效果。

认知效果：受众在读报纸、听广播、看电视等使用某种媒介时，通过媒介接收了媒介传递的信息，并对这些信息有了一定的了解和认识，这种效果称为认知效果。

态度效果：外部信息作用于受众的观念或价值体系，引起人们情绪或感情的变化。有时受众在接收了某些信息后，会对某一事物产生一定的看法或者改变了原来的看法，这也是大众传播的效果之一，也就是受众接收信息后在态度上发生的变化。

行为效果：受众接收信息后在行为上发生的变化，是传播效果的外在效果。主要指的是"受传者行为方式的变化，同时包括受传者选择和运用物化手段的能力和方式的变化"②。

AI 合成主播的诞生是新事物，但是同样离不开媒体的属性，高效的传播效果一直是各类媒体致力追求的目标。媒体平台通过 AI 合成主播来进行新闻的播

① 胡钰：《大众传播效果》，北京：新华出版社，2000 年，第 22 页。
② 靳辉：《认识建构与传播效果研究的复杂性》，《江南大学学报（人文社会科学版）》2006 年第 2 期，第 26 页。

报，那究竟传播效果如何？受众对 AI 合成主播的态度如何？未来 AI 合成主播对播音员主持人的挑战又将是如何？为了研究这一现实问题，笔者意图通过科学的问卷调查，进行合理的取样分析。

2. 问卷设置与回收情况

本研究调查问卷以科学性、合理性、便利性和目的性为基本原则，调查的目的在于了解 AI 合成主播对受众的传播效果，包括人们对其的认知度、认可度、喜爱或不喜爱原因等内容。

本研究调查问卷主要从受众的基本特征属性、认知、情感态度、行为表现四个维度进行传播效果调查。

（1）受众的基本特征属性，包括性别、年龄、受教育程度、职业等；

（2）受众的认知，包括受众是否听过、了解 AI 合成主播等；

（3）受众的情感态度，包括用户对 AI 合成主播的接受和喜爱程度等；

（4）受众的行为表现，包括用户利用 AI 合成主播获取资讯情况、受众是否再次收看 AI 合成主播播报的节目、受众期待 AI 合成主播在不同节目中的应用以及未来的发展趋势等。问卷题目均为选择题，包括单选、多选。

考虑到 AI 合成主播是新时代的新名词，调查选择通过网络问卷平台问卷星来发布问卷，并利用微信、QQ 等渠道借助链接和二维码发送给受众，提高问卷填写效率。本问卷调查共发放 500 份问卷，经过仔细核对和逻辑检查，回收有效问卷 474 份，有效度为 94.8%。

3. 人工智能合成主播传播效果调查受众的基本特征属性

传播者所传递的信息是否能让受众关心、产生兴趣，是否可信、重要、及时，是受众对其价值判断的依据与核心，这也直接决定并影响传播效果。受众对象一般具有不同的个性特征，不同的受众会根据自身兴趣爱好、生活经历、学历、职业等而产生不同的信息需求，同时也造就了对同一信息的不同理解，而信息到达受众所产生的效果也会不尽相同。[①] 本研究调查问卷对受众的性别、年龄、受教育程度和职业进行了调查。

（1）性别。

本次调查的有效问卷共有 474 份，其中男性 235 人，占比 49.58%；女性 239 人，占比 50.42%。被调查者中女性比例略大于男性，但基本平衡。（见图 4-3）

---

① 史华：《情感类网易号的传播效果研究》，西安：西安工业大学硕士学位论文，2018 年。

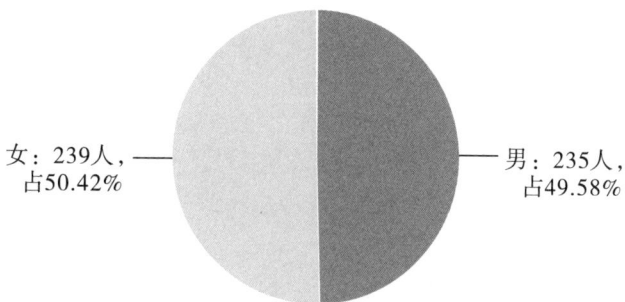

图4-3 被调查者的性别情况

（2）年龄。

根据图4-4的统计数据，在有效问卷中，除了19～25岁的年龄段样本偏多，其他各个年龄层的占比相差较小，基数接近，符合问卷基本要求，降低了年龄对问卷效果的不准确影响。在总体样本中，19～25岁年龄段的有效样本占比最高，为37.13%，51岁及以上年龄段占比最少，为9.7%，但也达到50人左右，符合问卷设计基本要求。

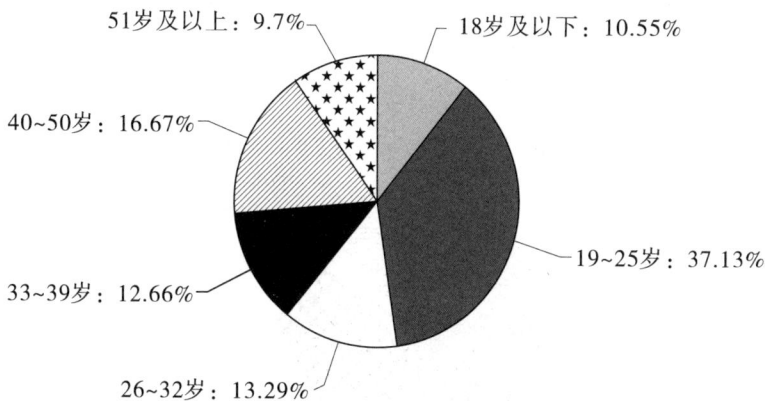

图4-4 被调查者年龄分布情况

（3）受教育程度。

根据图4-5统计结果，本次问卷调查中人数最多的是本科学历，共203人，占比42.83%；其次是高中，人数为91，占比为19.20%；硕士及以上学历占比最低，为8.44%。总体来看，此次参与调查的样本群体大学本科学历占比较高，但同时也覆盖了多个受教育层次的群体。

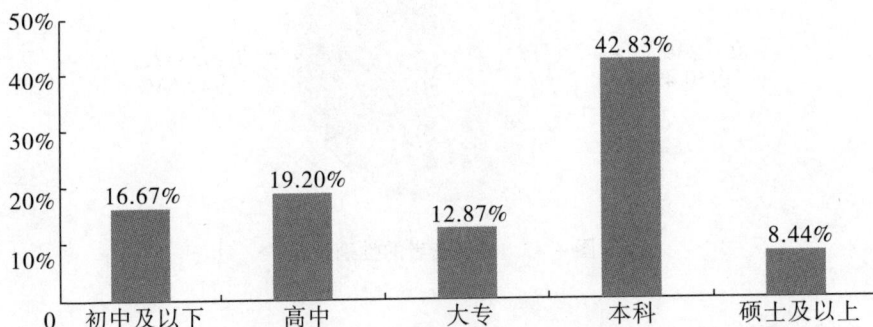

图 4 – 5　被调查者受教育程度

（4）职业。

职业的不同，往往也会影响受众对 AI 合成主播的主观认知，从图 4 – 6 的调查结果可以看出，本次问卷的被调查者涉及多个职业，人群覆盖面较广。其中学生占比最高，达到 40.51%；其次是普通职工，占样本总数的 31.01%；被调查者中，教师、公务员、媒体工作者、个体户占比差距较小，分别为 7.59%、4.43%、4.43% 和 4.85%，取样相对丰富。

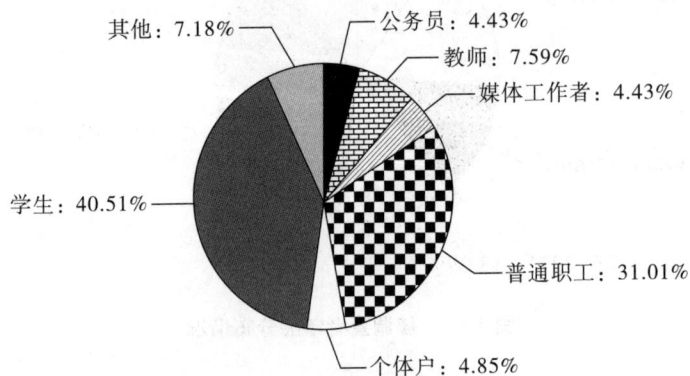

图 4 – 6　被调查者的职业情况

（三）人工智能合成主播的传播效果调查分析

1. 受众认知层面

在认知层面效果上，外部信息作用于知觉和记忆系统，引起人们知识量的增加和知识构成的变化。[①] 在调查中，我们应当注意 AI 合成主播能否顺利将信息传达给受众、受众是否可以顺利接收到信息的内涵、引起知识量的增加变化、产生认知层面的效果。

（1）七成受众对 AI 合成主播有认知，三成受众待普及。

在调查中，从问题"是否听说过 AI 合成主播"的结果可以发现，受众对于 AI 合成主播的认知已经比较普遍，从图 4-7 可以看出，"听说过，一般了解"的受众占比 58.44%，"非常了解"的受众占比 10.55%，"从未听说"的受众占比 31.01%。总体有认知的受众占比接近七成。

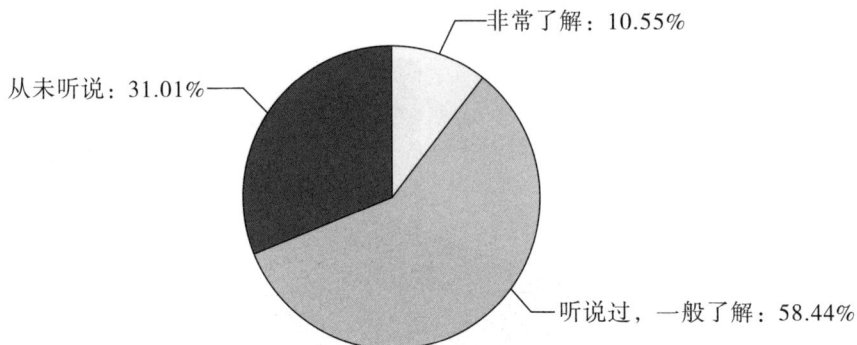

图 4-7　受众是否听说过 AI 合成主播

随着 2018 年第五届世界互联网峰会上新华社推出第一个 AI 合成主播以来，官方媒体、网络媒体及各类新媒体大量转发，推动了 AI 合成主播这一新鲜事物的传播，正如传播学经典理论"枪弹论"所言：凡通过传播媒介传播的信息都可以为受众在不知不觉中所接收，从而达到传播效果。[②] 受众有意或者无意中

---

① 马筱语：《认知心理学视域下的公益广告传播效果与制作策略研究》，重庆：重庆大学硕士学位论文，2014 年。

② 罗源、谢颖明：《受众的"接受"——关于新闻传播中接受问题的思考》，《西南政法大学学报》2004 年第 5 期，第 33 页。

就接收到了这一概念，从而产生了认知。

图 4 - 8 显示的是被调查受众对问题"您是否听过 AI 合成主播播报的新闻"的回答结果。其中，有 69.42% 的受众表示听过，有 30.58% 的受众表示没听过。目前，国内的 AI 合成主播大多是由官方权威媒体新华社推出的，带有很强的政治性和权威性。AI 合成主播正式成为新华社播报新闻中的一员，AI 合成主播播报新闻的视频，在新华网、人民网、新华社官方微信、微博以及各级党媒和传统媒体的传播和转发下，受到了全国广大网民和民众的关注，这种"集体轰炸式"的资讯传播方法，迅速将 AI 合成主播上场播报新闻的印象刻印在广大受众脑海中。

从以上认知层面的两个数据来看，AI 合成主播作为新生事物，能在短时间内得到近70% 受众的认知，说明传播速度快、辐射范围广。但是还有近30% 的受众从未听过 AI 合成主播或从未听过 AI 合成主播播报新闻的音视频，证明 AI 合成主播的应用、推广还有一定空间。

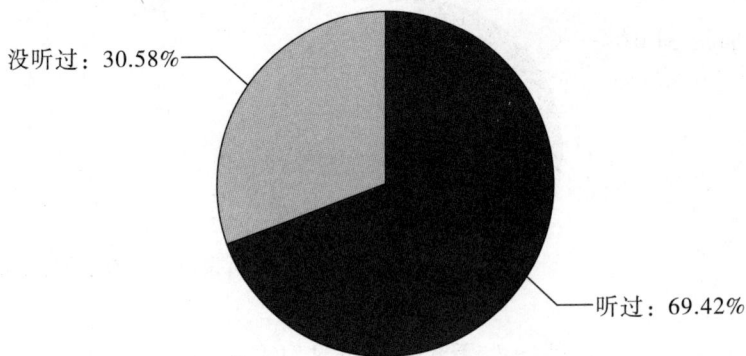

没听过：30.58%

听过：69.42%

图 4 - 8   受众是否听过 AI 合成主播播报的新闻

（2）中老年人对 AI 合成主播的认知度有待提高。

在年龄层面上，从未听说过 AI 合成主播的受众中占比最多的年龄段是41 ~ 50 岁和51 岁及以上的人群，如表4 - 1 所示，二者分别占比40. 51%、36. 96%。AI 合成主播的应用和推广都是基于新媒体平台，如微信、微博和 App 客户端等，中老年人对于新媒体的使用不如年轻人熟悉，依旧习惯使用传统媒体。因此这一群体接收信息不通畅的问题较明显，未来 AI 合成主播要获得更多受众的认知，还需针对年龄偏大的人群的特殊情况，加强推广传播，使 AI 合成主播的相关信息到达中老年受众的视线范围内。

表 4 - 1 不同年龄段受众对 AI 合成主播的认知了解的分布情况

年龄	非常了解	听说过，一般了解	从未听说过	小计
18 岁及以下	5（10.00%）	34（68.00%）	11（22.00%）	50
19～25 岁	20（11.36%）	106（60.23%）	50（28.41%）	176
26～32 岁	11（17.46%）	36（57.14%）	16（25.40%）	63
33～39 岁	6（10.00%）	33（55.00%）	21（35.00%）	60
41～50 岁	8（10.13%）	39（49.37%）	32（40.51%）	79
51 岁及以上	0	29（63.04%）	17（36.96%）	46

（3）不同年龄、学历和职业受众的认知差异。

针对不同年龄、学历和职业的受众认知程度，笔者展开了进一步的数据交叉分析，可以发现 32 岁以下的受众普遍听说过并且比较了解 AI 合成主播，而 40 岁以上的中老年人群受众，则对 AI 合成主播的了解较少。（见表 4 - 1）从这里可以看出 AI 合成主播作为新鲜事物，在年轻人中的认知度比较高，广大年轻人对 AI 合成主播比较了解，更容易获取推广的机会。

在学历层面上，不同学历受众对 AI 合成主播的认知、态度和行为表现存在差异。从图 4 - 9 可以看出本科、硕士及以上学历的人群"非常了解"AI 合成主播的占比最高，学历代表一个人的知识结构和认知能力，该结果跟这个阶层的人群对社会热点问题的关注习惯有关，高学历人群对人工智能技术的认知水平较高。

除了年龄和学历对结果的影响，在职业层面上，不同的职业群体对于 AI 合成主播的认知情况也存在差异。问卷数据分析显示，公务员、教师和媒体工作者这三类群体听过 AI 合成主播播报新闻的人数占比较高，可以得出这三类群体对 AI 合成主播的认知度较高，如图 4 - 10 所示。

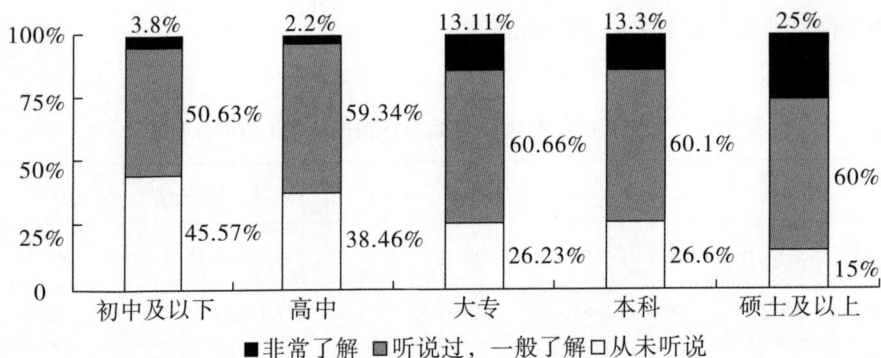

图 4-9　不同学历对 AI 合成主播的认知情况

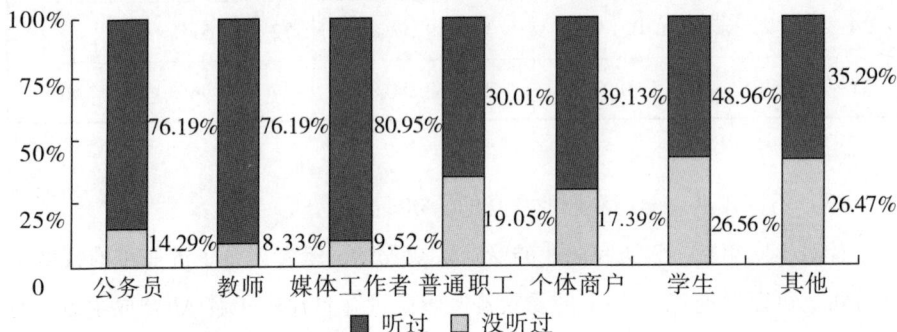

图 4-10　不同职业群体收看 AI 合成主播播报新闻的分布情况

2. 受众情感态度层面

在心理和态度层面效果上，外部信息作用于观念或价值体系，引起人们情绪或感情的变化。[①] AI 合成主播不是真人，是虚拟合成的，虚拟智能主播的播报能否引起观众的情绪或情感变化，能否使受众产生特定的情感态度，是受众态度层面分析的重点。

（1）受众对 AI 合成主播声音的喜爱度有待提高。

通过对问卷调查数据的整理，从图 4-11 中受众对 AI 合成主播的声音喜爱情况可知：选择"喜欢"的受众有 32.11%；而选择"一般"的占比 57.49%，占一半以上；不喜欢的占 10.40%。可以看出随着人工智能技术的发展，AI 合成主播的图像和声音的合成已经接近人类的声音，"他们"的声音经受住了广

---

① 杨若文、朱希良、郑国琪：《新闻情感信息与新闻传播的效果——新闻情感信息传播探讨之七》，《今传媒》2008 年第 11 期，第 34 页。

大听众的考验，受众没有绝对拒绝 AI 合成的声音，而是以中立态度为主流，但距离大多数受众都喜欢的声音，仍有一定差距，现在的 AI 合成主播的声音合成技术仍需改进。

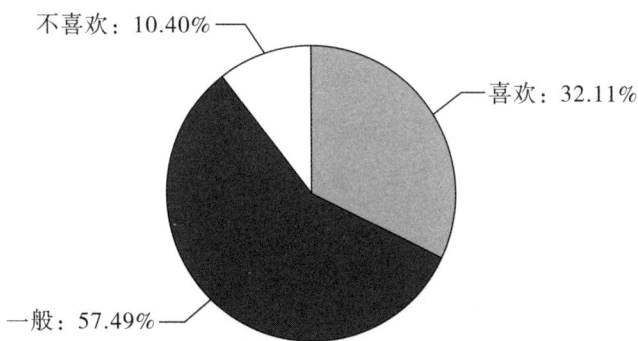

图 4 - 11　受众对 AI 合成主播的声音喜爱情况

目前 AI 合成主播的声音往往是以真人播音员的声音作为原型，进行外貌和语言上的模仿，如在"3·15"晚会预热新媒体直播中，央视财经频道出现了一个新的 AI 合成主播"姚小松"，他的长相、声音来源于央视财经频道的真人主持人姚雪松，两者相似度极高。但播出后不少观众留言表示：当真人姚雪松与 AI"姚小松"连线时，真人讲话时的气息自然度还是和 AI 合成的主持人"姚小松"形成鲜明的对比。目前的 AI 主持人还是无法做到完全"以假乱真"的程度，声音依然存在语流僵硬，缺乏情感等问题；更"真人化"有情感起伏的 AI 合成主播的声音，才能获得受众喜爱。

（2）不同受众对 AI 合成主播声音的喜好差异。

进一步分析不同年龄段、不同学历和不同职业人群对 AI 合成主播声音的喜好情况，结果显示：19 ~ 25 岁的年轻人对 AI 合成主播的声音喜爱相比其他年龄层是最低的。分析不同学历受众喜欢 AI 合成主播声音的分布情况也可以发现：本科以上人群对 AI 合成主播声音的喜爱程度同样是最低的。在职业层面，公务员群体最喜欢 AI 合成主播的声音，喜欢比例达到 57.14%。

19 ~ 25 岁的年轻人和本科学历以上人群对 AI 合成主播的声音喜爱程度是最低的，这跟前文这一人群的高认知度恰好相反。

而职业方面，公务员群体对 AI 合成主播的认知度和喜爱程度都比较高，符合我们日常的思维判断，这一群体关注时事政治，AI 合成主播作为权威媒体新华社的新宠儿，公务员群体有必要去了解并且由于思维惯性倾向于接受和喜爱。

（3）受众对 AI 合成主播的信任度以肯定和中立为主。

从图 4 - 12 可看出，在对 AI 合成主播播报新闻的可信度调查中，选择可信度为"高"的受众占比 14.77%，选择可信度"较高"的占比 36.92%，两者加起来占比 51.69%，说明有一半人以上是对 AI 合成主播播报的新闻表示高度信任的。但选择可信度为"一般"的受众占比 41.77%，将近一半受众持中立观望态度。另外有 2.32% 的人表示可信度很低。

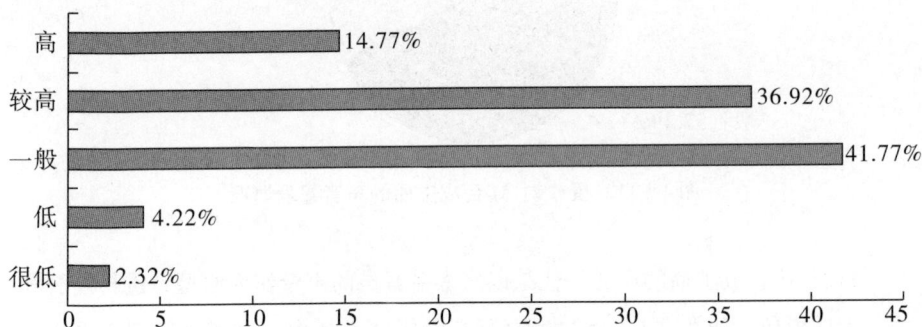

图 4 - 12　AI 合成主播播报新闻的可信度

AI 合成主播作为新鲜事物，广大受众对其播报的内容可信度持有较高的肯定态度。从 AI 合成主播的原理我们也可以看出，AI 合成主播播报的内容是需要经过专业人士来筛选的，由新华社等权威媒体打造信度是有保证的。但 AI 合成主播毕竟不是真实的人类，在初期应用阶段不少受众还是容易对其产生些许不信任感，进而导致选择"一般"选项的为大多数。

进一步分析选择可信度高的人群的年龄、学历和职业属性，发现年龄在 19～25 岁、本科学历、职业为学生的这类人群认为可信度高的占比最高（见图 4 - 13、4 - 14、4 - 15），这类人群正处于人生价值观形成的重要阶段，他们涉猎的知识和储备丰富，生活态度积极，对新事物的接受较快。对 AI 合成主播这一新事物，他们表达了高度的信任，这源于年轻大学生们对 AI 合成主播的工作机制了解程度较深。传媒过程中，信息的真实度主要取决于媒体信源，AI 合成主播的播报准确不会口误，可信度有充分保障。

51岁及以上：4.29%

18岁及以下：5.71%

40~50岁：20.00%

19~25岁：41.43%

33~39岁：17.14%

26~32岁：11.43%

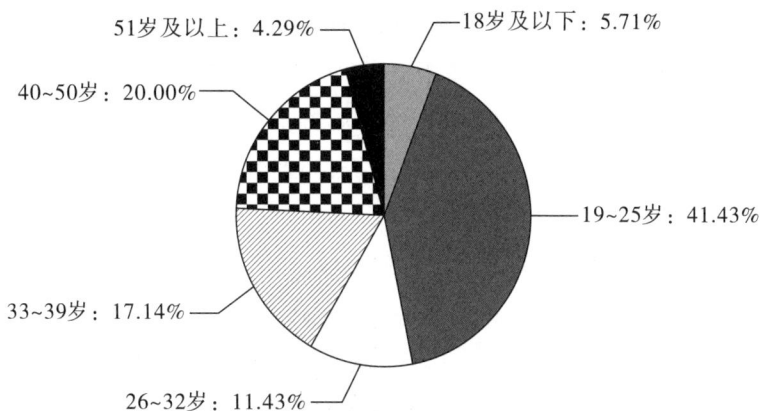

图 4 - 13　认为可信度高的人群年龄分布

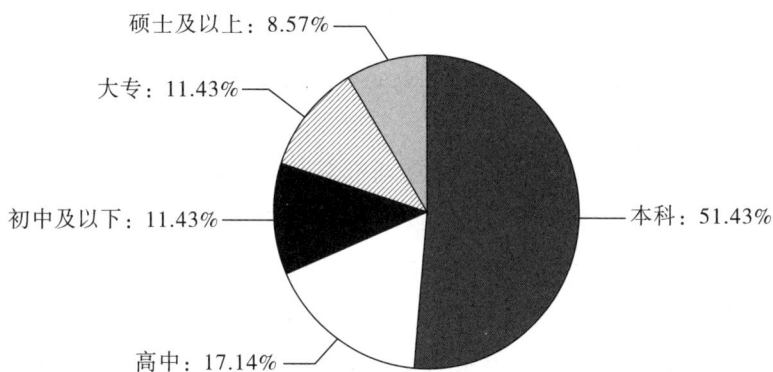

硕士及以上：8.57%

大专：11.43%

初中及以下：11.43%

本科：51.43%

高中：17.14%

图 4 - 14　认为可信度高的人群学历分布

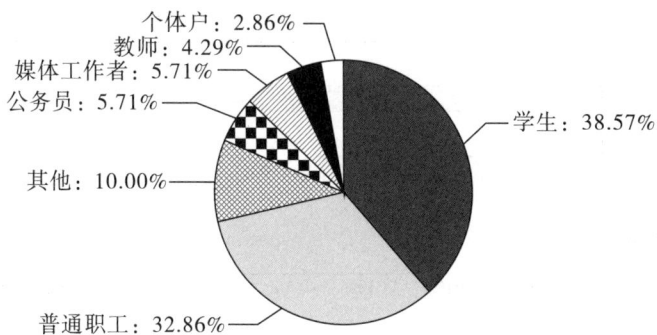

个体户：2.86%

教师：4.29%

媒体工作者：5.71%

公务员：5.71%

其他：10.00%

学生：38.57%

普通职工：32.86%

图 4 - 15　认为可信度高的人群职业分布

（4）近半受众接受 AI 合成主播进行新闻播报。

如图 4 - 16 所示，当问及"未来电视台的新闻都由 AI 合成主播进行播报，您是否接受？"这一问题时，53.38% 的受众明确表示会接受，有 24.89% 的受众表示不会接受，有 21.73% 的受众表达了无所谓的态度。

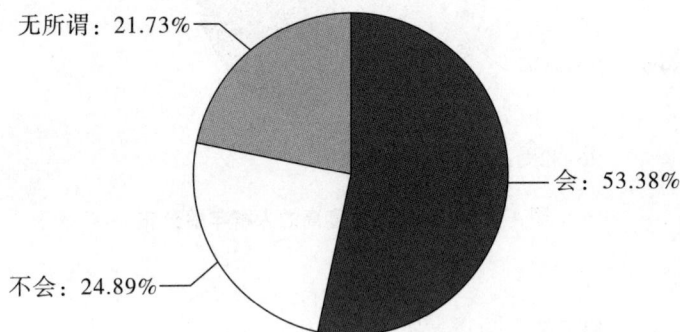

无所谓：21.73%

会：53.38%

不会：24.89%

图 4 - 16　AI 合成主播进行新闻播报的接受度

由于经济和社会的发展，人们的生活节奏变得越来越快，每天忙于生活和工作的时间占据了人们一天的大部分，而新闻资讯作为人们了解周围世界发生的事件的主要渠道，快速准确地获取信息是关键。受众对于是由真人播音员主持人来播报新闻还是由 AI 合成主播来播报新闻没有太大的偏好。受众收看新闻的主要目的是获取资讯，这也从另一方面说明 AI 合成主播首先发展的领域，应当定位于在传统的新闻播报节目。

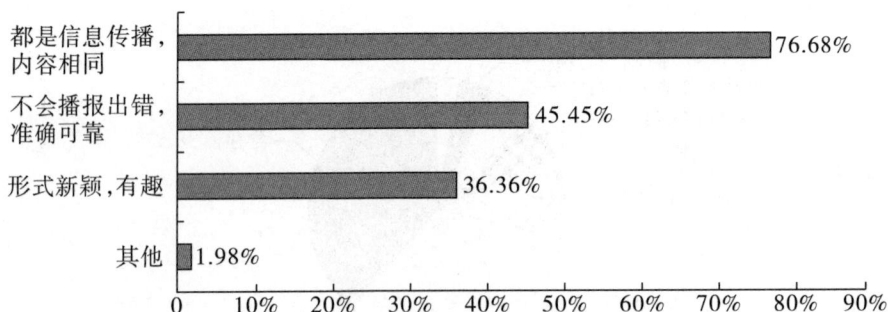

都是信息传播，内容相同	76.68%
不会播报出错，准确可靠	45.45%
形式新颖，有趣	36.36%
其他	1.98%

0%　10%　20%　30%　40%　50%　60%　70%　80%　90%

图 4 - 17　接受 AI 合成主播进行新闻播报的原因

在接受未来电视台的新闻由 AI 合成主播进行播报的受众中，如图 4 - 17 所示，有 76.68% 的人表示接受的原因在于"都是信息传播，内容相同"，更注重新闻的内容而不是形式；有 45.45% 的人认为 AI 合成主播"不会播报出错，准确可靠"，对 AI 合成主播的播报准确度抱有好感；有 36.36% 的受众明确表示是由于 AI 合成主播的播报视频"形式新颖，有趣"。在新闻媒体行业，信息来源决定内容可信度和接受度；播报环节则需要最大程度还原信息，减少播报时出现错字错音的可能性，智能播报比人工播报准确度更高，反而让新闻的准确度得到更高程度的保证。

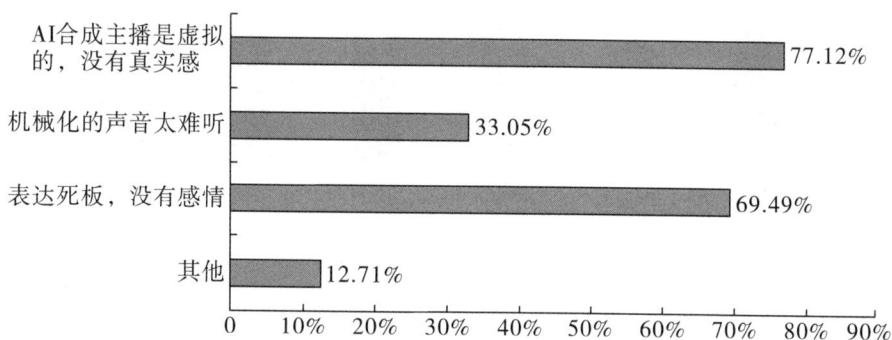

图 4 - 18　不接受 AI 合成主播进行新闻播报的原因

反观选择不接受未来电视台的新闻由 AI 合成主播进行播报的受众中，如图 4 - 18 所示，有 77.12% 的调查受众表示"AI 合成主播是虚拟的，没有真实感"，缺乏真人的自然表达，无法让人产生亲近是 AI 合成主播的主要缺陷；有 69.49% 的受众认为 AI 合成主播"表达死板，没有情感"，AI 合成主播虽然捕捉学习了真人播音员主持人的音色、语气，但始终只是复刻，无法理解播报的内容，缺乏情感上的二次加工；有 33.05% 的受众表示 AI 合成主播"机械化的声音太难听"，可以看出 AI 合成主播缺乏情感，受众对没有感情代入的声音并不买账。AI 合成主播在语流变化和重音断句等方面，仍然存在少许不流畅的地方，难以复刻人类播音员的自然语气表达与感情流露方式，需要人工智能技术进一步改进和支持。

（5）不同年龄、学历和职业受众的态度差异。

笔者进一步分析了不同年龄、学历和职业的受众对 AI 合成主播播报新闻的接受度，从图 4 - 19 可以看出：18 岁及以下和 51 岁及以上的青少年和老年人明确表示会接受的比例最高。其中 51 岁以上中老年人群是目前传统广播电视节目的最主要受众，由于历史时代原因，他们大多有收看电视节目、收听广播的习惯，未来针对这一人群 AI 合成主播将会有很大的挖掘空间。19 ~ 25 岁年龄段接受度最低，在其余的 3 个年龄段里，26 ~ 50 岁之间的群体对所有新闻均由 AI 合成主播来播报的接受度居中，整体态度相对积极。

不同学历的受众对"未来电视新闻播报都由 AI 合成主播来播报新闻的接受度"情况又是如何呢？从图 4 - 20 可以看出，大专及以下的人群对 AI 合成主播接受度较高，而认知度和批判性能力较高的本科及以上人群的接受度反而更低。

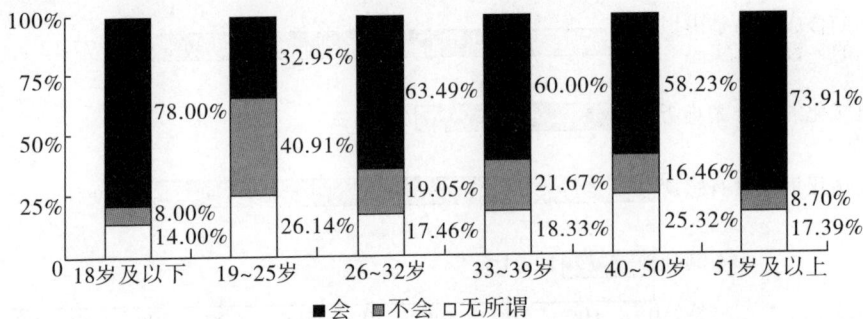

图 4 - 19 不同年龄段受众接受 AI 合成主播播报新闻的分布情况

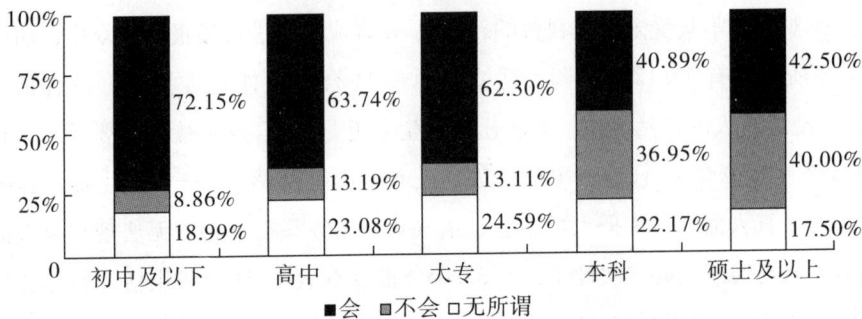

图 4 - 20 不同学历受众对 AI 合成主播播报新闻的接受度情况

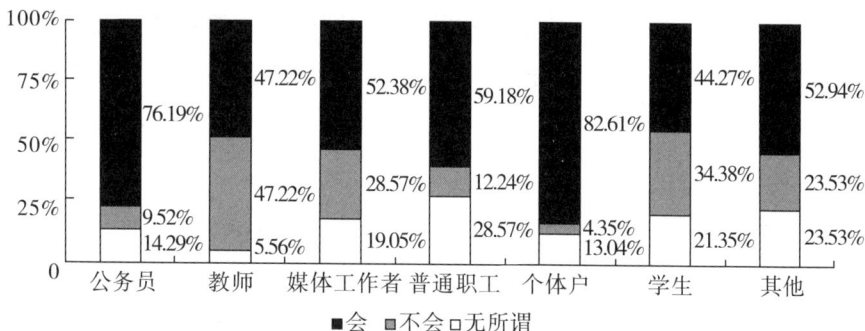

图 4 – 21　不同职业群体接受 AI 合成主播播报新闻的意愿分布情况

　　而不同的职业对于 AI 合成主播播报新闻的接受度又如何呢？如图 4 – 21 显示，在认知度较高的公务员、教师和媒体工作者三类人群中，公务员明确表示会再次收看的意愿最高，占比 76.19%。可以得出在情感态度层面上，公务员群体对 AI 合成主播的接受意愿也比较高。

　　从上述调查结果和分析中可以得出，受众对 AI 合成主播这一新鲜事物的接受度较高。由于受众对于传统媒体和权威媒体有一定的"敬畏"之心，加之人工智能技术逐渐成熟并且应用到我们的生活中，受众对于将人工智能技术应用到传统播音员这一新事物表示理解和接受。从深层原因来看，这一结果跟新闻节目的严肃性、及时性、时效性等特性有一定的联系：AI 合成主播可以做到全天 24 小时工作，不会疲倦，不论深夜还是凌晨均可奉上最新的新闻，生产流程快捷，新闻及时性极高。受众收看新闻的目的在于获取资讯，至于这个资讯是从传统的播音员主持人口中播报出来的还是从 AI 合成主播的口中播报出来的，受众并不是特别在意，观众更在意的是新闻播报的可信度和内容质量，这就要求新闻媒体平台的工作者在审核环节进一步加强，树立好"把关人"意识，因为 AI 合成主播是根据人类给的文本内容来进行播报的，文本内容的真实性、有效性就显得格外重要。

　　研究还发现，年轻人对新鲜事物了解程度较高，理应对 AI 合成主播播报新闻的接受度也较高，调查的结果却是未成年的青少年和老年人接受度高，19 ~ 25 岁之间的年轻人反而不太接受由 AI 合成主播代替真人主播来播报新闻，并且本科及以上高学历人群对 AI 合成主播的接受度也较低。这一人群大多正处于本科或硕士阶段，处在人生的学习发展黄金期，处于价值观形成的阶段，对事物的批判和反思能力较强，对周围的新鲜事物抱有好奇心，所以认知度比较高，但是年轻人对新鲜事物的要求也比较高，并不是所有新鲜事物都会引起年轻人的兴趣，所以年轻人并不太愿意接受 AI 合成主播代替真人主播来播报新闻这个新事物。

3. 受众行为表现层面

在行为表现层面的效果上，从认知到态度再到行动是一个效果的累积、深化和扩大的过程。[①] AI 合成主播的播报能否打动观众，能否取得节目的预期效果，该效果能否进一步深化和引起受众的长期行为，是探讨的重点。

（1）受众偏好 AI 合成主播应用于气象和时政节目。

对于受众"喜欢 AI 合成主播出现在什么类型的节目中"这一问题，从图 4-22 可以看出，希望在气象节目和时政新闻中应用 AI 合成主播的受众分别占 59.07%、43.67%。说明对于播报功能单一的气象、时政新闻节目，受众对 AI 合成主播的接受度最高。而对于需要现场调动、随机应变的晚会类节目，受众的接受度最低。

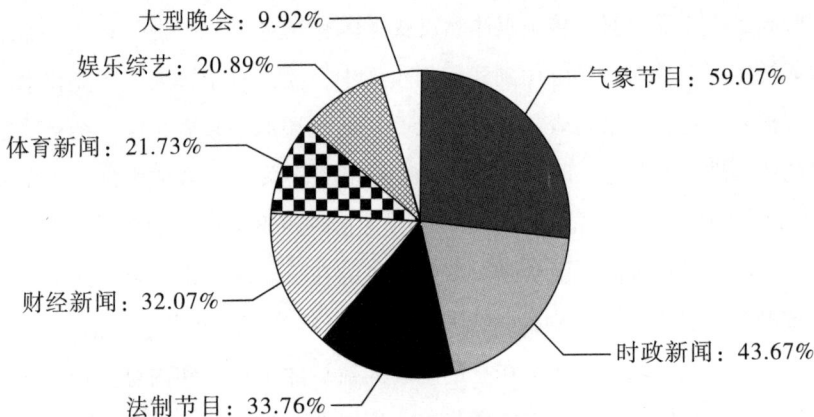

大型晚会：9.92%
娱乐综艺：20.89%
体育新闻：21.73%
财经新闻：32.07%
法制节目：33.76%
气象节目：59.07%
时政新闻：43.67%

图 4-22　受众喜欢 AI 合成主播出现在什么类型的节目统计

根据调查结果，受众希望在气象节目中看到 AI 主持人的意愿最高，达到 59.07%。随着社会生活节奏的加快，人们的时间也变得碎片化，在接收气象信息的时候，力求更加简单快捷化，获取信息内容成为人们的第一目标。

---

① 沈海艳：《传播学视角下网络文学的发展——以网络小说为例》，《新闻研究导刊》2017 年第 12 期，第 100 页。

在希望 AI 合成主播主持的节目类型中，时政新闻位居第二，达 43.67%。在具体实践上，2019 年两会期间在时政新闻方面首次启用了 AI 合成主播来播报新闻，AI 合成主播更能直接地将信息表达出来，不会读错字也不会疲倦，且播报表达不受主播个人特色的影响渗透，能将两会的作用充分发挥出来，更能体现国家意志。两会直播场景中，最重要的要求就是直、快、真，要体现民主，尽量减少人为干预。直才能够真，才能及时让公众掌握两会进展，体现公民权利。

以往央视都是完全以人工直播的方式报道两会，这样做的好处是真人记者主持人的现场报道会在表达上更亲切流畅，更具有人文情怀。现场的新闻经过主持人记者的理解内化、二次处理，新闻的内容质量较高，但播音员主持人存在着疲劳的问题，长时间工作后失误失真概率增加，精神状态也会受到影响，并且长远来看还有职场风险的可能性，而 AI 合成主播则可以将这些问题消除，同时 AI 合成主播背后的写手可以多人操作，内容质量同样可以保证，并且 AI 合成主播不会疲劳，任何时间都可以及时播报，深夜和凌晨都一样精神饱满，播读准确度极高，且不会面临职场风险的困扰。

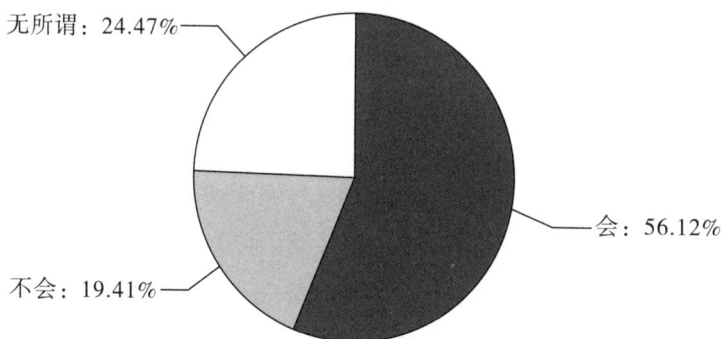

图 4 - 23　AI 合成主播的外在形式是否会影响受众收看新闻

而当问及"你是否会因为 AI 合成主播的外在形式（如眼神、表情、动作）的新颖精致多看一会儿新闻、多听一会儿新闻"时，从图 4 - 23 可以了解到：56.12% 的调查受众表示会因为 AI 合成主播的眼神、表情和动作等外在形式而多看新闻，只有 19.41% 的调查受众明确表示不会受这些外在形式所打动。

所以 AI 合成主播如果想要进一步提高受众的接受度和喜爱程度，还应在外形和表情自然度等形式上继续琢磨，使之更加自然化、精细化。

（2）过半受众愿意再次收看 AI 合成主播的节目。

如图 4-24 所示，当问及"是否还有再次收听 AI 合成主播播报的节目的意愿"时，总体上有 55.66% 的受众表示愿意再次收听，有 32.11% 的受众表示要看心情，只有 12.23% 的受众明确表示不想再次收听 AI 合成主播播报的节目。在行为层面上，大部分的受众还是会做出再次收看的行为。说明广大受众对 AI 合成主播这一新鲜事物由最开始的认知层面到情感态度层面作用到行为层面，产生接受并且希望再一次观看到 AI 合成主播播报的节目的行为。AI 合成主播的整个传播过程具有较强的传播效果。

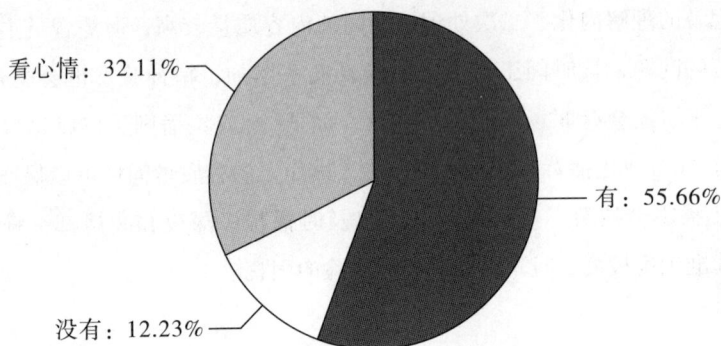

图 4-24　再次收听 AI 合成主播播报的节目的意愿

（3）七成受众认为 AI 合成主播会代替一半以上真人主播。

当向受众调查未来 AI 合成主播替代真人主持人的可能性时，如图 3-25 所示，认为完全被取代的受众占比 3.59%，认为会取代 70% 的真人主持人的受众占比 24.47%，认为会取代一半真人主播的受众最多，占比 40.93%，合计有 68.99% 的调查受众认为未来 AI 合成主播会代替一半或一半以上的真人主播。说明受众对于未来媒体工作者，特别是对于真人播音员主持人将会被 AI 技术替代的担忧是确实存在的。

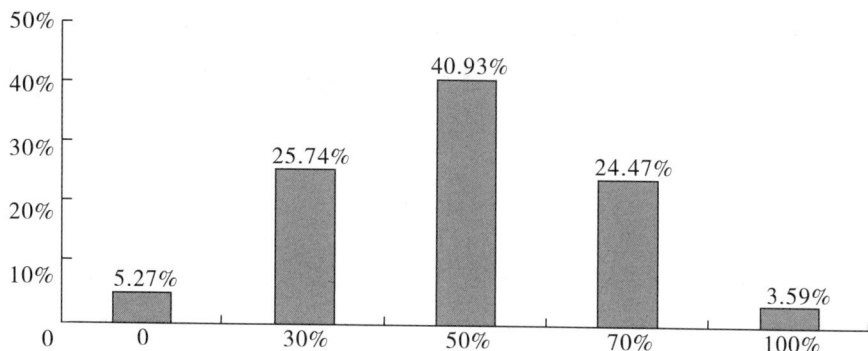

图 4 - 25　未来 AI 合成主播替代真人主播的可能性

　　人工智能时代下，传统的播音员主持人需要重视来自 AI 合成主播的挑战，因为 AI 合成技术一旦成熟，那些只会流程化的、功能型的主持人和那些只会看稿念字、看字出声的播音员，语言生硬的"僵硬派"主持人将最先面临淘汰出局的风险。

　　未来，媒体将与智能技术相互融合协作，AI 合成主播与传统真人主播会"同台竞技"的局面并不遥远。

　　（4）不同年龄、学历和职业受众的行为差异。

　　本文进一步对不同年龄、学历和职业的受众进行交叉分析，结果显示，19 ~ 25 岁的年轻人明确表示再一次收看 AI 合成主播播报的节目意愿最低。从不同学历受众再次收看 AI 合成主播播报的节目分布情况同样可以看出，本科以上学历的人群在行为表现层面上再次收看的比例也是最低的。

　　前文的交叉分析显示 19 岁至 25 岁和本科及以上学历人群对 AI 合成主播的接受度较低，这种"挑剔"的心理映射到行为表现层面则是 19 ~ 25 岁青年愿意再次收听 AI 合成主播播报新闻的意愿低，跟这一人群对 AI 合成主播的高认知程度形成反差。

　　根据不同职业群体再次收看 AI 合成主播播报节目的意愿分布，可以看出公务员这一群体的意愿最高。前文调查结果显示这一人群认知度和接受度也较高。这跟公务员群体的这一特性有关系，公务员属于体制内的人员，日常获取资讯的渠道主要是通过官方媒体，如新华社、人民日报、央视新闻 App 及其网络客户端等。AI 合成主播正是由新华社推出的最新虚拟主播，在这些传统的权威媒体上有大量关于 AI 合成主播的报道与应用。并且自 2019 年 1 月，"学习强国"App 上线以来，各单位体制内都在积极地利用这个 App 阅读资讯，这个 App 上的资讯内容主要来自权威媒体，也包含了 AI 合成主播的新闻播报节目，促使公务员们在日常的生活中了解到了 AI 合成主播的概念，并且受工作思维的影响，认为由权威媒体发布的 AI 合成主播可信度较高，进而接受这一新鲜事物也就是顺理成章的事情。

4. 问卷调查结果总结与思考

本调查以 AI 合成主播为研究对象，从受众的特征属性出发，对受众进行了认知、情感态度和行为表现层面的传播效果研究。通过问卷调查与理论分析，我们发现虽然 AI 合成主播是新鲜事物，但国内的受众对这一新鲜事物还是持有比较开放和包容的态度的，AI 合成主播的形象也较深刻地印在了受众的脑海里。但是不同年龄段、不同学历和不同职业群体的受众对 AI 合成主播这一新鲜事物的认知、态度和行为表现呈现较大差异性。

（1）老年人对 AI 合成主播的认知不足。

从传播效果的认知层面来看，总体上听过 AI 合成主播以及听过 AI 合成主播播报新闻声音的受众占比接近七成，AI 合成主播作为新生事物，能在短时间内得到近 70% 受众的认知，说明其传播速度快，辐射的范围较广。但仍有近30% 的受众对 AI 合成主播缺乏认知，其中 40 岁以上的中老年人占比最多，可见未来 AI 合成主播要获得更多受众的认知，还需针对年龄偏大的人群的特殊情况，加强推广传播，使 AI 合成主播的相关信息到达受众的视线范围内。

（2）公务员群体对 AI 合成主播的接受度高。

对不同年龄、学历和职业的受众认知程度进行交叉分析，得出 18～32 岁的年轻受众和本科及以上学历的高知分子以及公务员、教师和媒体工作者对 AI 合成主播的认知度最高。这类群体的共同点在于容易接受新鲜事物，知识水平较高，对事物怀有好奇心。尤其在公务员群体里，了解并且喜欢 AI 合成主播声音的占比在所有职业中最高，是 AI 合成主播的忠实粉丝。

（3）高学历年轻人对 AI 合成主播的喜爱度偏低。

在受众的情感态度层面，选择"喜欢"的受众有 32.11%，而选择"一般"的占比 57.49%，超过一半；AI 合成主播的声音经受住了广大听众的考验，没有绝对拒绝 AI 合成的声音，以中立态度为主流，但距离大多数受众都喜欢的声音仍有一定差距。AI 合成主播播报新闻的接受度调查显示，53.38% 的调查受众明确表示会接受，占到了一半以上。在对 AI 合成主播播报新闻的可信度调查中，选择可信度为"一般"的受众占比 41.77%，选择可信度"较高"的占比

36.92%，只有 2.32% 的人表示可信度很低。由此可见大部分受众对 AI 合成主播是比较喜爱、信任和接受的，在情感上认可这一事物。

进一步数据分析显示，19～25 岁的年轻人和本科学历以上人群对 AI 合成主播的喜爱和接受度相比其他年龄层反而是最低的，这一人群大多正处于本科或硕士阶段，处在人生的学习发展黄金期，处于价值观形成的阶段，对事物的批判和反思能力较强，对周围的新鲜事物抱有好奇心，所以认知度比较高，但是年轻人对新鲜事物的要求也比较高，并不是所有新鲜事物都会引起年轻人的兴趣，所以年轻人并不太愿意接受 AI 合成主播代替真人主播来播报新闻这个新事物。另外，18 岁及以下和 51 岁及以上的青少年和中老年人明确表示会接受的比例最高。其中 51 岁及以上中老年人群是目前传统广播电视节目的最主要受众，由于时代原因，他们大多拥有收看电视节目、收听广播的习惯，未来针对这一人群 AI 合成主播将会有很大的挖掘空间。

总结以上，归纳出以下特点：年轻人对 AI 合成主播的认知程度高，但接受和喜爱程度低；高学历人群对 AI 合成主播的认知度高，但接受和喜爱程度也较低；公务员群体对 AI 合成主播的认知和接受度都很高；中老年人受众认知程度较低，但是接受度和喜爱度较高，有较大的发掘和推广空间。未来 AI 合成主播要想取得更好的发展，还需深入研究年轻人和高学历人群的特征属性，进一步了解他们的喜好和价值观，青年高学历人群是社会发展的"新鲜血液"，更是一支不可被忽视的力量。只有赢得这一群体的支持和认可，AI 合成主播才能够走得更远更持久。同时应加大 AI 合成主播信息对于中老年人的传达率，该群体对"AI 合成主播"的接受度和喜爱度都较高，问题主要在于认知度偏低，对于该类消息了解不够。

（4）受众偏向 AI 合成主播播报气象节目和时政新闻。

在受众的行为表现层面，调查结果显示总体上有 55.66% 的受众表示愿意再次收听 AI 合成主播播报的节目，有 32.11% 的受众表示要看心情，只有 12.23% 的受众明确表示不想再次收听。说明广大受众对 AI 合成主播这一新鲜事物由最开始的认知层面和情感态度层面作用到行为层面，产生接受并且希望再一次观看到 AI 合成主播播报的节目的行为。AI 合成主播的整个传播过程具有较强的传播效果。

另外，希望在气象节目和时政新闻中应用 AI 合成主播的受众分别占 59.07%、43.67%。说明对于播报功能单一的气象、时政新闻节目，受众对 AI

合成主播的接受度最高。而对于需要现场调动、随机应变的晚会类节目，受众的接受度最低。生活中，更多人还是喜欢专业且幽默风趣的主持人；新闻评论类节目上，观众们依然喜欢新闻评论独到深刻的记者型主持人。未来，有思想有深度的节目主持人依然被观众们喜爱，被替代的概率较低，职业发展受影响较小。

进一步深入分析发现，19~25岁的年轻人和本科及以上学历的人群明确表示再一次收看AI合成主播播报节目的意愿最低，但公务员的意愿最高。

对于未来AI合成主播取代真人主播的可能性预测方面，68.99%的调查受众认为未来AI合成主播会代替50%及以上的真人主播。一方面说明受众对于未来媒体工作者，特别是对于真人播音员主持人将会被AI技术替代的担忧是确实存在的，播音员主持人需要重视来自AI合成主播的挑战；另一方面也间接印证了目前大众对于AI合成主播的总体好感和接受度高，未来依然希望AI合成主播出现在人类的视野中，为大家带来新的节目内容。

（四）人工智能合成主播的前景与展望

1. 人机合作共赢，推动智媒融合发展

回顾历史，AI合成主播从最初的语音主持人或简单的聊天室主播，到现今声音、外形甚至口型都和真人无异的AI合成主播，经历了一个逐渐"逼真化"的发展过程，人们对智能主播的态度也从一开始的好奇与稍稍忌惮，转变为能够接受和认可，并希望进一步携手AI合成主播，实现"人机共赢"的媒体繁荣目标。

AI合成主播的诞生与演进，其实代表的是传播业的智媒深度融合。面对这一新事物，盲目乐观地全盘接受或者过度悲观地否决都不是媒体从业者应该有的，二者合作将成为共识。随着人工智能和语音识别技术不断进步，传统的播音员主持人面临着AI合成主播的冲击和挑战，而前文调查分析得出68.99%的调查受众认为未来AI合成主播会代替半数以上的真人主播的结论，也印证了大众对传统播音员主持人的担忧。AI合成技术一旦成熟，那些只承担流程化的、功能型的主持人的处境将变得非常危险，首当其冲会被这种新技术替代掉。没有创新能力，只会"看字出声"，节目内容完全依靠编导撰写、导播现场指挥，语言生搬硬套不走心的"机械派"主持人将最先面临被淘汰的风险。而拥有扎实功底和实力集"采、编、播"一体的播音员主持人，则会凭借在创新和情感

方面特有的优势，形成难以被 AI 合成主播取代的核心竞争力。当前，在 AI 合成主播的智能合成技术还未出现重大突破的情况下，还应当继续鼓励优秀的播音员主持人在媒体领域发光发热。

如果说 AI 合成主播的首次出现是"让机器来认知世界"，那么随着技术的不断升级和受众观念的不断革新，更多的 AI 合成主播"入职"于权威媒体客户端，甚至登场于网络春晚成为观众们的"新宠儿"……这些现象更加促使着"机器与人携手读懂世界"时代的到来。未来，发挥 AI 合成主播与真人播音员主持人的优势，人际共处、合作共赢是新的播音主持发展潮流。

对于 AI 合成主播来说，为了让 AI 合成主播更加贴近人类主持人，带来更好的播音主持效果，一方面传统的播音员主持人可以在语音、口型、动作等方面多作贡献，使 AI 合成主播拥有更多素材进行深度学习，更加智能化，语音更加流畅，语气更有感情。另一方面，对于传统的播音员主持人来说，AI 合成主播们的上岗将会为真人主持人节省大量时间和精力，播音员主持人可以有精力尝试开发更多形式新颖、内容上有深度、具有人文情怀的精品节目，加强对新闻内容的把关，从而实现对新闻节目的创新升级。

2. 依托机器优势，高效迅速传播信息

"新闻时效性"是关乎媒体议程影响力的重要因素，它是扩大媒体自身影响的一种手段。时效性高的媒体会在第一时间吸引公众的眼球与注意力，给受众留下"第一印象"，从而加大自身的媒体曝光度。关于"第一印象"心理学，将其称为"首因效应"，就是指受众在接受外部信息时往往更容易相信第一次看到、听到的情况，而更容易对后来者产生怀疑。[①] 因此，新闻的时效性在很大程度上决定媒体议程对公众议程的设置能力。在时效性方面，由于 AI 合成主播并不是真人，"他们"可以 24 小时不间断工作，永不疲倦地播报新闻。自主学习、随时播报、无需备稿时间就成为 AI 合成主播在迅速传播信息方面的重要优势。并且由于技术加持，AI 合成主播从不会读错字，播送新闻可谓是"又快又准"。21 世纪，虽然电视、广播等领域有了直播车，现场直播的新模式在很大程度加强了传统媒体的时效性，但是由于播音员主持人时间的协调、地点空间的限制、节目内容的甄别和再次审核把关的需要，通常不可能做到新闻信息

[①]　张涛：《网络媒体的三个属性对传统媒体议程设置的影响》，《辽宁工业大学学报（社会科学版）》2007 年第 4 期，第 70 页。

的实时传播。[①]

放眼目前市场，对于工具、介绍类的音视频这些对朗读者感情和创造性要求较低的有声读物，完全可以借助 AI 合成主播超强的工作能力来完成；而拥有情感和思维创造力的人类主播们，就会有更充足的时间和精力去创造更有人文情怀、具有人类灵韵和格局、能够激发人类想象和向往的有声语言作品，为受众带来美与智慧的双重享受，提高人类的文化生活质量。

3. 提高情感技能，注重受众心理诉求

播音员主持人的功能，当属准确无误地播报新闻。但如果只局限于这个部分理解，就会忽略更深层的问题——难道主播仅仅是一个"人肉喇叭"吗？答案是否定的，除了作为新闻的"传声筒"，主播更是一个人，是人就会有情感、有共鸣、有触动。当主播播到新闻里哪里发生灾害了，会情不自禁地流下眼泪，看到社会上发生的不公平、不公正事件，主播们会愤怒、会议论……这些真人主播所拥有的感情表达和共情能力，是 AI 合成主播目前还无法做到的。

因此，使 AI 合成主播表情更加自然、播出的声音更富有情感，符合观众们的心理诉求，是目前 AI 合成主播急须改进的地方。拓宽媒体渠道，注重受众心理诉求，是节目主持中不可缺少的重要部分。

人是情感动物，而人工智能是没有温度的，它们虽然可以模拟、延伸和扩展人的智能，替代人类的部分工作，但终究还需要有人在其中添加属于人类的标记。未来，AI 合成主播和真人播音员主持人的配合将是重要的发展方向，让 AI 合成主播播报气象信息、即时通报、时政新闻等无须倾注过多人类情感的工作，满足一部分受众希望快速便捷地获取信息的需要，解放出来的生产力可以做更为智能的统筹、组织和创新性工作。[②] 这种"人机协作"的互补促进模式，将有利于进一步提升新闻报道的时效、广度和深度，提高媒体行业的工作效率。人工智能应当在我们的生活中扮演它该有的角色——发挥 AI 合成主播在计算力、记忆力、学习力、持久工作力等方面的强大优势，可以与人类在这些方面的短板互补，从而将 AI 合成主播塑造为传统播音员主持人的得力媒体助手，成为媒体人的优秀合作伙伴。

---

① 王世进：《简论大众传媒的议程设置功能》，《新闻爱好者》2011 年第 12 期，第 82 页。
② 张志刚：《"智媒"时代下的播音主持艺术"新观"》，《视听》2019 年第 3 期，第 104 页。

4. 突破技术束缚，减少对人类的依赖

目前，国内推出的 AI 合成主播依旧是对真人主持人的模仿，与其说是一名"主持人"，更像是一个"分身"般的存在；虚拟主播必须提取真人主播的样貌、声音、表情等特征，才能进行播报。正如 AI 合成主持人"小小撒"是对主持人撒贝宁的模仿，央视财经 AI 合成主持人"姚小松"是对主持人姚雪松的复刻学习……如果需要 AI 合成主播达到更加生动实时的表情、眼神表达程度，还需要工作人员带上特殊的表情捕捉器，随时同步捕捉表情，因此当下的 AI 合成主播对人类的依赖性还很强。

AI 技术的核心就是要尽可能地智能化与自动化，高效便捷地为人类服务。因此，未来打破这一技术的束缚就变得尤为重要。可以通过大数据分析自主学习，无须时刻依靠人类取样表情声音的更高智能化的 AI 合成主播会更受到市场的认可和欢迎。

在 AI 合成主播发展的热潮下，新闻行业的分工将会更加细化，未来在媒体行业中通过"人机合作"进而带来"人机共赢"将成为新的趋势。目前，国内推出的 AI 合成主播获得了大多数观众的喜欢，受众反应较为积极，但关于大众是否会接受 AI 合成主播的常态化主持，AI 合成主播能否获得大多数观众的长期喜欢，还需要更多的时间和空间验证。

二、当今体育解说面临的新媒体形势及应对策略

"为了使观赏者更好地了解体育活动的进程，而对体育活动进行叙述、介绍、讲解、评论、烘托的行为，就称作体育解说。"[①] 我国的体育解说，以广播起家，兴起于电视普及年代，随着电视直播体系的日益完善走上专业化的发展道路。新媒体的出现和发展，使整个媒介生态、媒体格局发生了重大的变化。作为植根于传统媒体的一种传播活动，在新媒体发展迅猛和受众对体育节目关注度越来越高的情况下，当今体育解说的发展面临新形势，对体育解说员的职业要求也提到了新的高度。体育解说须做出积极探索，以应对新媒体形势带来的挑战。

---

① 王群、张力：《电视体育解说》，北京：中国传媒大学出版社，2005 年，第 2 页。

（一）当今体育解说面临的新媒体形势

传播学理论把信息的传播分为自我传播、人际传播、组织传播和大众传播。在大众传播出现之前，体育解说主要是通过人际传播和组织传播来完成的，随着报纸、广播和电视这些大众媒介的出现，体育解说随之发生重大变化。而随着互联网的高速发展，大众传播进入新媒体时代。新媒体是相对于传统媒体而言的，是继报刊、广播、电视等传统媒体之后发展起来的新的媒体形态，是利用数字技术、网络技术、移动技术，通过互联网、无线通信网、卫星等渠道以及电脑、手机、数字电视机等终端，向用户提供信息和娱乐服务的传播形态和媒体形态。① 新媒体凭借交互性强、传播速度快、传播范围广泛等传播特性，建立起自身的优势，使体育解说在传统的传播格局中受到了严重冲击，信息垄断、反馈系统被打破，传播手段同时得到革新。

1. 新媒体打破了传统体育解说信息垄断的格局

马歇尔·麦克卢汉说过，媒介是人体的延伸，每一种媒介的出现都会使人对事物认知的感官平衡发生变化。② 新媒体是一种多媒体信息融合的媒体。在传统媒体中，报纸、杂志只能够提供文本和图片信息；广播只能够提供声音信息；电视、电影只能够提供图片、声音和影像信息。新媒体则把各种传统媒体能够提供的信息融合起来，最大地满足受众的信息需求。通过新媒体，"受众能无数次地从一个话题跳到另一个话题，在全世界范围内搜集视频、音频和文本信息"。③

在传统媒体时代，受众获得体育资讯和赛事信息的途径和数量都非常有限，体育媒体、体育解说员在体育资讯和赛事信息方面占据着绝对垄断地位，这种格局的存在，正是传播者与受众在掌握信息上的地位不平等造成的。而在新媒体时代，这种不平等被彻底逆转，诸如运动员的基本资料、体育项目的规则介绍、体育事件的历史起源等信息，观众可以通过网络轻易地找到详细的解答。信息垄断格局的打破，令观众对体育解说的专业性要求达到了空前的高度，空话、套话和老生常谈都已经不能满足观众，只有占据信息源、掌握海量信息，交出独特、有深度的解说才可能赢得观众的认同。

---

① 石磊：《新媒体概论》，北京：中国传媒大学出版社，2009年，第2页。
② 王慧琳、阎伟：《体育传播学概论》，北京：北京体育大学出版社，2005年，第37页。
③ ［美］比尔·盖茨：《未来之路》，北京：北京大学出版社，1996年，第108页。

2. 新媒体打破体育解说单向、滞后、被动的反馈系统

传统媒体时代的体育解说传播是信息单向流动的过程，受众只能间接通过信件、电话等其他媒介对传统媒体传播的信息进行反馈，具有明显的滞后性。因此，传统媒体时代的体育解说员几乎不用承受观众带来的舆论压力，即使观众对一个体育解说员存有质疑和不满，但因为意见反馈的渠道极其局限和意见反馈的成本高昂，观众难有进行意见反馈的积极性。

"交互性是新媒体最突出的优势之一。"① 交互性指的是，信息的传播者和受众之间的信息交流是双向的，信息交流的双方都在交流过程中拥有自主权。集文本输入、录音、图片摄影、视频摄像功能于一体的智能手机、平板电脑等传播工具在社会大众中的普及，使信息的采集、传播和反馈变得更加简单、快捷，使每一个拥有这些传播终端工具的个体除了成为信息的接受者，也可以成为信息的发布者。新媒体带来的在线评论平台，如电子邮件、微博评论、微信留言等，几乎完全打破了传播者和受众之间信息交换的时间差，使受众对信息的反馈变得快捷、方便。在新媒体方便快捷、成本低廉的在线评论功能的支持下，观众可以随时随地通过电子邮件向体育转播机构提出自己的意见，在博客、微博、微信等新媒体平台被广泛使用后，体育解说员可能只是出现了一个小小的口误，就会即时受到观众在网络上的质疑。

新媒体真正实现了信息的双向交流，使受众能够自主控制信息的交流。新媒体的信息接收终端如电子邮箱、手机、微博、App 客户端等都拥有一个相应的地址、号码、账号，在此基础上，每一个个体都能自主选择信息传播的范围。相对地，每一个个体也能自主通过手机订阅、邮件订阅、微博关注和 App 客户端下载等手段来接收自己需要和感兴趣的信息。新媒体的出现使每一个用户在传播信息和接收信息的时候化被动为主动。双向、快速、主动的反馈系统，使观众随时随地对体育解说进行舆论监督，也使得体育解说员在工作的过程中要加强受众意识并树立正确的传播理念。

3. 新媒体带来体育解说传播手段的革新

传统媒体时代的体育解说传播手段是单一的。体育解说最早的雏形是体育比赛的现场报幕员，在广播出现之后，广播就成为体育解说的主要载体。1936年的柏林奥运会第一次出现了电视体育解说，此后随着电视技术的发展，加上

---

① 宫承波：《新媒体概论》，北京：中国广播电视出版社，2007 年，第 5 页。

体育比赛转播对画面感的高要求，电视成为体育解说最好的平台并一直延续至今。改革开放后，政治、外交的解冻使中国的体育事业重新焕发生机，同时随着电视在人民日常生活中的普及，电视体育解说开始进入大发展时期。在传统媒体时代，收看体育赛事转播的唯一载体就是电视。以广东地区为例，普通有线电视用户最多只能收看到中央电视台体育频道、广东电视台体育频道和广州电视台竞赛频道三个体育频道。随着数字技术、网络技术、移动技术等技术手段的进步，互联网、无线通信网、卫星等渠道的开发，以及电脑、手机、数字电视机等终端的成熟，体育解说已进入新媒体时代，传播手段也变得多样化。

新媒体的技术进步和全媒体的融合带来的是体育解说传播手段的革新，体育解说从单一的传播手段转变为全方位的传播手段。比起电视，新媒介在体育转播方面有很多督导的优势：新媒介的可选择性强、移动性强、保存性强。[1]最早出现的网络文字直播满足了一部分难以收看电视的人群的观赛需求；而网络电视的兴起则形成了对电视体育转播的直接冲击。比起电视频道在固定时间只能提供一场比赛的信号源，网络电视丰富的信号源能满足观众多重的观赛需求。即使是针对同一场比赛，如果观众不满意所在地区能收看的体育频道的解说质量，也可以通过网络收看其他地区体育频道对该场赛事的转播解说。"互联网实现了全部赛事所有场次零空缺转播。更重要的是网络传播不再受电视、广播线性传播的束缚，对喜爱的比赛内容可随意选择点播、回放、慢放，最大限度地提升了受众的自由度。"[2] 因此，如何适应并利用新媒体带来的全方位传播手段，成为体育解说不得不面临的挑战。

（二）新媒体形势下体育解说的应对策略

1. 提高个人素质以应对传播高要求

在新媒体时代的今天，体育解说员失去了对信息的垄断，观众获取信息的渠道大大增多，很多热爱体育的观众已经具备了较高水平的体育专业知识，这就要求体育解说员进一步提高自己的体育专业知识水平。相对于普通的观众，体育解说员应该以一个"专家"的角色出现，如果体育解说员的专业知识水平

---

① 李毅：《新媒体环境下电视体育解说存在的问题与对策研究》，《黄山学院学报》2011年第13期，第76页。

② 许敏佳：《网络视域下的体育解说》，《第九届全国体育科学大会论文摘要汇编（2）》，2011年，第464页。

不能与普通观众拉开差距，不能给出有深度的见解和看法，只是泛泛而谈，是不可能得到观众认同的。因此，拥有高水平的体育专业知识，诸如了解体育项目的规律规则、技战术特点、历史背景等是一个体育解说员在新媒体形势下必备的基本素质。

此外，现代体育已不仅仅是纯粹的体育竞技，它已经与商业社会和文化社会充分地融合起来，这就要求体育解说员不能只关注体育运动本身。加上体育解说的状态基本上以直播为主，考验解说员随机应变、快速反应的能力，所以新媒体时代的体育解说员应该具备较高的综合素质。美国著名的解说员汤姆·海德里克向解说从业者推荐的课程就包括新闻学、文学、经济学、艺术学、外国语、心理学、社会学、哲学、历史、法学等，他认为优秀的体育解说员应该是一个博学的"杂家"。

在新媒体时代，面对外文媒体所提供的体育信息，体育解说员与观众已经基本处于一个共享的状态，解说员要体现自己在信息上的优势，必须要更多浏览吸收外文媒体提供的一些国际赛事的第一手资讯以及外国运动员在个人社交网站上发布的动态，这就对解说员的外语水平提出了较高要求。而拥有较强的外语能力还有助于解说员更深入地了解国外的历史文化和风俗，并将其运用到国际比赛的解说当中。

2. 重塑"把关人"角色以应对信息泛滥

在传统媒体时代，由于传播者对信息的垄断，传播者"把关人"角色就是决定对观众说什么，不对观众说什么。在新媒体时代，信息的垄断被打破，但不等于传播者就不需要充当"把关人"的角色。"在新媒体环境下，信息的自由传播、传播者的平民化和传媒机构的企业化都给社会对信息的监管和控制带来了困难，最突出的问题就是虚假信息和不良信息泛滥。"[1] 新媒体既带来了信息获取的方便快捷，也使受众获取的信息纷繁复杂良莠不齐，权威性大大降低，传播者在新媒体形势下的"把关人"角色，是决定哪些对受众说的是有价值的，哪些是没有价值的。现在各大门户网站的体育新闻板块上，每天都能看到很多带有"传""曝"这样字眼的一些模棱两可的新闻甚至谣言，受众没有更多的时间、精力和能力去判断这些信息的真实性，这就要求体育解说员运用自己的专业知识和通过严谨的查找求证来为受众过滤掉虚假的、没有价值的信息，

---

① 宫承波：《新媒体概论》，北京：中国广播电视出版社，2007年，第12页。

在解说中为受众带去真实的、有传播价值的信息，并帮助受众建立正确的体育价值观，培养受众良性的对于体育的兴趣。

3. 增强受众意识以了解观众群体的动态

新媒体的出现使受众能参与到传播过程中来，主动选择那些能够满足自己需要的信息，这种行为是符合传播学中"使用与满足"理论的。丹尼斯·麦奎尔和斯文·温德尔提出的"使用与满足"理论的基本逻辑是："①具有社会和心理根源的②需求，引起③期望，④即大众媒介及其信息源（的期望），它导致⑤媒介披露的不同形式（或从事其他活动），结果是⑥需求的满足，和⑦其他或许大都是无意的结果。"① 所以体育解说员对比赛进行解说并不是自我宣泄，也不是自我陶醉。解说是为观众服务的，体育解说员应该去了解观众想知道什么、观众之间又在谈论些什么，才能让自身的解说工作做得更好，让观众更满意。在过去的传统媒体时代，体育解说员想获得观众的意见反馈和了解观众的动态只能通过信件，信息有严重的滞后性。但在新媒体时代，这个问题迎刃而解，只要在网络上抛出一个讨论性的问题，自然就会有关注这个话题的人参与到讨论当中。体育解说员特别值得参考的是百度贴吧，现在的百度贴吧大到每个运动项目、每项赛事，小到每支球队、每个运动员，只要有一定的名气和关注度，都建有专门的贴吧。在贴吧里面就能看到观众、球迷在讨论的最新鲜的话题和关注的焦点，也能得到更多本地活动、线下活动的资讯。有了对这些资讯的了解，体育解说员在为解说做准备的时候就能有更加明确的方向，更容易取悦观众，让观众获得被重视、被关注的认同感。

4. 利用新媒体平台建立个人品牌形象

一场体育比赛的转播是在特定的时间和特定的空间内完成的，体育解说员只能在有限的时间里向观众传播有限的信息。但新媒体的出现改变了这种局限，特别是有了微博、微信等新媒体平台之后，体育解说员可以随时随地通过新媒体平台向观众传递信息。体育解说员可以通过新媒体平台去补充一些自己的见解或者是对赛事的总结，日常生活中也能够随时和观众分享一些有价值的体育资讯。新媒体平台使体育解说员拥有了更多表达的机会和树立个人品牌的渠道。

体育解说员的个人品牌应当是体育节目品牌建设的重要内容。在现今各种

---

① ［英］丹尼斯·麦奎尔、［瑞典］斯文·温德尔著，祝建华、武伟译：《大众传播模式论》，上海：上海译文出版社，1987 年，第 103 页。

新媒体平台中，微博是一种普及率较高的个人社交终端，体育解说员可以通过个人微博打造自己的品牌形象，比如发表一些具有一定舆论价值和舆论导向的评论，同时也可以评论一些自己感兴趣的领域，形成个人的一种品牌形象和风格，吸引更多的受众，提高受众对自身的认可度和忠诚度。中央电视台体育频道的解说员贺炜，在解说中经常带入文艺的元素，而在他的个人微博中，他把这种风格加以放大，经常发表一些很有诗意的文字，也偶尔针砭时弊，又喜欢分享和三五知己的趣事，网友笑称他为"贺诗人"。贺炜通过微博建立起的这种"诗人"形象使他更受观众的欢迎，也让一些本身对体育关注度不高的人也关注到他，他的案例值得其他体育解说员借鉴。新媒体平台将会开发越来越多样化的个人社交终端，体育解说员应该好好地加以利用。

5. 对体育解说形式进行创新

（1）群体式解说。

新媒体时代信息更新的速度极快，广度极大，一个体育解说员具备再高水平的专业知识，投入再多的精力，也没有办法囊括所有的资讯，所以近十年来，单人解说体育比赛的形式已经基本上不应用于体育解说中了。近年来比较流行的解说形式都是一个专业解说员搭配一个有运动员或教练员经历的嘉宾解说员。但这样的搭配很大程度上只能在技战术的专业角度为观众提供更多的信息。随着未来新媒体的继续发展，这样的搭配也终将跟不上形势。

未来的体育解说将会与现今综艺娱乐节目主持人向群体主持发展一样，会产生群体解说。国内已经有体育转播做出过类似的尝试，广东电视台体育频道在解说 2012 欧洲杯决赛时的解说阵容就是由何辉、陈维聪、陈宁三位专业解说员加上前国家队教练员陈熙荣、国际级裁判员李志中，以及前足球运动员刘醒组成的，这个阵容囊括了足球场上球员、教练和裁判三大要素，能在多方面为观众带来专业的点评。目前，这种群体解说还只是在个别的重大赛事出现，但以后的趋势将会是群体解说常态化，而且在群体的组成上还可以加入如运动医学专家、女性解说员、体育产业运营专家等，力求涵盖更多的专业领域，为观众提供更全面更丰富的体育解说盛宴。

（2）辩论式解说。

新媒体时代最突出的特点和优势就是信息的交互性和双向性，全民都是信息的传播者，全民都可以参与议题讨论。辩论式解说的设想，是在一些受到高度关注的重要球类赛事，例如西班牙足球甲级联赛中的巴塞罗那对皇家马德里这样的比赛，两个队伍都有庞大的支持群体，如果能在这两个队伍的支持群体中分别找一到两个球迷代表参与到辩论式解说当中，再由一个专业的解说员充当辩论赛主持的角色对场面进行调控，让双方在解说的过程中产生鲜明的观点碰撞，同时，双方的代表在解说的过程中还可以通过网络讨论接受其支持群体的意见加到解说中来，虽然这种解说形式在操作上有一定难度，场面也可能失控，但如果能控制得当，辩论双方能保持理性，这种解说方式还是相当具有观赏性的。

（三）小结

体育解说是植根于传统媒体的一种专业性非常强的传播活动。在新媒体发展迅猛的形势下，传统的体育解说传播格局已经被打破，体育传播的形式也从单一走向全方位。体育解说员应该清晰地认识当下新媒体形势所带来的传播格局变革，认清体育解说在新媒体时代所面临的挑战和机遇，不断提高自身的综合素质，为受众提供专业、全面的信息，把握正确的传播观念，做好信息的"把关人"，并充分利用新媒体创造的传播手段和社交终端，树立个人品牌，积极对体育解说的形式进行创新。只有适应了当今体育解说职业要求的新变化，才能在新媒体形势的考验下蓬勃发展。

第二节　播音主持行业动态与观察

一、华语传播新趋势与记者型主持人的发展——2013 首届华语主持传播高峰论坛综述

随着融媒时代的到来，音视频媒体的勃兴，华语主持传播已全天候、全方位地进入多介质、多渠道的平台。传统广播、电视新闻节目形态在变中求新，节目构成元素日趋丰富多元，新闻节目主持人面临着更大的机遇和挑战。同时，其角色定位因记者经历和主播控场的特殊关系被赋予更多新的内涵。探究记者型主持人在融媒时代的发展，成为摆在业界和学界研究者面前的一道重要课题。

2013 年 9 月 27 日，"2013 首届华语主持传播高峰论坛暨融媒时代记者型主

持人发展研讨会"在暨南大学举行。研讨会主题为"融媒时代华语传播新趋势与记者型主持人的发展",旨在增进全球华语广播电视主持人的交流与合作,给大陆(内地)、港澳台和海外的华语主持群体构建交流互动的平台,共同推动华语主持传播的业务创新,进一步提高该领域的学术研究水平。

(一)记者型主持人:记者是主持人的必经之路

关于记者型主持人的界定,在学界和业界一直备受争议。在本次论坛,几位嘉宾都提出了相同的观点:记者是主持人的必经之路。中央电视台主持人白岩松说,"记者型主持人"这几个字代表的是一条道路,而不是一个群体;代表着从记者到新闻主持人的这样一种必需的路径。他提出,我们该鼓励这条道路:一个学新闻或者不学新闻的人,应该成为一个记者,再成为一个好记者,最后在好记者里慢慢出现好主持人,再向评论员的方向发展。

台湾政治大学新闻与传播学院许琼文副教授也介绍了相同的经验:"我的工作就是帮助我们的学生如何从学生到记者,到更优秀的记者,然后才是主持人。"

中国人民大学新闻与传播学院高贵武教授认为,所有的主持人,都应该是由记者出身,从记者做起,这是成为主持人起码的道路和铺垫。主持人应该是记者的一种,记者是终身的职业。所谓记者,就是信息的传播者,更具体地说就是信息的发现者和呈现者。

(二)融媒时代记者型主持人的素质要求

白岩松在演讲中指出,作为记者型主持人,最重要的五种因素不能忽略。第一,是对现场的敏感。现场是最重要的一个因素,一个好记者应该是善于捕捉事件现场与心灵现场的内容供应商。第二,要善于采访。采访是公开传播的人与人的沟通,采访对于记者就像枪对于军人。第三,关键词是人。人是新闻中最核心的东西,因为任何新闻都是人的事情,新闻人要了解人性。第四,一个好记者天然是细节的提供者,细节是新闻的生命力、说服力,新闻的真实要靠细节呈现出来。第五,是要有接地气、锤炼过的语言。总结起来,就是要有对现场的把控能力,采访的能力,对人以及人性的透彻了解,对细节的永无止境的追求,最后是有魅力、有吸引力的语言。

许琼文副教授以灾难新闻报道对记者型主持人的素质要求进行分析。她指出，灾难新闻经过了虚应故事、感官新闻、专业气象主播、资讯爆炸四个阶段的发展，但都没有考虑到民众以及各个地区对信息的需求。到第五阶段的发展，许教授通过日本"3·11"地震的实例，阐述了记者型主持人所需达到的要求：万全的准备工作（包括出色的播报能力和广泛的新闻积累）；专业、准确、切合民众需要的资讯；还有符合新闻情境下的恰当的表达方式。

凤凰卫视主持人刘芳将个人多年的从业经验转换为对主持人提出的独特要求，就"所有主持人都应是记者型主持人"做了主题发言。她说，主持人可以扮演什么样的角色，应该扮演什么样的角色，很大程度上是由主持人自己来做决定的。主持人要想成为一个节目的灵魂，应该参与选题、写提纲、采访、写稿的每一个环节，并且应掌握主导权。准备工作及采访能力对于记者型主持人至关重要。应对大型直播的突发情况时，唯一的办法就是以全面深刻的内容呈现给观众，以内容制胜，而不是靠团队包装，这样才能成为一个真正的记者型主持人。

（三）融媒时代主持人影响力研究

融媒体的发展，为主持人带来了多样的传播平台以及更大的话语空间。广东"金话筒"主持人王世军在其题为"粉丝的幻觉——融媒时代的受众陷阱"的主题发言中指出，自媒体时代来临，社交平台出现，粉丝有可能成为主持人岗位的一个巨大的受众陷阱。他以微博为例，对通过粉丝数来证明主持人市场价值的评价标准提出质疑，认为在微博中由粉丝建立的影响力并不持久，背后的原因是缺乏面对新媒体互联网的运营经验，同时又缺乏对于社会大众心理的基本了解。他认为，虚拟世界是真实世界的镜像反应，互联网一方面可以把事实解构成无数个碎片，另一方面也可以把海量的信息碎片重组还原完整的真相。在这个打碎和重组的过程中，任何一个媒体人试图通过微博使自己发出最准确的声音都是极其危险的。只有当主持人有一个明确的受众定位，而且能够准确地向受众投入优质的节目和内容的时候，主持人的价值和影响力才可以变现。

中国人民大学新闻学院副教授高贵武根据新浪微博及新京报"微言大义"栏目的内容和数据，对主持人微博影响力大小、影响主持人微博影响力的具体因素、具有较高影响力的主持人所供职的媒体机构与个人素质、媒体权威性与影响力之间的相互关系、主持人微博影响力在线下及传统媒体的影响四个方面进行统计分析，得出以下结论：一是在微博平台，主持人的微博账号较之普通账号不仅覆盖面广、传播力强，而且容易引起关注、引发话题，因而普遍具有较强的影响力。在新媒体环境之下主持人依然具有成为舆论领袖的可能。二是在微博平台上，主持人微博影响力主要通过哪些因素得以实现，答案并不能简单地一语以蔽之。三是传统媒体自身的权威性对于提升主持人个人的影响力作用不明显，反而是主持人个人影响力对于扩大所在媒体机构的影响力有积极作用。四是在新媒体时代，传统节目主持人的角色和地位依然不容忽视，在传统媒体与新媒体的竞争与合作当中，应充分重视主持人的影响力。在传统媒体受到冲击，新媒体蒸蒸日上的情况下，传统媒体如何翻身并保持影响，主持人或许是其突破口之一。

香港中文大学罗文辉教授做了大陆（内地）、香港与台湾电视新闻主播的可信度比较研究，主要探讨影响三地主播可信度的因素，分析海峡两岸暨香港可信度较高的新闻主播。分析发现，香港的主播公信力最高，大陆（内地）居中，台湾排在最后。台湾排在最后的原因有三，一是主播数量过多导致品质不易控制，二是台湾电视的娱乐化非常严重，三是台湾电视新闻的公信力非常低，间接影响了主播的公信力。而香港的电视台较少，电视主播可以精挑细选，同时，香港电视台都是民营电视台，电视主播的自主权比较高，因此获得的公信力也高。研究评选了大陆（内地）、香港、台湾三地公信力最高的主播，分别是白岩松、方东升和沈春华。

（四）记者型主持人培养的创新模式

在培养新闻类节目主持人方面，各高校明确人才培养目标，积极探索人才培养途径、创新人才培养模式。中国传媒大学播音主持艺术学院丁龙江副教授认为，媒体和受众需要的是具备综合能力的主编型主持人：有稿无稿都能并重、能新闻采访、能进行演播室连线、能做很好的现场报道、新闻分析、新闻评论，是这个时代的新闻导航员。因此，中国传媒大学播音主持艺术学院开启校台共建实践教学平台的模式，以专业教学实战实训的方式，进行人才培养模式的创新。如与中央电视台新闻频道建设新闻节目的播报实习平台、师生独立承办云南卫视日播电视评论谈话节目《主播新鲜看》、建立国家级艺术项目"齐越朗诵艺术节"，并且正在与两家大网站联系，尝试培养新媒体的主持人。

越南胡志明国立大学社科与人文学大学 Phan van Tu 教授介绍了新闻传播学部在培养主持人方面的经验。在越南业界主持人普遍缺乏专业训练、行业缺乏专业标准的情况下，该校尤其注重人才的选拔，在学生接受了一年的学科基础学习之后，大二进行主播方向的人才选拔，进行特色培养。培养的原则是：实践出真知、校媒紧密合作、理论结合实践。训练的内容包括出色的报道能力、镜头前的表现技巧、自我调节能力。在培养的方法上，该校充分利用校内外传统媒体与网络新媒体，为学生提供实践性极强的平台。如自制脱口秀节目并上传于优兔（YouTube）网站，学生按照教师要求进行互相点评；由学生管理校内传媒网站、生产新闻内容并与社交网络脸书（Facebook）链接；学校为学生建立名为"青年记者"的传媒俱乐部，专门训练主播和主持人，许多优秀学生由此被选入媒体；此外，媒体的著名主播和主持人都是重要师资，学生在大一及大三都会安排媒体实习，由此来解决校内设备条件有限的难题。

暨南大学新闻与传播学院张晋升教授认为，记者型主持人的出现是时代的呼唤，记者型主持人要成为一个社会事件的观察者和解读者，要能适应受众信息消费习惯的变化要求，并且一定要善用新媒体。张教授提出，优秀的记者型主持人不是培养出来的，记者型主持人是一个自我成长的过程，在这个成长的过程中，学校要为他们提供极其丰富的、多样化的变异环境和实践平台。暨南大学在实践方面最突出的经验就是，鼓励学生参加各类专业比赛，通过"以赛代练"的方式，让学生们增长见识，提高能力。目前已获得市级以上奖项四十多项，成效显著。

（五）融媒背景下传统媒体记者的转型

在融媒时代，全媒体跨界合作已是必然趋势，《南方都市报》总编辑曹轲讲述了南方报人的"电视梦"。作为在平面媒体中比较有影响力的出品机构，南方报业投入了大量采编精英力量于音视频全媒体中，目前已有了一批成型的音视频产品，并培养了超过五十名出镜记者和主持人。曹轲提出，广电和平面媒体一样，危机与机遇并存，在媒介融合时代，各自可以找到一些新的空间。广电讲制播分离，报纸则叫报与纸分离，即把内容部分重组，整合成新的产品。在这方面，南方报业尝试了三种样式，一个是跟广东电台合作了三年多的广播节目《南都视点 直播广东》；一个是跟广州电视合作的娱乐专栏节目《花港观娱》；一个是在搜狐新闻客户端的《南都深呼吸》。下一步，将与上海文广签署战略协议，由《南方周末》跟东方卫视合作一个 60 分钟的时事节目。还有一个是跟百事通合作"南方"的一些微电影和音视频。在此形势下，报纸记者拿起话筒，摄影记者拿起摄像机，"南方新闻频道"或"南方报业电视台"将不再是南方报人的一个梦。

二、以规范为径，与时代同行——2018 年度广东省广播影视奖电视播音主持评选综述

（一）评奖概述

广东省广播影视奖是常设的全省广播影视优秀作品最高奖和业界唯一的政府奖，由广东省广播电视局主办，每年评选一次。2018 年度，电视播音主持是评选的十二个类别之一，包括电视播音作品和电视主持作品两个项目。评选工作从 3 月 10 日持续进行至 26 日，共接收审看全省电视播音主持参评作品 64 件，其中电视播音作品 34 件，电视主持作品 30 件。参评节目数量比上一年增加 8 件，增长率为 12.5%，呈上升态势。

电视播音主持组的获奖数额为 32 件，其中电视播音作品一等奖 1 件、二等奖 5 件、三等奖 11 件；电视主持作品一等奖 1 件、二等奖 5 件、三等奖 9 件。淘汰率从往年的 40% 提高到 50%。在参评作品数量上升的情况下，评审组严把质量关，以行业典范为最高标准，评选出具有信服力的作品。

2018 年度，主办单位对评选办法做了一系列改革和完善，目的是更好地保证该奖项的公平、公正，体现严肃与认真。严格的评选程序、合理的评委构成、多维度的评选标准，对电视播音主持类的评选起到了积极的作用和效果。

1. 严格的评选程序和制度

（1）严谨的评选程序。

2018 年度的评选，严格按照"主创人员自审—参评单位自审、公示、报送—推荐单位初评—推荐单位审核、公示、推荐—评选服务单位复核、公示—评选委员会复评—评选委员会终评—获奖作品公示—主办单位审定"九大步骤进行，每一环节紧紧相扣，多重监督，问责清晰。

在以上步骤中，明确要求参评作品主创人员和参评单位相关负责人依照评选办法规定的评选范围、评选标准对参评作品进行基本质量和诚信参评审查，

并分别签署《参评作品基本质量承诺书》和《诚信参评承诺书》。同时，评委实行评选责任制，必须与主办单位签订履职尽责责任书，实行评选回避制、实名制。

这不仅能让主创人员和参评单位从根本上认识到该奖评选的重要性、严肃性，而且能提高参评人员在创作过程中的自律、自觉、自主意识。

（2）严格的报送审查制度。

该年启用了新的评选系统，报送、初评、审核、复评全部在网上完成。系统根据评审规定对每一个审查环节做了设置，把每一项规定落实在操作的细节上，凡是没有按照要求执行的，系统一律自动拒绝，操作者将无法进入下一个步骤。如电视播音主持类递交的作品包括电子版和纸质版，如果单位推荐表的意见字数不足，系统自动拒绝。此外还要交四份承诺书，电子版文稿和节目制作有问题均不能通过。与此同时，网上进行分头复评的评委一样须遵循相关工作规定，如必须审看节目十分钟以上，才能进行评议，对一等奖候选作品，需填写200字以上评语才能提交。

（3）严肃的评选纪律。

评选办法中还制定了严肃的纪律和奖惩制度，针对以下情形：参评作品及申报材料有抄袭、失实、虚假、篡改等违规问题，参评作品没有达到基本质量标准，参评作品没有按规定程序进行自审、公示、报送、初评、审核、公示、推荐，参评作品主创人员、参评单位和推荐单位人员有行贿问题，评选委员会委员、工作人员有违反评选责任制、评选回避制、评选记名制、保密承诺、廉洁纪律等评选纪律问题，都做出了严肃的惩戒规定。

由以上纪律可见，2018年的评选办法是从"源头""过程"到"终端"全程严格把关的质量保障体系，以强而有力的规章制度为保障，严格执行，为的是保证评奖的规范性、权威性，确保评选的质量、奖项的含金量和评选的公信力，这是对政府奖的敬重！

2. 合理的评委构成

该年度广东省广电局对评委的构成非常重视。首先按照一定的要求建立评委专家库，在奖项评选前，评选委员会秘书处在主办单位纪委工作人员监督下随机抽取当年度的评委，指定各评选小组组长和终评评委，并报主办单位审定。评选委员会设若干个评选小组开展复评工作。每个评选小组有7位评委，由主办单位或其上级单位领导、评选服务单位领导、省直属广电媒体业者、广州或深圳两市广电媒体业者、地级市广电媒体业者、高等院校相关专业学者、广播影视退休专家（广告业界代表）等各1人组成。

以电视播音主持组为例，7位评委分别来自广东省播音主持专业委员会、广东广播电视台、深圳广播电影电视集团、广州市广播电视台、佛山电视台、暨南大学、广东外语外贸大学，其中有5位是第一次参加，为评委队伍注入了新鲜血液。

评委构成，既体现了来源的多样化，又坚持了背景的专业化，而且还补充了"80后""70后"的评委，年龄结构也更加合理，可以保证评奖的公平公正和专业水准，最终以"信度"服人。

3．多维度的评选标准

该年度的评选办法，提出了"总体评选标准""评选作品基本质量标准""各类别评选要求""各项目评选要求"，从宏观到微观为评选提供了多维度的评判标准。

以上标准，是对电视播音主持作品的全面考量。其中，该年度在"评选作品基本质量标准"中对作品的导向、节目要素、文本语言、声画质量、记者及嘉宾口误等内容做出了明确规定，这对电视播音主持创作提出了更高的要求，也再次强调了行业对播音主持业务的认识，应该是全方位、整体性的，而不是孤立的、割裂的。

（二）作品评选

1．评选过程

（1）分头推选。

在经过主办单位和参评单位初评之后，参评作品进入复评阶段。复评阶段先由七位复评组评委进行分头推选，各自在系统内审看作品、分头评选，并且在网上为获奖候选作品填写不少于200字的推荐意见，完成后进行网络提交。

经数据统计，电视播音主持组的七位评委对作品的评议意见一致率达到77%，其中电视播音作品评审意见一致率为76.4%，电视主持作品评审意见一致率为77.67%，对于淘汰作品和三等奖作品基本一致。意见不统一的主要集中在一、二等奖的作品，但不是绝对分歧，一、二等奖的作品还是相对集中，只是对于一等奖的作品标准暂没有达成共识。

由此看来，在分头推选阶段，电视播音主持组复评组评委对评选标准的把握基本一致，但是对于一等奖作品的评选标准还有待商议。

（2）集中评选。

3 月 20 日至 21 日，电视播音主持组复评组评委进入集中评议阶段，逐件审听、审看参评作品，进行了认真的集中讨论，对于三等奖的获奖作品一次投票选出。

对一、二等奖的评审，评委们尤为审慎，经过逐字逐帧、逐分逐秒的审听、审看、核实查阅申报材料、视音频、文字稿等，再次逐项评议、分析作品，对关键内容进行细节对比，最后进行独立评审、实名投票。

最终评选出电视播音主持组的 32 件获奖作品，其中，佛山电视台张键的《9 月 20 日午间直播间》和深圳广播电影电视集团邢天琦的《第一现场》被推选为电视播音一等奖候选作品；深圳广播电影电视集团张星月的《"珀耀15，美范未来"珀莱雅十五周年盛典》和广东广播电视台王鹏的《少年，听你说》被推选为电视主持一等奖候选作品。最后，复评结果提交评选委员会进行终评。

（3）评选委员会终评。

终评采用评委集体评审制，终评委员会于 3 月 26 日召开会议，集中听取评选小组组长对本组作品评选的综述汇报，审听、审看、审核一等奖候选作品，审核二、三等奖候选作品，投票决定复评候选获奖作品是否进入公示程序。

经过终评委员会评委的集体评审和投票，佛山电视台张键的《9 月 20 日午间直播间》和广东广播电视台王鹏的《少年，听你说》获得超过 2/3 的票数，确定为电视播音主持组的一等奖候选作品，进入公示阶段，最终由主办单位审定批准。

2. 评选准则

在集中讨论环节，评委们一致认为，评奖的意义，一是树立行业标杆，二是对一年来广播电视业界的总体状况进行梳理和总结，对下一个年度提出要求，明确方向。鉴于广东省广播影视奖对全行业的指导作用，所以要对一等奖作品的评选特别严格。在这种共识之下，评委们对电视播音主持作品提出了具体要求：一要坚持规范性，二要体现时代感。

（1）坚持规范性。

规范性，包含两个方面。

一是作品规范。包括节目要素、制作、画面、音响、文稿、送评文件等方面的规范。

二是专业规范。包括语音的标准程度、语言表达技巧的准确应用、服饰妆容及体态语等副语言的恰当使用、镜头前的表现、交流感、对内容的理解及对节目的驾驭等。

不以规矩，不成方圆。如果作品本身存在不规范问题，就不能被树立为标杆。该年度对播音主持作品参评人的要求还增加了一条："作者须持有中华人民共和国广播电视播音员主持人证"，这是对职业行为进行管理的重要规范。

（2）体现时代感。

电视播音主持的发展离不开时代的发展，具有典范意义的作品，必须能反映时代的温度和风貌。

从宏观上来说，电视播音主持的时代感应当体现"四个力"（传播力、引导力、影响力、公信力）的责任意识，以及"三贴近"（贴近实际、贴近生活、贴近群众）的传播效果。落实在电视播音主持作品中，应该体现出传播意识、责任意识、媒体意识、服务意识、角色意识。电视播音员主持人须理清自我与受众、自我与媒体的关系，认清自我在新时代中的身份角色。

广东播音主持类的评选，从一开始的散乱、参差不齐、水平悬殊，到后来的以基本功为统一标准，发展至今日，语态是判断时代感的重要指标。从微观上来说，新时代的电视播音员主持人不应照本宣科，"表情朗读"，要从语态上表现出新鲜感、欲望感、积极感、亲切感，交流感，从语言表达和镜头状态中呈现出时代感。

3. 优秀作品点评

（1）电视播音作品稳中有新。

《午间直播室》是佛山电视台一档综合新闻主打栏目，主要关注佛山本地的时政及民生事件，9月20日当天的新闻主要由交通、文化和改革开放40年等版块组成，内容多样。播音员张键的屏幕形象端庄大气、富有亲和力，着装、发型成熟得体。他的粤语发音标准，声音富有磁性，语言表达干净利落，整体语流顺畅，语意层次清晰，基调把握准确，信息传达到位，播出状态积极而不失稳重，出镜效果和节目氛围吻合。在这个作品中，张键的语态以讲述为主，能将生硬的书面语言转变成生动的口头语言，并且能根据不同的内容对表达方式进行微调，最终以自然、恰切的话语样式把新闻内容传达给观众，体现了播音员扎实的播音基本功和较好的专业素养。在粤语新闻播音缺乏统一标准的现状下，该作品既表现了专业的规范性，又有较强的时代感，有一定的示范作用。

与此同时，作为一名已经在播音员岗位上坚守了二十几年的资深播音员，张键既体现出了应有的成熟沉稳、大气从容、自信自如，又能在日复一日的新闻播音工作中保持着对新闻的敏锐度、新鲜感，对专业不懈追求，紧跟时代，在实践中不断尝试创新与突破，以达到新闻工作和传媒环境变化所提出的新要求，这种专业自律和专业追求的自觉性在当前的社会环境下实在难能可贵。因此，该作品得到评委们一致的同意，被评为电视播音作品一等奖。

深圳广播电影电视集团选送的电视民生类新闻播音作品《第一现场》，是能够代表广东省民生新闻播音较高水平的一档节目。主播邢天琦的播音风格沉稳大气，具有良好的台风、气度，具备新时代民生新闻节目应该具有的时代感和主旋律气象。从播报细节来看，邢天琦的功底比较扎实，气息平稳、吐字清晰、语流顺畅、语势常扬、节奏稳健、轻重得当，有较为强烈的播讲欲望，播音创作的状态积极。主播既具备新闻播报的权威感，同时也体现出较好的交流感和亲切感。在各种民生类文稿的基调拿捏上驾轻就熟，无论是对内容的推敲，还是对内在语的把控，都能较好地处理。难能可贵的是主播能在直播过程中针对节目内容简洁地分析和点评，体现出了较高的职业素养。同时，主播的形象包装比较成功。该期节目整体内容偏严肃，主播选择了蓝色西装套装，并且在发型、妆容、整体造型上都尽量贴合节目内容需要，使我们看到了一个令人满意的节目播出效果。该节目获得电视播音作品二等奖（一等奖候选）。

（2）电视主持作品彰显时代气息。

一等奖作品《少年，听你说》是一档贴近少年内心、体察少年成长、倾听少年世界、搭建成人与少年之间沟通桥梁的优秀节目，已在广大青少年中引起巨大反响，获得极大的共鸣，也在社会上收获了一片赞誉和关注。作为制片兼节目主持人的王鹏，在这双重身份中分寸和尺度拿捏得当，全场主持收放自如，游刃有余，显示出一位成熟的主持人应有的素质。当少年在成人类的节目里第一次独当一面，成为名副其实的第一主角的时候，值得主持人思考的是，什么时候该出现？什么时候该说话？什么时候该提问？什么时候该聆听？看似简单，但实际上不是谁都可以找到准确的切入口，对主持人的把控能力和即兴应变能力都是考验。王鹏角色定位明确，在节目中把自己定义为"少年的朋友"，他的出现亲切且自然；少年发言时，他俯身倾听他们的心声，平等且真诚。节目中，主持人为少年获得的成绩喝彩，真心感受少年们的迷惑和欢喜，并且巧妙地引导他们用语言呈现真实且精彩的内心世界，营造出了一个真正平等、温暖、感动的话语场。通过这个节目，主持人展现了其丰富的人际交往经验、深厚的人文底蕴和不忘初心的人文情怀。当前，在青少年的健康成长和价值观取向成为全社会教育工作重中之重的背景下，主持人在该节目中的角色和作用，对于引导青少年树立远大理想，践行社会主义核心价值观有着重大意义。

深圳广播电影电视集团作品《"珀耀15，美范未来"珀莱雅十五周年盛典》是深圳卫视商业策划与强势内容结合的典范，在杭州黄龙体育馆进行了近两个小时的现场直播。现场观众多达八千人，且舞美复杂，创意先锋，节目安排上除正常流程外，还有较多的单人、多人采访环节，极其考验主持人的整体控场能力和应变表达能力。主持人张星月在该作品中整体表现突出，亮点可圈可点。整体来看，主持人青春靓丽、大气稳健，分寸得当，表达流畅、反应敏捷，情绪饱满、感染力强，呈现出时尚大气、活泼年轻的风格气质，与身边的明星主持人华少节奏协调、配合默契。同时，张星月在节目中积极配合导演组的创意和想法，创造了本场晚会的多个亮点，其中的两段采访最为出彩。第一段，采访期间现场粉丝尖叫干扰严重，但张星月仍能镇静自若，节奏掌控顺畅；第二段，由于晚会时长不够，导演临时增加互动环节，张星月在毫无准备的情况下完成得亲切自然、不露痕迹，体现了优秀的主持能力。该晚会借助主持人的锦上添花，通过电视首播加互联网多媒体的多次传播，在当天占据了新浪微博热搜、微博总榜综艺榜前三名，取得同时段百度指数第二的良好收视率，社会传播效果好。但遗憾的是，在终评委员会的评审会上，终评委员会认为节目本身商演痕迹过重，经过三轮投票，均过半数，但不超过2/3。按照评选程序，该作品被评为二等奖。由此可见，尽管评选的主要关注点是主持人本身的主持功力，但节目是主持工作的重要载体，播音主持工作必须与节目结合在一起进行整体的考量和鉴析，才能彰显其典范意义。

（三）总结

1. *存在问题*

（1）水平参差不齐，缺乏创新动力。

从送评的作品可以基本了解到2018年广东省电视播音主持业态的现状，总体表现有新意，正在跟着时代的发展而发展。但全省各台水平参差不齐，广东广播电视台、佛山电视台、深圳广播电影电视集团的作品比较突出，其他台依然在原地踏步、停滞不前，久而久之，将会被后来者居上，这种现状应当引起行业注意。播音员主持人应努力克服客观因素，发挥主观能动性，为播音主持创作的发展提供新动力。2018 年度电视播音主持作品获奖统计见表 4 - 2。

表 4 - 2　2018 年度电视播音主持作品获奖统计

单位	一等奖	二等级	三等奖	报送数	获奖数
广东广播电视台	1	3	6	13	10
佛山电视台	1	2	1	4	4
深圳广播电影电视集团	0	2	1	4	3
珠海广播电视台	0	1	1	3	2
潮州广播电视台	0	1	0	3	1
汕头广播电视台	0	1	0	2	1
清远广播电视台	0	0	2	3	2
中山广播电视台	0	0	2	3	2
东莞广播电视台	0	0	1	2	1
韶关广播电视台	0	0	1	4	1
阳江广播电视台	0	0	1	1	1
电白区广播电视台	0	0	1	1	1
江门广播电视台	0	0	1	2	1
茂名广播电视台	0	0	1	2	1
花都区广播电视台	0	0	1	2	1
广东南方财经全媒体集团	0	0	0	1	0
广州广播电视台	0	0	0	3	0
肇庆广播电视台	0	0	0	3	0
惠州广播电视台	0	0	0	3	0
河源广播电视台	0	0	0	2	0
湛江电视台	0	0	0	1	0
兴宁广播电视台	0	0	0	1	0
增城区广播电视台	0	0	0	1	0

（2）基本认识不清，错失获奖良机。

该年度最突出的问题是，经过多年的评审，2018 年的作品依然有"送错篮子"的现象。如广东南方财经全媒体集团的《晓野世界杯：我和世界杯恋爱 33 天》、珠海广播电视台的《珠海新闻——防御台风"山竹"特别报道》、中山广播电视台的《直击台风"山竹"》，作品质量较高，但是项目报送有误，非常遗憾地失去了获奖机会，值得引起注意。在评选办法的"各项目评选要求"中明确指出，电视播音作品是播音员使用第三人称以播讲等方式客观报道节目内容的作品，语态以播报为主；电视主持作品是主持人使用第一人称主持播出的电视节目，语态体现与嘉宾或受众交流、互动的特点。这是对专业的基本认识，但是存在认识不清的情况不只以上两个作品。参评机会难得，参评人员一定要认真再认真，并且加强业务学习。

（3）语态保守僵硬，脱离时代语境。

在被淘汰的作品中，有一个共性的问题，就是脱离时代语境，语态保守，状态僵硬。这种情况的主要特征是，固定腔调、句末甩调，表现为朗诵式宣读或表演式朗读。庄重不等于呆板，规范不等于僵硬，四平八稳、不苟言笑、照字出声的播读，即使字正腔圆，标准有余，也是无法达到理想的传播效果的。规范性与亲切感、交流感并不矛盾。规范的语言实际上能更好地反映社会温度、人文关怀，进而在受众心中形成暖流。这就要求播音员主持人真正置身于时代语境，使技巧隐藏于无形，用内在的专业功力传达有温度的声音。

2．展望

（1）顺应时代语境。

随着新形势的发展，融媒时代的到来，播音主持如何主动拥抱和融入新媒体，是播音主持界值得认真思考和对待的一个课题。根据 2018 年的情况，我们提出的方向是，坚持传统是根本，跟上时代是生命。我们仍然希望全省播音员主持人认真思考如何应对新媒体的挑战，如何跟上新形势。我们认为，只有在电视播音主持作品中体现传播力、引导力、影响力、公信力，在播音主持工作中努力加强贴近实际、贴近生活、贴近群众，才能守住主流媒体的阵地。播音员主持人如果想跟上时代的发展，必须加强主观能动性，不要以任何客观原因作为自己停步不前的借口。

（2）体现时代语态。

如何通过语态的变化和语流的表现体现时代感是接下来播音主持工作需要

继续探寻的方向。要想语态的变化、语流的表现彻底摆脱文字语言，从基本功来看，可以使用广播语言、记录新闻的语感。从播音主持的技巧来说，要处理好内部技巧和外部技巧的关系，内部技巧是外部技巧的"魂"，所以从内到外的顺序不能颠倒。时代在进步，要想让受众易于接受，增加传播力，播音员主持人必须从"播读"语态转到"讲述"语态，最起码是"叙述"语态。新闻就是故事，应该用讲述，而不是宣读。讲述中还需要融入播音员主持人的态度，当然我们这个态度不是个人态度，而是媒体态度、导向态度。

播音员主持人始终是党和人民的喉舌，是所在省市的形象代言人，切忌盲目自我欣赏，应当用发自内心的真诚、真实、真心，创作准确、有温度、有传播力和影响力的电视播音主持作品。

参考文献

［1］齐越：《献给祖国的声音》，北京：中国广播电视出版社，1991 年。

［2］张颂主编：《中国播音学》，北京：北京广播学院出版社，1990 年。

［3］张颂：《情声和谐启蒙录》，北京：北京广播学院出版社，2004 年。

［4］中国语言生活状况报告课题组编：《中国语言生活状况报告》，2006 年。

［5］袁军、蔡念中主编：《21 世纪两岸广播电视发展趋势研究》，北京：华夏出版社，2000 年。

［6］《广播影视语言要标准化规范化》，北京：中国电视出版社，1997 年。

［7］姚喜双、郭龙生主编：《媒体语言大家谈》，北京：经济科学出版社，2004 年。

［8］俞香顺：《传媒·语言·社会》，北京：新华出版社，2005 年。

［9］［美］尼尔·波兹曼：《娱乐至死》，桂林：广西师范大学出版社，2004 年。

［10］郑蔚、韩青：《电视娱乐节目新论》，北京：中国广播电视出版社，2005 年。

［11］宗匠：《电视娱乐节目——理念、设计与制作》，北京：中国广播电视出版社，2003 年。

［12］张小争、郑旭、何佳编著：《明星引爆传媒娱乐经济》，北京：华夏出版社，2005 年。

［13］梅文慧、何春耕：《综艺大本营》，北京：中国传媒大学出版社，2007 年。

［14］张政法：《主体的影响力：广播电视有声语言传播主体研究》，北京：中国传媒大学出版社，2014 年。

［15］贾毅：《电视节目主持人影响力研究》，北京：学习出版社，2015 年。

［16］詹伯慧：《广州话正音字典：广州话普通话读音对照》，广州：广东人民出版社，2002 年。

［17］曾志华：《中国电视节目主持人文化影响力研究》，北京：北京大学出版社，2009 年。

［18］［美］D. P. 约翰逊：《社会学理论》，北京：国际文化出版公司，1988 年。

［19］［英］A. 肯顿：《行为互动》，北京：社会科学文献出版社，2001 年。

［20］［美］J. H. 特纳：《社会学理论的结构》，杭州：浙江人民出版社，1987 年。

［21］郑杭生：《社会学概论新修（精编版）》，北京：中国人民大学出版社，2009 年。

［22］张志、王晓英：《人·媒介·社会：互动与发展》，北京：中央民族大学出版社，2012 年。

［23］高贵武：《主持传播学概论》（第二版），北京：北京大学出版社，2019 年。

［24］陈虹：《节目主持人传播》，上海：复旦大学出版社，2007 年。

［25］詹伯慧：《略论汉语方言与地域文化》，《学术研究》2015 年第 1 期。

［26］陈恩泉：《试论粤语在中国语言生活中的地位》，《暨南学报》1990 年第 1 期。

暨南文库·新闻传播学
第一辑书目

触摸传媒脉搏：2008—2018 年传媒事件透视   范以锦著

传媒现象思考   范以锦著

泛内容变现：未来传媒商业模式探研   范以锦、刘芳儒、聂浩著

简约图像的文化张力：对中国漫画的观察与思考   甘险峰著

媒介文化论   曾一果著

报刊史的底色：近代中国新闻界与社会   赵建国著

变革与创新——中国报业转型的市场逻辑   张晋升著

话语·叙事·伦理：当代广告与网络传播的审思和批判   杨先顺等著

生态与修辞：符号意义论   彭佳、汤黎著

形态·生态·业态：中国广播创新发展的多维审视   申启武著

再访传统：中国文化传播理论与实践   晏青、杨威著

道可道：新闻传播理论与实务研究   谭天著

道可道：新媒体理论与实务研究   谭天著

流行文化研究：方法与个案   张潇潇著

媒介平台与传播效果：实证研究取向   陈致中编著

亲和性假说：区域人格影响健康的大数据分析   赖凯声、陈浩著

融媒时代的播音主持艺术研究：现状与趋势   林小榆著